Beck'sche Reihe

BsR 4014

BsR

Dieses Lesebuch entfaltet ein Panorama der deutschen Geschichte seit 1945. Mit einer Fülle von ausgewählten Texten veranschaulicht es den Weg der beiden deutschen Staaten von der „Zusammenbruchgesellschaft" der Nachkriegszeit bis hin zur Vereinigung. Innen- und Außenpolitik, Kultur, Gesellschaft und Wirtschaft im Osten und Westen Deutschlands kommen dabei ebenso zur Sprache wie die Geschichte der deutsch-deutschen Beziehungen und der Umgang der Deutschen mit der nationalsozialistischen Vergangenheit.

Eckart Conze, Dr. phil., ist wissenschaftlicher Assistent am Seminar für Zeitgeschichte der Universität Tübingen.

Gabriele Metzler, Dr. phil., ist wissenschaftliche Assistentin am Seminar für Zeitgeschichte der Universität Tübingen.

Deutschland nach 1945

Ein Lesebuch zur deutschen Geschichte von 1945 bis zur Gegenwart

Herausgegeben von Eckart Conze und Gabriele Metzler

VERLAG C.H.BECK

Mit 8 Abbildungen

Die Deutsche Bibliothek – CIP-Einheitsaufnahme

Deutschland nach 1945: ein Lesebuch zur deutschen Geschichte von 1945 bis zur Gegenwart / hrsg. von Eckart Conze und Gabriele Metzler. – Orig.-Ausg., limitierte Sonderaufl. – München: Beck, 1997
(Beck'sche Reihe; 4014)
ISBN 3 406 41237 8
NE: GT

Originalausgabe
ISBN 3 406 41237 8

Limitierte Sonderauflage
Umschlagentwurf: Uwe Göbel, München
Umschlagabbildung: Öffnung der deutsch-deutschen Grenze.
10. November 1989. dpa, Frankfurt

Gesamtherstellung: C. H. Beck'sche Buchdruckerei, Nördlingen
Gedruckt auf säurefreiem, alterungsbeständigem Papier
(hergestellt aus chlorfrei gebleichtem Zellstoff)
Printed in Germany

Inhalt

II. „Zwei Staaten in Deutschland“: Verfassung, Staatsaufbau, Innenpolitik (1949–1989)

III. Spieler oder Spielfiguren? Die beiden deutschen Staaten auf dem Schachbrett des Kalten Krieges

IV. Feindliche Brüder: Vom Leben in der Teilung

V. „Auferstanden aus Ruinen . . .": Wirtschaft und Arbeitsleben

VI. Zu neuen Ufern: Gesellschaft und Kultur in Ost und West

VII. Lange Schatten: Vom Umgang der Deutschen mit ihrer Vergangenheit

VIII. Was bleibt? Die Deutschen und die Einheit

Editorischer Hinweis: Die Überschriften der einzelnen Beiträge wurden vom Herausgeber gewählt, die Texte teilweise gekürzt, Anmerkungen und Quellenhinweise gestrichen. Textkürzungen und Erklärungen des Herausgebers sind durch eckige Klammern kenntlich gemacht.

Vorwort

Ein Lesebuch zur Geschichte Deutschlands in der Nachkriegszeit ist ein Lesebuch zur Geschichte zweier Staaten. Die deutsche Teilung und die Existenz zweier Staaten in Deutschland bilden das Signum dieser Epoche der deutschen Geschichte. Doch die Teilung bedeutete nicht völlige Trennung. Denn nicht nur auf der staatlich-politischen Ebene, sondern auch in ihren Verfassungs- und Wirtschaftsordungen und in der Ausformung gesellschaftlicher und kultureller Identitäten blieben Bundesrepublik Deutschland und Deutsche Demokratische Republik in ihren jeweiligen Entwicklungen stets aufeinander bezogen: eingesponnen in die Netze des Ost-West-Konflikts, fest integriert in die Paktsysteme des Kalten Krieges und dennoch verbunden durch das Band der Nation.

Der Zweite Weltkrieg, mit dessen Ende dieses Lesebuch einsetzt, sah wohl den Untergang des deutschen Nationalstaats, des Deutschen Reiches, nicht aber den der deutschen Nation. Diese blieb in den Jahren der Teilung, weit über die Staatsgründungen von 1949 hinaus, Ausgangs- und Fluchtpunkt des Denkens und Handelns von Deutschen – beileibe nicht nur Politikern – in Ost und West.

Die Teilung der Nation war Folge des Krieges, in den Hitler-Deutschland Europa und die Welt gestürzt hatte und dessen Auswirkungen weit über das Jahr 1945 hinaus spürbar blieben. Flucht und Vertreibung aus den ehemals deutschen Ostgebieten, die Entwurzelung unzähliger Menschen in der letzten Phase des Krieges veränderten die deutsche Gesellschaft von Grund auf – im Osten wie im Westen. Diese Zeit des Umbruchs währte von der Schlacht von Stalingrad 1943, die das Ende des NS-Regimes einleitete, bis zur Währungsreform fünf Jahre später. Eine „Stunde Null“ im Sinne einer einzigen, punktgenau identifizierbaren tiefen Zäsur hat es deshalb nicht gegeben.

Mit der Währungsreform kam die Zweistaatlichkeit. Die Spaltung reichte tief und konnte, zumindest in politischer und wirtschaftlicher Hinsicht, erst 40 Jahre später mit dem Ende des Kalten Krieges überwunden werden. Indes, deutsch-deutsche Gemeinsamkeiten charakterisierten auch die Dekaden der Teilung; der wechselseitige Einfluß endete bis 1989/90 nicht. Gemeinsam war den Deutschen in Ost und West zunächst die Notwendigkeit, die Folgen von Krieg und Diktatur zu überwinden – in materieller wie moralischer Hinsicht. Gemeinsam war ihnen der Wille, ja die Herausforderung, eine neue politische Ordnung zu errichten, die Schutz gewähren sollte von einer Wiederholung der Vergangenheit. Gemeinsam war ihnen die Aufgabe, die Gesellschaft gegen die Versuchungen der Diktatur zu immunisieren. Das glückte im Westen, im Osten gelang es nicht. Dies lag freilich auch an der weltpolitischen Blockbildung, welche sich in der inneren Entwicklung der beiden deutschen Staaten widerspiegelte. Die deutschen Nachkriegsgeschichten sind jedenfalls ohne den weitreichenden und vielfältigen Einfluß der jeweiligen Vormacht gar nicht zu denken.

1961 zementierte der Bau der Mauer die Teilung Deutschlands und Europas. Bis 1989 blieb sie Ausdruck des geopolitischen Status quo, welchen der Kalte Krieg geschaffen hatte, und der west-östlichen Entfremdung. Die Mauer war das Symbol politischer Sprach- und Ratlosigkeit gerade auch der feindlichen deutschen Brüder. Doch vor allem trennte die Mauer Deutsche von Deutschen. Zwar begannen Ende der sechziger Jahre auch die Deutschen in Ost und West ihre Entspannungspolitik, und die Fäden innerdeutscher Kontakte rissen trotz erneuter weltpolitischer Spannungen und trotz innenpolitischer Probleme auf beiden Seiten nicht mehr ab: Die Schmerzen der Teilung wurden gelindert, ihre Ursachen indes nicht beseitigt. Dies vermochte erst das Ende des Ost-West-Konflikts, ein Prozeß, in dem der Fall der Berliner Mauer Ursache und Folge zugleich war. Erst das Ende des Kalten Krieges öffnete den Weg zur deutschen Einheit.

Das Lesebuch reflektiert die Einheit der Nation natürlich durch die Aufnahme von Texten zur Geschichte von Bundesrepublik und DDR. Doch nicht die jeweilige ost- oder westdeutsche Geschichte in ihrer Chronologie bestimmt die Gliederung des Bandes, sondern sieben Sachkapitel versammeln Texte über die Entwicklung in beiden Staaten, in Ost- *und* in Westdeutschland. So läßt sich der Blick schärfen für das Ausmaß an deutsch-deutschen Gemeinsamkeiten, an deutsch-deutschen Unterschieden, aber eben auch für die enge Verflechtung der Geschichte von Bundesrepublik und DDR. Deutlich wird dabei auch, wie sehr das jeweils „andere Deutschland" als Gegen- und Schreckbild diente, von dem sich Ost- wie Westdeutsche in Wort und Tat immer wieder abgrenzten.

Die beiden deutschen Gesellschaften haben sich, das ist nicht zu übersehen, in den Jahrzehnten der Teilung in mancherlei Hinsicht auseinanderentwickelt. Unterschiedliche Kulturen und Denkweisen, Formen des Umgangs der Bürger miteinander wie auch die jeweilige Art, gesellschaftliche und politische Konflikte auszutragen und zu lösen, verleiten heute manch einen zu der These, es existierten zwei deutsche Mentalitäten. Im sechsten Jahr nach der Vereinigung ist es wohl noch zu früh für solch weitreichende Schlüsse, und auch dieses Lesebuch soll diese pauschale Feststellung nicht stützen. Statt dessen soll es einen Beitrag dazu leisten, die Deutschen in Ost und West – in dem, was sie trennt, aber auch in dem, was sie verbindet – besser zu verstehen.

Eckart Conze
Gabriele Metzler

I. „Stunde Null"? Die Zusammenbruchgesellschaft (1945–1949)

Ursula von Kardoff
Die Befreiung

Sie sind da. Die Hauptstraße dröhnt von ihren Panzern. Überall sieht man die khakibraunen Gestalten. Manche lächeln ganz freundlich. Aber auch kalte Blicke gibt es. Sind es die Feinde? Die neuen? [. . .]

28. April 1945
Morgens erschien Dusi, ganz vergnügt. Nichts war ihr passiert; sie hatte oben in der Klingenburg übernachtet, der Capitaine hielt seine schützende Hand über alle. Neue Plünderer sind nicht mehr gekommen.

Habe soeben eine Handvoll Parteiabzeichen, die mir Messerschmittleute verstohlen gaben, in die Mindel versenkt. Ich empfand es als einen feierlichen Akt – seit Jahren habe ich mir etwas Derartiges heiß ersehnt.

Von den Nazis sind wir nun befreit, keine Gestapo kann uns mehr vorladen, beunruhigen, verhaften, quälen oder verfolgen. Man kann gar nicht glücklich genug darüber sein. Und doch, auch jetzt sind wir nicht frei, müssen wieder gehorchen, auf Sperrstunden achten, Befehle, die angeschlagen sind, befolgen. Alle mußten zum Beispiel ihre Radios abliefern. Wir haben unseres einfach behalten.

Die amerikanischen Soldaten sind freundlich. Ab und zu lugen einige bei uns über den Zaun. Wir unterhalten uns gern mit ihnen. Vor allem Bürklins wegen, und damit kein Verdacht gegen ihn aufkommt, bitten wir sie sogar in Wetzels gute Stube. Sie bringen Schokolade mit, und wir sprechen – in sagenhaft schlechtem Englisch – so sachlich wie möglich über Politik. Willi Bürklin liegt stumm dabei, auf dem Sofa. Bärchen wusch einem Sergeant die Uniformjacke und bekam dafür ein Paket herrlichen Tees und Seife.

Ich traf den französischen Capitaine bei Dusi im Schloß. Da die Sperrstunde schon begonnen hatte, als ich aufbrach, begleitete er mich höflich bis hinunter zu Wetzels Haus. Wir unterhielten uns völlig ungezwungen miteinander. Er soll bei der Spionageabwehr sein. Wenn du wüßtest, dachte ich im stillen, als wir uns verabschiedeten, wer da oben im Kämmerchen bei Kerzenlicht hockt. Ein deutscher Generalstäbler. Bärchens junge Soldaten sind mit zwei gestohlenen Rädern auf und davon.

Wir haben uns jetzt ganz gemütlich eingerichtet. Meine Kammer ist nur zwei zu vier Meter groß, aber ein Herd steht darin, auf dem Bärchen und ich für Bürklin und seinen Fahrer kochen und der auch gut heizt – zum Glück, denn es ist wieder sehr kalt geworden. Wir sitzen bei Kerzenlicht auf dem als Sofa getarnten Bett, es gibt sogar Wein, den Bärchen organisiert hat, und mit Bürklins Radio, dessen Batterie noch kurz vor Toresschluß neu aufgeladen wurde, hören wir Nachrichten. Eine kleine warme Insel im Chaos. [. . .]

29. April 1945

Aus unserem Radio ertönten die seltsamsten Nachrichten. Ein Teil der Sender ist noch in Nazihand, ein Teil macht schon alliierte Propaganda. So können wir ein Stück Historie drahtlos miterleben. In München scheint Revolution zu sein. Sie haben jetzt zwei Sender. Ein Hauptmann Gerngroß gibt aufregende Befehle durch, dann wieder ertönt die Stimme des Gauleiters. Wir sind verdammt froh, „in Feindeshand" zu sein.

Otto Gritschneder

9. Mai 1945: „Der wichtigste Tag in meinem Leben"

Wenn ein Verbrecher in Deutschland 12 Jahre Zuchthaus bekommt, kann er sicher sein, daß er in diesen 12 Jahren nicht verstümmelt, verprügelt oder umgebracht wird. Er kann darauf vertrauen, daß er seine Wohnung wieder vorfindet, und seine Eltern, seine Frau, seine Geschwister und seine Kinder können sicher sein, daß ihre Geduld mit dem Wiedersehen ihres Angehörigen belohnt werden wird.

Mit all dem konnten wir in den 12 Jahren zwischen 1933 bis 1945 nicht rechnen. Der Tyrann hatte die Grundrechte schon am 28. Februar 1933 durch eine eigene Verordnung in aller Form außer Kraft setzen lassen und hat alsbald, gestützt durch hündisch folgsame, gewissenlose Generals- und andere Karrieristen, Menschen morden, Eigentum rauben und den Frieden auch in der kleinsten Hütte auslöschen lassen.

Daß es im Zuchthaus humaner zugeht als außerhalb der Gefängnismauern, vor allem wesentlich humaner als bei der sogenannten Wehrmacht, haben die Nazis übrigens selbst sehr wohl so gesehen, denn ein eigenes Gesetz befahl, daß zu Freiheitsstrafen Verurteilte ihre Strafe erst nach dem „Endsieg“ absitzen durften.

Diese Gegenüberstellung läßt ahnen, wie erlöst wir aufgeatmet haben, als wir hörten, daß Hitler sich das Leben genommen hatte und was am 9. Mai 1945 daraufhin geschehen war.

Dieser 9. Mai 1945, ein Mittwoch, wurde einer der drei wichtigsten Tage in meinem Leben:

„Auf Grund des Großadmirals Doenitz (den Hitler bei seinem Selbstmord am 30. April zu seinem Nachfolger bestimmt hatte) *hat die Wehrmacht den aussichtslos gewordenen Kampf eingestellt. Seit Mitternacht* (8./9. Mai) *schweigen nun an allen Fronten die Waffen.“* So steht es im letzten aller Wehrmachtsberichte am 9. Mai 1945. Um 0.16 Uhr haben Hitlers Generalfeldmarschall Wilhelm Keitel als Chef des Oberkommandos der Hitler-Wehrmacht, Admiral Hans-Georg von Friedeburg als Oberbefehlshaber der Kriegsmarine und Generaloberst Hans-Jürgen Stumpff als stellvertretender Oberbefehlshaber der Luftwaffe im sowjetischen Hauptquartier in Berlin-Karlshorst die Unterzeichnung der bedingungslosen Kapitulation wiederholt, die Ge-

neraloberst Alfred Jodl schon am 7. Mai um 2.41 Uhr gegenüber dem westalliierten Oberbefehlshaber General Dwight D. Eisenhower in Reims unterzeichnet hatte. Damit war nach 2097 schrecklichen und blutigen Kriegstagen der erste Tag angebrochen, an dem Soldaten keine Häuser mehr in Brand setzten und keine Menschen mehr ermordeten.

Ich erlebte diesen so lange herbeigesehnten Tag mit meiner Familie in Altenmarkt nahe Trostberg.

Wir schätzten uns überglücklich, daß wir nicht zu den 5250000 Deutschen gehörten, die der Krieg in einen frühen Tod gerissen hatte. Nun endlich konnte ich mich darauf verlassen, daß mich kein Feldpolizist der Hitlerschen Militärclique nach meinen Papieren fragen, kein Telegramm mich zu meiner Einheit nach München zurückrufen und kein englischer oder amerikanischer Flieger Bomben auf uns werfen werde. Die zwölf Jahre und vier Monate satanischen Hitler-Terrors waren endgültig vorbei! Ich konnte mich meines und des Lebens meiner Frau und meiner Kinder endlich sicher fühlen.

Beinahe wäre es aber doch noch schiefgegangen. Gegen Mittag, als ich vom Balkon unseres Quartiers aus nachdenklich nach Süden zum sonnenbeschienenen Gebirge blickte, kamen drei Amerikaner in Offiziersuniform auf mich zu. Ich hatte einen dunklen Anzug an. Sie fragten mich: „*Wer sind Sie?*" Aus diesen wenigen deutschen Worten hörte ich, daß die Herren von Jugend auf deutsch gesprochen haben und sich nicht des mühsam angelernten deutschen Idioms anderer Amerikaner bedienen mußten. Eine heikle Situation. Suchten sie ehemalige deutsche Soldaten, um sie von ihrer Familie weg am ersten Tag nach Kriegsende noch gefangenzunehmen? Das war meine Hauptsorge. Oder suchten sie ehemalige SS-Männer, die nach der Zerstörung der Bauten auf dem nahen Obersalzberg geflüchtet waren und sich in der Umgebung herumtrieben?

Hier half nur ein sicheres Auftreten. „*Meine Herren*", antwortete ich, „*da wir nun die nazistischen Barbaren los sind, sollten wir die guten Manieren wieder einführen. Darf ich sie daher bitten, in unsere Stube zu kommen und sich ihrerseits vorzustellen?"* Die drei waren zunächst etwas verblüfft, sahen dann aber die drei Kinder und meine Frau und deren Schwester Mathilde, die inzwischen Albert Göhring geheiratet hatte, mit ihrer am 10. März 1945 geborenen Tochter. Das dürfte sie etwas friedlich gestimmt haben. Jedenfalls nahmen sie in unserer Wohnküche, wenn man das so nennen kann, Platz. Es ist eine alte Erfahrung, daß man sich mit einem Partner oder Gegner leichter tut, wenn man sich erst einmal hingesetzt hat.

Die drei hörten sich meine Geschichte an: Ich sei ein politischer Flüchtling, ein Nazi-Geschädigter, lebe seit Monaten ohne eigene Lebensmittelkarten bei meiner Familie und wolle wieder nach München, um endlich meinem juristischen Beruf nachgehen zu können, dessen Ausübung die Nazis mir wegen meiner politischen Unzuverlässigkeit verboten hätten.

Schon diese wenigen Sätze machten sie neugierig, und sie fragten mich, wo ich denn gelebt und wo ich studiert hätte. Überraschenderweise fragten sie mich auch, wo in München die Universität stehe und wo der Hörsaal 331 liege und ähnliche Details. Da konnte ich natürlich alles beantworten und erfuhr dabei, daß es sich bei meinen Besuchern um drei jüdische Emigranten aus Baden handelte, die in München studiert hatten und jetzt im Auftrag des CIC (was das ist, wußte ich damals natürlich nicht) nach Nazis und Kriegsverbrechern fahndeten.

Ich erzählte ihnen weiter, daß ich ein Freund und Bundesbruder des soeben aus der Verbannung im Kloster Ettal entlassenen Predigers Jesuitenpater Rupert Mayer sei und sie mich zur Bestätigung meiner Aussagen gleich nach München fahren und dem Pater gegenüberstellen könnten. Sie glaubten mir aber und stellten mir einen CIC-Ausweis aus, dessen Gewicht und Bedeutung ich zunächst nicht ahnte. Hier sein deutscher Wortlaut:

„9. Mai 1945. Hiermit wird bestätigt, daß Dr. Otto Gritschneder ein politischer Flüchtling vor dem Naziregime war, der nie ein Mitglied irgendeiner Naziorganisation war und nicht in der deutschen Wehrmacht war. Er steht unter dem Schutz der Militärregierung und wird eine beachtenswerte Informationsquelle für die Dienststelle der 25. CIC-Division in München sein [. . .]"

Mit der Bestätigung der CIC-Offiziere, daß ich „*nicht in der deutschen Wehrmacht war*", hatte ich wieder das große Glück, das mir im Krieg selbst so oft zur Seite gestanden hatte. Meine Besucher haben angesichts des zivilen Zuschnitts unseres primitiven Evakuierten-Haushaltes und im Vertrauen auf meine Darlegungen offenbar gar nicht vermutet, daß ich Soldat gewesen sein könnte, und die im Nachbarhof noch weilenden französischen Kriegsgefangenen haben mich auch nicht verraten; meine Frau hatte wiederholt freundschaftliche Gespräche mit ihnen geführt, und daß diese Gespräche auf französisch geführt werden konnten, hat sie offenbar besonders angenehm berührt. Sie wußten, was Gefangenschaft bedeutet, und sie wollten mir ein solches Schicksal ersparen. Das hatten sie meiner Frau schon am Morgen des 4. Mai versichert.

So endete meine Zwangsrekrutierung für den Hitlerkrieg nach fünfeinhalb Jahren mit der Bestätigung der amerikanischen Besatzungsbehörde, daß ich nicht in der deutschen Armee war („*has not been in the German Army*").

Christian Graf von Krockow

Die Stunde der Frauen

Das stolze Wort macht die Runde: Kultur. Allerdings nimmt es kaum die Bedeutung an, die die Sieger sich wünschen. Zwar rückt „Russki Kultura" unter den Deutschen zum Schlagwort auf, aber wer es gebraucht, rümpft die Nase und will andeuten, daß er die neuerdings herrschenden Zustände abscheulich findet.

Kultur soll sich vorab als Sauberkeit und Ordnung durchsetzen, und in zweifacher Hinsicht wird sie nachdrücklich anbefohlen: Zunächst einmal muß die Dorfstraße täglich gefegt werden. Und wenn ein neuer Kommandant sich ankündigt, ist sie zu seiner Begrüßung mit weißem Sand zu bestreuen, dazu rechts und links mit Tannenbäumen zu schmücken. Da diese Bäumchen so rasch verdorren, wie die Kommandanten wechseln, hört das Anlegen solcher Grußalleen kaum noch auf.

Sodann soll die Kultur in den Viehställen Einzug halten. Es gilt, die Schweine zu schrubben, bis sie rosig glänzen. Entsprechend die Kühe, die Pferde nicht zu vergessen: Kein Strohhalm und kein Staubkorn darf ihr Fell verunzieren. Zum Striegeln braucht man Männer, und Vater Jesko wird dafür abkommandiert. Als Lohn bringt er manchmal ein Stück Brot oder ein paar Kartoffeln nach Hause – vor allem aber die Läuse. Sie versetzen uns in gehörigen Schrecken: Sind es nicht Läuse, die das Fleckfieber übertragen? Wir wissen freilich nicht, ob auch Pferdeläuse das tun, doch in unserer Angst vor der Ansteckung führen wir gegen das Ungeziefer einen ebenso hartnäckigen wie wenig erfolgreichen Feldzug.

Eines Tages heißt es, daß alle Häuser mit festlichem Grün geschmückt werden sollen, so wie wir es zu Pfingsten gewohnt sind. Die Russen ziehen durchs Dorf, sie schießen in die Luft, sie winken uns zu, sie rufen: „Woina kaputt! Woina kaputt!" Was ist geschehen? Ist der Krieg tatsächlich zu Ende? Wird jetzt der Friede Einzug halten – und in welcher Gestalt?

Wir wissen es nicht, unsere Welt ist aufs eigene Dorf und seine nächste Umgebung geschrumpft. Es gibt keine Zeitungen, und alle Rundfunkgeräte mußten abgeliefert werden. Falls jemand doch noch eines versteckt hielte, bliebe es stumm, weil die Elektrizitätswerke längst keinen Strom mehr liefern oder die Überlandleitungen zerstört sind.

Seit Mitternacht schweigen nun an allen Fronten die Waffen. Auf Befehl des Großadmirals hat die Wehrmacht den aussichtslos gewordenen Kampf eingestellt. Damit ist das fast sechsjährige heldenhafte Ringen zu Ende. Es hat uns große Siege, aber auch schwere Niederlagen gebracht. Die deutsche Wehrmacht ist am Ende einer gewaltigen Übermacht ehrenvoll unterlegen.

Der deutsche Soldat hat, getreu seinem Eid, im höchsten Einsatz für sein Volk für immer Unvergeßliches geleistet. Die Heimat hat ihn bis zuletzt mit allen Kräften unter schwersten Opfern unterstützt. Die einmalige Leistung von Front und Heimat wird in einem späteren gerechten Urteil der Geschichte ihre endgültige Würdigung finden.

Den Leistungen und Opfern des deutschen Soldaten zu Lande, zu Wasser und in der Luft wird auch der Gegner die Achtung nicht versagen. Jeder Soldat kann deshalb die Waffe aufrecht und stolz aus der Hand legen und in den schwersten Stunden unserer Geschichte tapfer und zuversichtlich an die Arbeit gehen für das ewige Leben unseres Volkes.

Die Wehrmacht gedenkt in dieser schweren Stunde ihrer vor dem Feind gebliebenen Kameraden. Die Toten verpflichten zu bedingungsloser Treue, zu Gehorsam und Disziplin gegenüber dem aus zahllosen Wunden blutenden Vaterland.

Wenn der Krieg nun beendet sein soll, wenn der Friede seinen Einzug hält, dann kündigt sich dies auf besondere Art an. Außer einigem Kleingerät auf den Bauernhöfen werden sämtliche landwirtschaftlichen Maschinen registriert, am Rande der Dörfer auf freiem Feld versammelt und abtransportiert. Die Pflüge und Eggen, die Drill- und die Dreschmaschinen, die Selbstbinder zur Ernte und die

Traktoren verschwinden. Sogar „Max“ und „Moritz“, die ehrwürdigen Dampfpflug-Lokomobilen, die um die Jahrhundertwende schon der Großvater anschaffte, tuten ein letztes Lebewohl und rollen auf der Chaussee gemächlich, aber unaufhaltsam davon. Was soll nur daraus werden, wie kann man noch säen und ernten? Wie sollen im künftigen Frieden die Besiegten überleben, wenn die Felder brachliegen?

Dem Maschinentransport sozusagen auf dem Fuß folgt das Transportmittel: unsere Kreisbahn. Ihr Schienenstrang wird demontiert. Vielmehr, um genau zu sein: Diese Demontage hat an der Endstation in Dargeröse schon vor einiger Zeit begonnen und bewegt sich Kilometer um Kilometer in der Richtung auf die Kreisstadt Stolp planmäßig vorwärts. Jetzt ist der Streckenabschnitt zwischen Rowen und Rumbske erreicht, und aus beiden Dörfern werden die jüngeren Frauen zur Arbeit befohlen. Auch Marie und ich müssen daran teilnehmen.

Eine schwere Arbeit ist das, für die man Frauen wohl nie zuvor eingesetzt hat, jedenfalls hierzulande nicht. Die Schienen müssen mit riesigen Schraubenschlüsseln aus ihrer festgerosteten Verankerung an den Bahnschwellen gelöst, angehoben, getragen und auf die wartenden Güterwagen gewuchtet werden. Danach gilt es, diese Güterwagen zu verschieben, um wiederum das Schienenstück abzubauen, auf dem sie gerade noch standen. So schreitet die Zerstörung langsam voran, von unserem Bahnhof über eine Steigung und durch den Hohlweg in den „Wossek“ hinein, dann am Bahnhof von Bandsechow vorüber bis nach Gutzmerow. Die Arbeit dauert Tag um Tag vom Morgen bis zum Abend. Nur mittags dürfen wir eine Pause machen und erhalten eine Grieß- oder Kartoffelsuppe, manchmal mit einer Andeutung von Fleisch darin. Erst als wir Gutzmerow erreichen, werden wir durch ein neues Aufgebot aus den anschließenden Dörfern abgelöst und dürfen uns aufatmend trollen.

Albrecht Lehmann

Von Ostpreußen nach Ostholstein

Hans Maletzke [. . .] entstammt einer feudalen gutswirtschaftlichen Ordnung und blieb ihr ein Leben lang verhaftet. Er ist Ostpreuße. Im Januar 1945 floh er vor der Roten Armee. Mitte Februar 1945, also noch ein paar Wochen vor Kriegsende kam er in Schleswig-Holstein an. [. . .] Maletzke war während des Krieges für kurze Zeit in der Rüstungsindustrie beschäftigt. Deshalb war er vom Kriegsdienst freigestellt worden. Vor dem Krieg war er, der Tradition seiner Familie folgend, zunächst Landarbeiter geworden. Bis in die Gegenwart hinein ist Maletzke allen konjunkturellen Entwicklungen und sozialen Veränderungen zum Trotz Landarbeiter auf einem schleswig-holsteinischen Gut geblieben. Er hielt bis in die 70er Jahre genau dem Hof die Treue, dem er kurz nach seiner Ankunft zufällig „zugeteilt" worden war.

Maletzke hatte sich im Durcheinander der Fluchtvorbereitungen der Familie seiner Verlobten angeschlossen. Sie war Landarbeiterin auf einem Adelsgut. Deshalb gehörte der junge Mann schließlich selbst zum Landarbeitertroß, denn seinen neuen Herrn, den ostelbischen Adeligen, zog es zu Standesgenossen an die Nordsee. Maletzke und die anderen waren nun unverhofft „Ballast" geworden. Zusammen mit den Arbeitern konnte oder wollte sich die „feine Herrschaft" nicht bei den norddeutschen Freunden einquartieren. Der Eisenbahnwaggon mit dem Personal wurde kurz entschlossen auf einem Kleinstadtbahnhof abgekoppelt.

Maletzke:

„Wir waren 'ne gute Woche unterwegs, als wir hier in Oldesloe angekommen sind. Meine Schwiegermutter, die hat am 4. Februar Geburtstag. Und diesen Geburtstag hat sie ja im Waggon zugebracht. Das weiß ich noch genau. Wir kamen hier so Mitte Februar an. Da hat die ganze Flucht ja gut drei Wochen gedauert, und dann kamen wir in diese Königin-Luisen-Schule, und da lagen wir – das war am Wochenende – als wir in Oldesloe ankamen. Von da aus wurden wir dann auf die einzelnen Höfe verteilt. Wir wurden abgeholt mit Pferd und Wagen aus Oldesloe, aus der Königin-Luisen-Schule."

Interviewer:

„War das nun Zufall, daß ihr in Oldesloe gelandet seid?

Maletzke:

„Wahrscheinlich nicht. Eine Bekannte von dem Besitzer oder von seiner Frau, die kannte hier jemanden in Sankt Peter-Ording. Er hat uns in Oldesloe hier abhängen lassen. Und er fuhr weiter bis nach Sankt Peter-Ording. Und dann wurden wir hier abgeholt, kamen hier in Schmachthagen bei Helmsen auf'm Hof an. Und da wurden wir verteilt. Und dann hieß es: ‚Die da! – Die da! – Und die da!' Und wir kamen nun auf Gut H. hin. Da bekamen wir einen Raum angewiesen. Du kennst das ja genau. Neben der Frau St. die Wohnstube, die hatten wir bekommen. Wir waren da mit fünf Personen, nein sechs Personen in einem Raum."

Nach einer kurzen Reise nach Cottbus, Bremen und Hamburg, die nach seiner Auskunft auch eine Suche nach einer anderen Bleibe und beruflichen Tätigkeit war, kommt er schließlich noch vor Kriegsende besuchsweise wieder auf das Gut H. Seine Anwesenheit auf dem Hof hält er damals noch nicht für einen bleibenden Zustand. Eigentlich hatte er bei seiner beruflichen Zukunftsplanung die Landarbeitertätigkeit aufgeben und an sein kurzes Zwischenspiel in der Rüstungsindustrie anknüpfen wollen. Doch als nach ein paar Wochen britische Truppen das norddeutsche Gebiet besetzen, müssen „laut Militäranweisung der Engländer" Listen mit den Namen der alten und neuen Gutsbewohner an die Haustüren geklebt werden. Herr Maletzke, der eben noch vom Dorf in die Stadt ziehen wollte, hatte dadurch ganz offiziell wieder eine Adresse bekommen. Er ist nun beinahe wieder in der gleichen Lage wie vorher als Landarbeiter im Osten. Auch ein Stück Deputatland gehört zum Arbeitsverhältnis. Er wechselt den Ort, aber bleibt bis ans Ende seines Berufslebens im vertrauten Milieu:

„Ich fing dann Mitte Mai 1945 ständig auf H. zu arbeiten an. Es war ja Arbeit genug, zumal ja maschinell damals noch nicht zu bewältigen war. [. . .] Bloß es fehlte ja damals noch an allen Ecken und Kanten. Wir hatten kein Bett gehabt. Wir hatten keinen Tisch, keinen Stuhl. Und denn zog da nachher die Ella D. raus aus dieser Wohnung, und wir kriegten die zwei Zimmer. Und oben wohnte die Frau H. aus Ostpreußen. Die war auch als Flüchtling da. Und diese Frau hatte zwei Pferde. Und das fand ich damals auch nicht ganz richtig, wie das gehandhabt wurde: Da war ein Baron von D., der hat seine Pferde auf'm Klee gehütet. Und diese arme Frau, die mußte auf'm Hof und an den Gräben das Gras von ihren Pferden abgrasen lassen. Die durften nicht raus. Der Baron von D., der hat seine schönen Pferde da auf'm Klee geweidet, nicht. Da wurden diese Unterschiede schon gemacht. Und auch besser untergebracht wurden Leute, wie die geflüchteten Grafen und Direktoren. Auf Gut H. war ja auch Frau Sch., ihr Mann war Bankdirektor. Die war im Gutshaus untergebracht, und dieser Graf von P., der war auch auf Gut H. Nachher hat er sich mit dem Besitzer (einem Grafen) befreundet und ging zu dem. Sie haben alle ihre besseren Unterkünfte gefunden. Das ist ja auch so: Die waren ja nicht so groß an Masse da, diese Leutchen. Die waren nur vereinzelt. Und da konnten die sich ja eben da besser mit denen beschnuppern und kamen da dann auch besser unter. Aber wir hatten es noch besser als die Prädikower, die kamen ein paar Tage nach der Kapitulation hier an. Und diese Leute kamen auch noch mit Pferd und Wagen. Und diese Leute haben ja tatsächlich im Kuhstall gehaust. [. . .] Wir kriegten da also nachher die zwei Zimmer und Küche. Da konnte man wenigstens einigermaßen wohnen, platzmäßig gesehen. Und dann mußten wir eben sehen, daß wir uns durchs Leben fristen. Zu essen gab's auch nicht so viel. Man kriegte zwar Lebensmittelmarken, aber das reichte ja bei weitem nicht aus. Die Versorgung im ländlichen Raum war so eingerichtet, daß sich jeder selbst versorgen mußte. [. . .] Mein Schwiegervater ist dann auf Deputat gegangen, aber das war alles später, ich glaube im Herbst."

Herr Maletzke, dem beim Vergleich seines Schicksals mit dem der Direktoren und Adligen wieder einmal klar wurde, daß er zur „Masse" gehörte, hatte eine Bleibe gefunden. „Durchs Leben gefristet" hatte sich seine Familie ohnehin schon immer. Hinzu kam, daß er zu einer gemeinsam angesiedelten Familie gehörte und dort Nestwärme zu spüren bekam. Schnell mußte er Verantwortung übernehmen. Als eine Chance sah er damals auch die Möglichkeit zur Selbstversorgung in dieser ihm wohlbekannten Wirtschaftsweise. Es war gerade die Zeit, in der es die Städter zu Hamster-, Tausch- und Organisierfahrten aufs Land zog. Im Vergleich zu denen sah er sich materiell gesichert und gut versorgt. Zehn Jahre später unternahm Herr Maletzke noch einmal halbherzig für mehrere Wochen eine Orientierungsreise. Noch einmal suchte er nach einer „modernen Arbeit", wollte sich vielleicht im Ruhrgebiet ansiedeln. Damals war er bereits Vater zweier Kinder und fand für seine Familie keine passende Wohnung. Außerdem wollte seine Frau bei ihren Eltern auf dem Gut in Schleswig-Holstein bleiben.

Bei Herrn Maletzke wird eine Lebensführung erkennbar, die die tragenden sozialen Entwicklungen unserer Zeit nicht zur Kenntnis nimmt. Er führt ein Leben im gesellschaftlichen Abseits. In seiner Bindung an Familie, Region und eine angestammte Lebensform ist Herr Maletzke dennoch nicht untypisch für die deutsche Arbeiterschaft. Die Ansichten von Herrn Maletzke, seine im Verlauf des Gesprächs zutage tretende Toleranz, etwa seine hier nicht veröffentlichten Äußerungen über Kindererziehung, über Ausländer in Deutschland, über die politischen Entwicklungen in der Nachkriegszeit zeigen ihn als wohlinformierten und aufgeklärten Mann. Die verbreitete Auffassung, derzufolge Individualität und eine „moderne" Lebenseinstellung die Bereitschaft zu sozialer und räumlicher Mobilität voraussetze, trifft nur zum Teil auf ihn zu. In Ostpreußen hatte er die dort geltenden sozialen Unterschiede verinnerlicht: „Der Großgrundbesitz; und dann waren die Großbauern und die Kleinbauern und dann die Arbeiter: so hat sich das gestaffelt." – Im Westen wurde er später mit der „Solidarität" der Besitzenden konfrontiert. Das waren Eindrücke, die später seine politischen Überzeugungen beeinflußt haben. Schon in den 50er Jahren schloß er sich der Gewerkschaft an. Nur für kurze Zeit hatte er vorher mit der Flüchtlingspartei BHE geliebäugelt. Diese trat zum ersten Male 1950 in Schleswig-Holstein – der „neuen Heimat" von Hans Maletzke – bei Landtagswahlen in Erscheinung. Auf Anhieb erhielt sie 1/4 aller Wählerstimmen.

„Und als nach'm Krieg das nachher losging mit Parteien, da hat man ja mehrere Parteien gekannt, auch die Flüchtlingspartei BHE: Bund der Heimatvertriebenen und Entrechteten. Aber als ich mir so die Vorsitzenden und die führenden Persönlichkeiten dieses Vereins angeguckt habe, da habe ich mir gesagt: ‚Da gehörst Du nicht rein!' – Denn man konnte da ja überall diesen Großadel finden."

Seine Orientierung an der Welt des Adels mutet anachronistisch an. Herr Maletzke gehört zu den „Überbleibseln" einer vergangenen feudalistischen Ordnung Ostelbiens und auch Schleswig-Holsteins. Drei Jahre vor seinem Übergang in den Ruhestand wurde er ausgangs der 70er Jahre vom Gut in Schleswig-Holstein entlassen. Es war, wie er selbst anmerkt, als Arbeitskraft „nicht mehr zu halten". Das „kleine Rittergut" war inzwischen vom Pächter des Jahres 1945 gekauft worden. Nur als rationalisierter Familienbetrieb konnte es überleben. Wo in den ersten Nachkriegsjahren mehr als zwanzig Landarbeiter „gedient" hatten, gab es nun kein „Gesinde" mehr. Maletzke war der letzte Landarbeiter des Gutes. Die moderne Welt, vor der er sich ein Leben lang zurückgezogen hatte, hatte ihn im Alter erreicht.

Wilfried Röhrich

Die „Stunde Null“

Die Formel vom „totalen Krieg“, die der nationalsozialistische Propagandaminister Joseph Goebbels in seiner Berliner Sportpalastrede vom Februar 1943 beschwor – „Wollt ihr den totalen Krieg?“ – war bei Kriegsende makabre Wirklichkeit geworden. Der totale Krieg zog die totale Niederlage nach sich. Über Territorium und Bevölkerung hatten die Deutschen ihre Souveränität den Siegermächten abzutreten – ein historisches und völkerrechtliches Novum. Die deutsche Kapitulation von 1945, die auch die „staatlich-politische“ Kapitulation einbezog, stellte den „absoluten Tiefpunkt der deutschen Geschichte der Neuzeit“ (Reimer Hansen) dar. *Tabula rasa* sollte gemacht werden. Nur durch die „bedingungslose Kapitulation“ schien gewährleistet, daß die nationalsozialistische Kriegsmacht und Staatsgewalt radikal beseitigt würde. So sprach auch die *Berliner Erklärung* der Alliierten in ihren Präambel davon, daß Deutschland sich „allen Forderungen, die ihm jetzt oder später auferlegt werden“, vorbehaltlos zu unterwerfen habe. Mit Recht konnte General de Gaulle eine Woche nach der Unterzeichnung der Kapitulationsurkunde in seiner Ansprache an die französische *Assemblée Consultative* hervorheben: „Deutschland, in seinem Traum von der Herrschaft bis zum Fanatismus hingerissen, hat den Krieg so geführt, daß der Kampf materiell, politisch und moralisch ein totaler Kampf war. Der Sieg mußte daher ein totaler Sieg sein. Das ist geschehen. Insofern sind der Staat, die Macht und die Doktrin, ist das Deutsche Reich zerstört.“

Der Hinweis auf die „Stunde Null“ beinhaltet allerdings weit mehr als dieses staatliche und militärische Ende. Er kennzeichnet vor allem die „tiefe Infragestellung einer Vielzahl von sozialen Beziehungen, Verhaltensweisen, Einstellungen und Werten“. Außerdem charakterisiert er eine

Situation, die vorerst überwiegend von physischer Not bestimmt war. Die meisten Überlebenden hatten Gewalt und massenhaften Tod kennengelernt: an der Front, in den Konzentrationslagern, in den zerbombten Städten, durch Flucht und Vertreibung. In Deutschlands Städten, vor allem in den großen Wohnzentren, herrschte eine Atmosphäre des Todes; sie vermittelten jenen „Schrecken von der Totalzerstörung", den – aus dem amerikanischen Exil kommend – Golo Mann beschreibt: „Bis dahin hatte ich London für arg zerstört gehalten, aber wie harmlos, wie gerade eben angekratzt war es, verglichen mit den Trümmern, zwischen denen wir uns nun bewegten." Und: „Wie oft hatte man uns erzählt, die Bombardierungen gälten den kriegswichtigen industriellen Anlagen, nicht aber den Innen- und Wohnstädten. Oft war das Gegenteil der Fall; die Frankfurter Innenstadt total zerstört, die Chemiewerke von Hoechst ganz gut ausgespart [. . .]." Ende 1946 standen für vierzehn Millionen Haushalte nur acht Millionen Wohnungen zur Verfügung, davon viele beschädigt; Obdachlosigkeit war ein Massenphänomen. Es herrschte weithin eine pessimistische Grundhaltung vor, über die Karl Jaspers im August 1945 vermerkte: „Wir werden nicht jubelnd vom ‚Aufbruch' reden, nicht noch einmal dem falschen Pathos verfallen, daß es nun gut herrlich werde und daß wir vortreffliche Menschen in vortrefflichen Umständen sein würden." Solcher Illusion sei mancher in den Jahren 1918 und 1933 verfallen; doch diese Selbstberauschung, während realiter der Ruin seinen Gang gehe, müsse diesmal als verwehrt gelten. „Uns bleibt, unser Verhängnis schlicht auf uns zu nehmen und dann zu tun, was noch möglich ist: harte Arbeit auf lange Sicht, mit wenig Hoffnung auf unmittelbares Glück."

Überhaupt ließ sich kaum von den Deutschen als dem „deutschen Volk" sprechen. Was sich fand, waren die davongekommenen Teile der zerrissenen Staatsbevölkerung des Deutschen Reiches. Viele von ihnen – in der Mehrzahl

Frauen und Kinder – befanden sich auf der Flucht. Ein gewaltiger Strom „entorteter Menschen" (Ulrich Borsdorf) kam aus den Ostgebieten, zum Teil ausgelöst von den vorrückenden russischen Armeen. Bereits 1946 waren im Gebiet der drei westlichen Besatzungszonen 5,6 Millionen Flüchtlinge und Vertriebene eingetroffen. Damit waren „nicht nur Menschen in Bewegung geraten und Güter verlorengegangen, sondern mit ihnen auch gesellschaftliche Vorstellungen und ethische Werte". Die Unterbringung der Flüchtlinge erfolgte in provisorischen Lagern, die sie mit den *Displaced Persons* (DP's) teilten: Personen, die durch die Achsenmächte aus rassischen, religiösen oder politischen Gründen deportiert oder „ausgewiesen" worden waren. Zu dieser umfangreichen Gruppe der DP's kamen schließlich die aus Krieg und Kriegsgefangenschaft zurückkehrenden Soldaten, äußerlich und innerlich geprägt von den durchlittenen Erlebnissen, wie Wolfgang Borchert sie in seinem Stück *Draußen vor der Tür* schildert. [...]

Es läßt sich kaum das damalige Nachkriegsdeutschland illustrieren – weder die Ruinenlandschaft der Städte und die von Hitler zuletzt befohlene „verbrannte Erde" noch die mühsam geschaffenen Straßenschneisen durch die Trümmer, nicht die Menschentrauben an den wenigen öffentlichen Verkehrsmitteln und erst recht nicht der täglich neue Kampf um die physische Existenz. Im Hintergrund dieser Notlage standen wachsende Energieknappheit und ein stark beeinträchtigtes Transportwesen, die zusammen zu hochgradigen Versorgungsschwierigkeiten führten. Strom, Gas und Wasser gab es zumeist nicht mehr oder nur zeitweise; manche der auf den Lebensmittelmarken angegebenen Nahrungsmittel waren nicht lieferbar. Hinzu kam der Engpaß in der Kohleversorgung, der sich in den Wintermonaten kraß auswirkte. Die gesamte Situation läßt sich kaum in Daten messen.

Ursula A. J. Becher

Hungerjahre

Nach dem Ende des Krieges waren die Gedanken und Empfindungen der meisten Deutschen von der Erfahrung des Hungers beherrscht. Der Winter 1946/47 ging als „Hungerwinter" in ihre Lebensgeschichte ein. In den Erinnerungen der Zeitgenossen leben diese Erfahrungen wieder auf, wie in den frühen Romanen von Heinrich Böll: „Der Hunger lehrte mich die Preise; der Gedanke an frisch gebackenes Brot machte mich ganz dumm im Kopf und ich streifte oft abends stundenlang durch die Stadt und dachte nichts anderes als Brot. Meine Augen brannten, meine Knie waren schwach und ich spürte, daß etwas Wölfisches in mir war. Brot. Ich war Brot-süchtig wie man Morphium-süchtig ist. Ich hatte Angst vor mir selbst [. . .] Noch jetzt überkommt mich die wölfische Angst jener Tage und ich kaufe Brot, wie es frisch in den Fenstern der Bäckereien liegt."

Die allgemein schlechte Versorgungslage, die Rationierung der Lebensmittel hatten eine Uniformierung des Konsums bewirkt. Die Not freilich machte auch erfinderisch, und so fanden Frauen, die die Hauptlast der Versorgung ihrer Familien trugen, individuelle Lösungen, die sich in der Nachbarschaft rasch verbreiteten und eifrig nachgeahmt wurden. Dazu gehörte die Verwendung von Wildgemüse und anderen Feldfrüchten, die bisher im Speiseplan unberücksichtigt geblieben waren. So wurde der Löwenzahn als Ersatz für Chicorée gerühmt. Andere versuchten Ersatzlösungen, auch wenn der echte Genuß mit ihrer Hilfe nur zu erahnen war. Einen besonderen Erfahrungswert vermittelt dieses Rezept aus „Privatbesitz": „Falscher Honig. Zutaten: Ein halber Liter Buttermilch, 250 Gramm Zucker, 3 Tropfen Zitrone, 3 Tropfen Vanillearoma, 2 geriebene Äpfel. Buttermilch mit Zucker und den Aromastoffen in einem

Topf zum Kochen bringen. Unter ständigem Rühren etwa eine halbe Stunde kochen lassen, bis die Masse dicklich wird. Die geriebenen Äpfel zugeben und noch einmal aufkochen lassen. Dann kalt stellen."

Ein anderes drückendes Problem, die geringe Menge der Speisen so zu strecken und zu längen, daß mehrere Personen gesättigt würden, empfahl die Zeitschrift ‚Der Silberstreifen' im Jahre 1948 auf folgende überzeugende Weise zu lösen: „Mit zuviel Brot oder Kartoffeln gestreckt, schmekken Fleischpflanzl (Frikadellen, Brisoletten oder auch Deutsches Beefsteak genannt) langweilig. Mischt man dagegen durchgedrehten Roten Rübensalat bis zum Fleischgewicht darunter, so bleiben sie schön rot und geschmacklich befriedigend. Der Rübengeschmack tritt völlig zurück. Sonst wie ‚Fleischpflanzl'."[. . .]

Wohnen – das bedeutet auch, einen Ort gefunden zu haben, an dem sich leben läßt; manchmal bedeutet es auch, verwurzelt zu sein. Die Erfahrung des Krieges war für die meisten Deutschen, vor allem für jene, die in den großstädtischen Ballungsräumen lebten, gleichbedeutend mit Unsicherheit, Ortlosigkeit, Unbehaustheit. Bombenzerstörte Häuser und Wohnungen, die Menschen fahndeten nach den Resten ihrer Habe, sofern Feuer und Explosionen etwas übriggelassen hatten, und suchten irgendwo eine provisorische Bleibe. Die anderen, die noch nicht betroffen waren, warteten Abend für Abend voller Angst darauf, ob es sie in dieser Nacht treffen würde. Halb angekleidet, um schnell bereit zu sein, bei Alarm in den nächsten Luftschutzkeller oder Bunker laufen zu können, Wertsachen und einige Habseligkeiten gepackt, so verbrachten sie unruhig die Nachtstunden. Je länger der Krieg dauerte und je heftiger und anhaltender die Bombenangriffe wurden, um so seltener blieb man in seiner Wohnung. Schließlich verbrachte man Tag und Nacht im Bunker, in der Erwartung, daß dieses Inferno ende, wenn auch in einer anderen Katastrophe.

Mit dem Kriegsende begann die Wanderschaft. Die Verkehrsmittel funktionierten kaum noch, und doch war fast ein ganzes Volk unterwegs: Mütter und Kinder, die man in von Kampfhandlungen weniger gefährdete Gebiete evakuiert hatte, Schulkinder aus der sogenannten Kinderlandverschickung, Gefangene, aus Gefängnissen und Konzentrationslagern befreit, Flüchtlinge, die vor den anrückenden Siegern flohen, schließlich die vielen aus ihrer Heimat Vertriebenen – sie alle waren unterwegs, ohne Bleibe, ohne Ort, auf der Suche.

Diese existentielle Erfahrung der Unsicherheit, der schwankenden Lebensgewißheit, der Aussichtslosigkeit war so einschneidend, daß die den Späteren oft so peinlich erscheinende materialistische Obsession der Nachkriegszeit, die Gier nach Besitz, die eitle Selbstgefälligkeit, der Stolz auf die eigenen materiellen Erfolge, diese Demonstration des „Wir sind wieder wer“ in einem milderen Licht erscheinen, ja vielleicht verständlich sind. Und so folgte auf Luftschutzkeller und Bunker das Eigenheim. Nicht als ob das eigene Haus mit Garten, vorzugsweise im Grünen, eine realistische Perspektive zur Lösung der eigenen Wohnprobleme gewesen wäre. Aber es war das Leitbild, das vielfach propagiert wurde, das Traumbild, dem viele anhingen.

Zunächst aber mußte durch die Instandsetzung der vom Krieg nicht vollständig zerstörten Häuser und den raschen Neubau von Mietshäusern, die möglichst vielen Wohnungssuchenden Platz bieten sollten, die schlimmste Wohnungsnot behoben werden. Mit dem aufkommenden Wirtschaftswunder waren dann die finanziellen Mittel vorhanden, um Ruinen abzureißen und neue Bauten an ihre Stelle zu setzen. Damit wurde ein gewaltiger Bauboom eingeleitet. Was sollte vorrangig sein: Wiederaufbau getreu dem ursprünglichen Charakter der Städte oder Neuaufbau? Mehr und mehr setzten sich die Modernisten durch, die im Neuen selbst schon das der Tradition Überlegene sahen. Vielleicht lag dieser Abrißmentalität auch ein tieferliegendes Bedürfnis zugrunde: mit den Ruinen und den alten, unansehnlich gewordenen Gebäuden auch die Erinnerung an die jüngste Vergangenheit wegzuräumen, mit der man bisher nicht fertig geworden war.

Günter Eich

Inventur

Dies ist meine Mütze,
dies ist mein Mantel,
hier mein Rasierzeug
im Beutel aus Leinen.

Konservenbüchse:
Mein Teller, mein Becher,
ich hab in das Weißblech
den Namen geritzt.

Geritzt hier mit diesem
kostbaren Nagel,
den vor begehrlichen
Augen ich berge.

Im Brotbeutel sind
ein Paar wollene Socken
und einiges, was ich
niemand verrate,

so dient er als Kissen
nachts meinem Kopf.
Die Pappe hier liegt
zwischen mir und der Erde.

Die Bleistiftmine
lieb ich am meisten:
Tags schreibt sie mir Verse,
die nachts ich erdacht.

Dies ist mein Notizbuch,
dies meine Zeltbahn,
dies ist mein Handtuch,
dies ist mein Zwirn.

Heinz Galinski

Nach dem Holocaust. Neubeginn jüdischen Lebens in Berlin

Heinz Galinski, geboren 1912 im westpreußischen Marienburg, lebte nach seiner Ausbildung als Textilkaufmann in Berlin. Sein kriegsbeschädigter Vater starb kurz nach seiner Verhaftung während der Nazizeit. Seine Mutter und seine erste Frau wurden in Konzentrationslagern ermordet. Mit der eintätowierten Häftlingsnummer 104412 überlebte Galinski Auschwitz und gelangte nach seiner Befreiung nach Berlin.

Ich bin von Auschwitz in das Lager Dora gekommen, von Dora dann nach Bergen-Belsen. Am 15. April bin ich in Bergen-Belsen befreit worden und habe mich auf den Weg nach Berlin gemacht; das ging sehr abenteuerlich vor sich, denn zu dem Zeitpunkt wurde gerade die Demarkationslinie verschoben, und ich geriet in diesen ganzen Strudel hinein. Man wollte mir nicht glauben, trotz einer Urkunde, die ich bei der Entlassung aus Bergen-Belsen bekommen hatte, daß ich Jude sei, so daß also mein Weg nach Berlin sehr abenteuerlich war. Ich bin in Berlin angekommen im Monat

Juli. In dem Sinne bestand hier noch keine Gemeinde. Ich war mit einigen anderen dabei, diese Gemeinde wieder aufzubauen. Sie bestand ja nur aus Trümmern. So gingen wir daran, nach Sektoren Bezirksstellen aufzubauen, um in den einzelnen Sektoren jüdische Arbeit zu vollbringen.

Ich hatte mir im KZ vorgenommen, mein Leben in den Dienst der Gemeinschaft zu stellen. Das war natürlich eine Illusion. Ich habe mir selbst Mut gemacht, um über die Schwierigkeiten hinwegzukommen. Dann wurde ich hier in die Pflicht genommen, nachdem ich hier das alles gesehen habe. Das Elend der wenigen Überlebenden. Da bin ich dann hier geblieben, obwohl das gar nicht vorhersehbar war. Ich habe 1947 geheiratet, und wir hatten uns schon geschworen auszuwandern, aber durch die Frühgeburt unserer Tochter wurde diese Auswanderung in die USA hinfällig.

Ich habe immer den Standpunkt vertreten, daß die Wannsee-Konferenz nicht das letzte Wort sein kann im Leben der jüdischen Gemeinschaft in Deutschland. Ich habe mich daher mit einigen anderen mitbeteiligt am Wiederaufbau der jüdischen Gemeinde zu Berlin. Ich habe nie zu denen gehört, die die Gemeinde hier als Liquidationsgemeinde betrachtet haben, sondern mein Bestreben ging dahin, den Menschen, die überlebt hatten, den Glauben wiederzugeben an ein wiedergeschenktes, an ein neues Leben. So gingen wir daran, hier erst einmal moralisch und sozial tätig zu werden. Das war das erste Anliegen, und dann haben wir begonnen mit dem Aufbau von Institutionen, um jüdisches Leben hier wieder aufzubauen.

Perspektiven haben sich erst im Laufe der Zeit entwikkelt. Zuerst ging es um sehr praktische Dinge, die Synagogen wieder funktionsfähig zu machen. Pestalozzistraße, Joachimsthaler Straße, Fränkelufer, die Struktur der Gemeinde, die ersten Wahlen zur Repräsentantenversammlung, das Altersheim in der Iranischen Straße. Das Jüdische Krankenhaus war einfach nicht mehr zu halten, so daß wir das aufgeben mußten.

Wir waren bis 1953 eine Gemeinde im West- und Ostteil der Stadt, ich war auch Mitvorsitzender der VVN. Aber die Situation wurde immer unerträglicher. Wir wurden beobachtet, in jeder Sitzung, und ein jüdisches Leben, wie ich es mir vorgestellt habe, konnte durch die Instanzen der SED einfach nicht mehr durchgeführt werden. So habe ich seinerzeit schon alles vorbereitet, um in der Joachimsthaler Straße eine wirklich jüdische Gemeinde zu führen, was von der Oranienburger Straße aus nicht mehr möglich war. Somit war ohne Übergang wieder jüdisches Leben möglich.

Überregional fanden sich Juden aus den verschiedenen Zonen zusammen in der *Arbeitsgemeinschaft Jüdischer Gemeinden* in Deutschland. Nachdem Mitarbeiter der Arbeitsgemeinschaft wie Norbert Wollheim ausgewandert sind, war ich eigentlich einer der Vorboten der Gründung des *Zentralrats.* Wir hatten ungeheure Schwierigkeiten, weil die jüdische Welt es nicht verstehen wollte, nicht nur, daß Juden hiergeblieben sind, sondern daß sie auch Gemeinden wieder aufgebaut haben; diese Diskussion wird nie ganz aufhören, auch wenn sie heute etwas abgeflaut ist. Wir wurden in der ersten Zeit hier ziemlich geschnitten. Man hat uns nicht eingeladen zu Tagungen internationaler jüdischer Organisationen, doch wir haben uns eigentlich durchgesetzt. Ich glaube, es gab keine andere jüdische Gemeinschaft nach der Schoah, die so politisch tätig wurde und so gegen das Vergessen und Verdrängen aktiv kämpfte wie das Judentum in Deutschland.

Galinski widmete sich seit Kriegsende der Betreuung von NS-Verfolgten. Er wurde stellvertretender Leiter der „Hauptabteilung Nürnberger Gesetze" beim Berliner Magistrat. Nach der Gründung einer neuen Familie war er maßgeblich am Wiederaufbau der Jüdischen Gemeinde Berlin beteiligt. Er war Gründungsmitglied des Direktoriums des Zentralrats der Juden in Deutschland und wurde nach dem Tod Werner Nachmanns 1987 dessen Vorsitzender.

Christoph Kleßmann/Georg Wagner

Kultur auf Trümmern

„Kultur auf Trümmern" ist nicht nur eine feuilletonistische Schlagzeile. Es gab sie überall, und sie hatte eine wichtige Funktion in der Zusammenbruchgesellschaft. Sie symbolisierte angesichts der allgemeinen Verunsicherung die Flucht in (vermeintlich) gesicherte Traditionsbestände, die Halt bieten sollten. Sie hatte damit auch psychische Entlastungsfunktionen für das soziale Elend. Sie bot schließlich Zerstreuung, die den trostlosen Alltag vergessen ließ. Die Alliierten verbanden mit der Kulturpolitik zugleich ein Stück Umerziehung. Wenn die Orchester den im Dritten Reich wegen seiner jüdischen Herkunft verbotenen Komponisten Felix Mendelssohn-Bartholdy spielten oder die Theater mit „Nathan dem Weisen" nach dem rasseideologischen Fanatismus der Vergangenheit nun ein Plädoyer für Toleranz zum Programm erhoben, paßte das zu den Zielen der Umerziehung. Wieweit ein solches Programm den vorhandenen Wünschen und Bedürfnissen entsprach, läßt sich jedoch nur schwer genauer bestimmen.

Das Bild ist insgesamt so bunt, daß es kaum knapp zu dokumentieren ist. Besonders in Berlin, der Viersektorenstadt, konnte sich schon bald nach der Kapitulation ein von der Konkurrenz der vier Siegermächte beflügeltes kulturelles Leben entwickeln. Die Sowjets erwiesen sich hier anfänglich als besonders aktive und auch noch liberale Förderer von Kunst und Kultur. Diese Förderung gehörte zur Politik der „antifaschistisch-demokratischen Umwälzung". In der Provinz mochten örtliche Kulturoffiziere stärker ihre Vorlieben zur Geltung bringen und auf der Aufführung russischer Komponisten bestehen. Die SED versuchte, vor allem in den Großbetrieben verschiedene kulturelle Veranstaltungen und Bildungsinitiativen zu fördern, um so, wie es pathetisch hieß, „das Kulturgut der Menschheit zum vollen

Bewußtsein des schaffenden Volkes zu bringen". Im Unterschied zu späteren Phasen der DDR war jedenfalls das kulturelle Angebot noch sehr breit und wenig reglementiert.

Der Drang zum „Wesentlichen" war enorm, wie sich besonders in den bis zur Währungsreform überall wie Pilze aus dem Boden schießenden Kulturzeitschriften zeigte. Manchen Kritikern ging die „Kunstinflation" schon zu weit, und sie forderten strengere Maßstäbe, um zuviel Präsentation von Mittelmäßigem zu verhindern.

Das literarische Leben war von der Zeitschriftenblüte geprägt, keineswegs von den großen Werken, die in der „inneren Emigration" des Dritten Reiches hätten entstehen können. Denn die Schubladen erwiesen sich als leer. So war der Appell an die Emigranten zur Rückkehr naheliegend. Walter von Molos berühmter offener Brief an Thomas Mann und dessen schroffe Antwort charakterisieren symptomatisch das schwierige Verhältnis von im Lande Gebliebenen und Exilierten. Diejenigen, die zurückkehrten und das literarische Leben wesentlich mitbestimmten, waren zumeist politisch linksstehende Autoren in der sowjetischen Zone. Eine tendenzielle Spaltung des Landes gab es auch im Umgang mit den Emigranten. Die intensive Rezeption westeuropäischer und amerikanischer Literatur setzte dagegen erst Anfang der fünfziger Jahre in Westdeutschland ein – zu einer Zeit , als die politischen Bedingungen dafür in der DDR verschwanden.

Zum spontan wiederentstehenden vielfältigen kulturellen Leben gehörte auch die „zehnte Muse", das politisch-literarische Kabarett. Wie für die Zeitschriften bedeutete auch hier die Währungsreform einen Einschnitt und häufig das Ende. Denn als das Geld wieder etwas wert war und die Gesetze der Marktgesellschaft in Kraft traten, erwiesen sich viele Experimente als kurzlebig. Zugleich brach sich der Massengeschmack an Trivialliteratur Bahn, als im Zuge der Verschärfung des kalten Krieges die von den Alliierten geförderte Reeducation-Literatur verschwand. „Vom Winde verweht" traf viel eher die Gemütslage eines geschlagenen Volkes als das zuvor sorgfältig Ausgewählte. Die Auflagen von Sportzeitschriften und Illustrierten erlebten einen explosionsartigen Anstieg. Angesichts der „großen Zeit" des Schlagers in den fünfziger Jahren mag dagegen überraschen, daß eine Umfrage unter Radiohörern eine andere Vorliebe zutage förderte: An der Spitze der Beliebtheit lag das von den „Regensburger Domspatzen" gesungene Wiegenlied „Schlafe, mein Prinzchen, schlaf ein" von Mozart!

Im Prozeß der geistigen und politischen Erneuerung Deutschlands sollte neben der Presse nach Ansicht der Alliierten, aber auch deutscher Reformpädagogen, dem Bildungswesen eine Schlüsselrolle zukommen. Die Entnazifizierung der Lehrer, der Schulverwaltungen und der Unterrichtsmaterialien wurde daher in allen Zonen mit Nachdruck betrieben, besonders rigoros in der amerikanischen und sowjetischen Zone. Darüber hinaus aber sollten Schulen und Hochschulen inhaltlich erneuert werden. Breite Reformdiskussionen und eine Vielzahl von Reformexperimenten bestimmten die ersten Jahre nach dem Ende der für politische und kriegerische Ziele mißbrauchten Schule im Nationalsozialismus. Für den Schulalltag dagegen hatten sie viel weniger Bedeutung. Denn dieser wurde vor allem von materiellen Zwängen geprägt, wie ein zeitgenössischer Brief über die „Schulnot von heute" verdeutlicht, der sich primär auf Volksschulen bezieht. Der Mangel an Lehrern machte anfangs auch den Einsatz von „Schulhelfern" in großem Umfang nötig. In der SBZ sollten vor allem die „Neulehrer" für die Entlassenen Ersatz bieten. Politisch waren sie meist akzeptabel und pädagogisch häufig auch engagiert, die extrem kurze Ausbildungszeit machte sie dennoch zu einer problematischen Notlösung.

Weniger rigide als in den Schulen wurde die Erneuerung an den Universitäten angegangen. Die Wiedereröffnung lief auch in der SBZ in den traditionellen Formen akademischer Rituale ab. Das Studium einer aus dem Krieg heimgekehrten, wissensdurstigen Generation, die unter erbärmlichen sozialen Bedingungen lernte und später deshalb mit einer besonderen Aura umgeben wurde, war dagegen vor allem von Improvisation bestimmt.

Heinz Ludwig Arnold

Die Gruppe 47: Ein literarischer Neubeginn

1947 wurde Richter und Andersch das publizistische Forum des ‚Ruf' entzogen, weil sie die Praxis der amerikanischen ‚re-education'-Politik nachdrücklich kritisiert hatten. Richter konzipierte daraufhin eine neue, nunmehr literarische Zeitschrift, deren Mitarbeiter fast ausnahmslos vom ‚Ruf' kamen – ihr Titel: ‚Der Skorpion'. Doch Richter bekam für den ‚Skorpion' keine Lizenz. Das Treffen im Herbst 1947 am Bannwaldsee, zu dem Richter die Mitarbeiter des ‚Skorpion' eingeladen hatte, um ihre Manuskripte für die neue Zeitschrift zu diskutieren, wurde zur ersten Tagung der Gruppe 47, die für die Entwicklung der neuen deutschen Literatur von entscheidender Bedeutung war: Die Gruppe 47 – so meine These – übernahm auf lange Zeit die konzeptionelle Funktion einer literarischen Zeitschrift, deren ästhetische Positionen zwar nicht erörtert wurden, aber mittelbar, durch den Erfolg der Werke ihrer Mitglieder auf dem literarischen Markt, von prägender Wirkung waren.

Richter war und blieb bis zum Ende der Gruppe 47 im Jahre 1967 ihr spiritus rector – nicht indem er ihr ein literarästhetisches Programm vorgab, wohl aber in der vom ‚Ruf' übernommenen Abgrenzung gegenüber militant konservativen, militaristischen und autoritären Positionen und vor allem mit der Überzeugung, daß sich in der Gruppe 47 „alle Impulse (sammelten), alle ideellen Bemühungen, alle Bestrebungen und Sehnsüchte nach einem neuen Anfang und nach einer Regeneration des gesamten deutschen gesellschaftlichen Lebens“ (Richter im ‚Almanach der Gruppe 47‘). Dahinter stand deutlich der Glaube, nicht nur über die Publizistik wie im ‚Ruf‘, sondern auch durch die literarische Praxis der Gruppe 47 – und also durch eine engagierte Literatur durchaus im Sinne Jean-Paul Sartres – lasse sich wenn auch nicht die Wirklichkeit, so doch das die Wirklichkeit mit formende Bewußtsein der Menschen in einer Gesellschaft verändern.

Ich kann hier nicht ausfühlich erörtern, ob und, wenn ja, wie sich diese allgemeine Erwartung Richters erfüllt hat, er hat jedenfalls 1969 nach der Übernahme des Kanzleramts durch Willy Brandt gesagt, er habe sein Ziel erreicht. Und ich kann hier auch nicht die Geschichte der Gruppe 47 erzählen, die in großen Teilen identisch ist mit der Geschichte der neuen deutschen Literatur, zumindest bis Ende der sechziger Jahre. Aber zwei Anmerkungen scheinen mir wichtig, weil sie zwei miteinander verbundene Vorwürfe berühren, mit denen auch die intellektuellen Meinungsführer der ‚kulturrevolutionären‘ Bewegung 1968 die Gruppe 47 und ihre Literatur kritisiert haben. Zum einen: Der Übergang vom unmittelbaren politischen Engagement im ‚Ruf‘ zur literarischen und literarkritischen Praxis der Gruppe 47 sei ein resignativer Rückzug gewesen. Die nach 1945 gewonnene Freiheit habe sich, als die Chance einer radikaldemokratischen Erneuerung im Sinne der im ‚Ruf‘ verkündeten ‚sozialistischen Ethik‘ schwand, auf die Kritik als ihre „letzte Position“, wie Alfred Andersch schon 1947 schrieb, zurückziehen müssen. Andersch immerhin plädierte noch 1948 dafür, daß auch in der Gruppe 47 explizit theoretische, politische und ästhetische Reflexionen und Diskussionen stattfinden müßten, weil er eine enge Beziehung zwischen Literatur und Gesellschaft bzw. Politik sah und deren Erörterung für wichtig erachtete. (Eine *politische* Theoriediskussion fand dann später in der von Andersch 1955–1957 edierten ‚literarischen‘ Zeitschrift ‚Texte und Zeichen' allerdings nicht statt.) Richter folgte Andersch nicht. Er ließ – darauf zielte der zweite, später erhobene, Vorwurf – innerhalb der Gruppentagungen keine literarischen Grundsatzdebatten zu; theoretische Reflexion fand in der Gruppe nur ansatzweise und nur innerhalb der konkreten handwerklichen Kritik an den vorgelesenen Texten statt.

Richter befürchtete, daß ästhetische und politische *Grundsatzdiskussionen* die Gruppe über kurz oder lang zerrissen hätten. Tatsächlich war später das Ende der Gruppe 47 von solchen grundsätzlichen Attacken und Auseinandersetzungen begleitet: 1964 attackierte Peter Handke während der Gruppentagung in Princeton die gesamte Gruppe-47-Literatur als platte Beschreibungsliteratur; und die letzte Gruppentagung 1967 in der Pulvermühle endete mit einem Eklat, weil einige Autoren der Gruppe (Lettau, Fried) sich mit angereisten protestierenden Studenten, die die Gruppe als ‚Papiertiger' beschimpften, solidarisierten und sich damit gegen die anderen Autoren der Gruppe stellten.

Obwohl Richter die Gruppensitzungen von politischen Debatten freihielt, gewann die Öffentlichkeit in der konservativen Wohlstandsrepublik der späten fünfziger Jahre von der Gruppe 47 das Bild einer intellektuellen politischen Opposition: Die Texte ihrer herausragenden Mitglieder (Böll, Walser, Enzensberger, Grass) arbeiteten kritisch nationalsozialistische Vergangenheit und restaurative lernunwillige Gegenwart auf, und als Personen engagierten sie sich öffentlich mit Resolutionen z.B. gegen die Atombewaffnung und gegen Adenauers Staatsfernsehen. In ihrer publizistischen Wirkungsabsicht nahmen sie so das alte ‚Ruf'-Programm auf; doch weil sie vor allem Schriftsteller waren, wurde ihr nonkonformistisches Engagement in den Feuilletons diskutiert, drangen die Inhalte, um die es ihnen ging, kaum in die politische Debatte ein. Sie waren, bis in die sechziger Jahre hinein, Paradiesvögel in einem kulturellen Reservat, und erst als diese Schriftsteller auch internationales Renommé gewonnen hatten, ihre Kritik also auch außerhalb Deutschlands wahrgenommen wurde, verwandelten sich die Paradiesvögel im Munde konservativer Politiker in ‚Nestbeschmutzer', ‚Pinscher', ‚Ratten' und ‚Schmeißfliegen', und die gesamte Gruppe 47 wurde gar als eine ‚geheime Reichsschrifttumskammer' diffamiert.

Gregor Schöllgen
Potsdam

Wenig befriedigend waren auch jene Lösungen, die als Antwort auf die Deutsche Frage gefunden werden konnten. Gerade hier zeigte sich, in welch hohem Maße die Beschlüsse der Alliierten Kompromißcharakter besaßen. Als sicher galt nur, daß Deutschland erstens bedingungslos kapitulieren müsse, zweitens vollständig besetzt werden sollte und daß drittens zu diesem Zweck Besatzungszonen einzurichten waren.

In einem sogenannten Zonenprotokoll der EAC vom 12. September 1944, das am 14. November noch einmal ergänzt und modifiziert wurde, ist nicht nur die Demarkationslinie zwischen der östlichen und den westlichen Besatzungszonen bestätigt, sondern – im zweiten Dokument – auch Großbritannien die nördliche und den USA die südliche der westlichen Besatzungszonen zugewiesen worden, wobei sich die Vereinigten Staaten mit Bremen und Bremerhaven die wichtigen Nachschubverbindungen zur See sichern wollten. Das Protokoll vom 12. September legte überdies ausdrücklich fest, daß „Groß-Berlin" einen besonderen Statur erhalten und nicht als Teil der sowjetischen Besatzungszone gelten sollte. Vielmehr war für die deutsche Hauptstadt wie für das Deutschland westlich der Oder-Neiße-Linie jeweils eine gemeinsame Verwaltung vorgesehen. Gleichzeitig mit dem zweiten Zonenprotokoll wurde durch die EAC ein sogenanntes Kontrollabkommen vorgelegt, wonach die oberste Gewalt in Deutschland von jedem in seiner Besatzungszone und zugleich in einem Alliierten Kontrollrat gemeinsam durch alle ausgeübt werden sollte.

Hier war der Kompromißcharakter der Beschlüsse mit Händen zu greifen, und auch das Potsdamer Kommuniqué, das die Sowjets von Anfang an als „Abkommen" betrachteten, ließ die Frage nach der gesamt- bzw. teilstaatlichen Zukunft Deutschlands offen. Das zeigten nicht zuletzt die Auslassungen zur Frage der wirtschaftlichen Zukunft Deutschlands. So sollte Deutschland einerseits während der Besatzungszeit „als eine wirtschaftliche Einheit" betrachtet werden, andererseits aber durfte sich die UdSSR in Ergänzung der Reparationen, die sie ihrer eigenen Besatzungszone entnahm, bis zu einer bestimmten Höhe und zum Teil im Tausch gegen Naturalien aus „den westlichen Zonen" bedienen. Damit wurde einmal mehr auf einen grundsätzlich bestehenden Unterschied zwischen der östlichen und den westlichen Besatzungszonen verwiesen. Vergleichbares gilt für die in Potsdam beschlossenen Prinzipien der Demokratisierung, der Entnazifizierung oder auch der Demilitarisierung. Das Kommuniqué stellte es den Besatzungsmächten frei, wie diese Prinzipien in ihrer Zone realisiert werden sollten.

Mithin war die Frage, welche Entwicklung Deutschland nehmen werde, sowohl zum Zeitpunkt der militärischen Kapitulation als auch bei der Übernahme der obersten Regierungsgewalt in Deutschland durch die Hauptsiegermächte des Krieges am 5. Juni und selbst bei der Verabschiedung des Potsdamer Kommuniqués am 2. August 1945 noch gänzlich offen. Sicher war nur, daß die Antwort auf diese Frage nicht von den Deutschen selbst, sondern in erster Linie davon abhängen würde, wie sich die unnatürliche Koalition nach dem Erreichen ihres eigentlichen und zugleich einzigen gemeinsamen Ziels, der Niederschlagung Hitler-Deutschlands, in Zukunft entwickelte.

Diese Zukunft aber stand seit dem 6. August 1945 im Schatten einer gewaltigen pilzförmigen Wolke, welche die Welt in ihren Bann ziehen und die Entwicklung des kommenden halben Jahrhunderts wie kaum ein zweiter Faktor bestimmen sollte. Um 8.15 Uhr Ortszeit an jenem schwülheißen Sommertag warf ein amerikanischer B-29-Bomber die erste Uranbombe über der japanischen Stadt Hiroshima ab. Drei Tage später, am 9. August, um 11.02 Uhr kam es zum Abwurf einer zweiten, einer Plutoniumbombe, über Nagasaki. Nichts war mehr wie zuvor. Die Weichen in die Zukunft wurden in dieser atomaren Gegenwart gestellt. Kalter Krieg und nukleare Bedrohung waren von nun an untrennbar miteinander verbunden.

Da lag nicht einmal, jedenfalls nicht in erster Linie, an den unmittelbaren Folgen dieser Katastrophe: die beiden Bomben sollten etwa 200000 Tote fordern. Aber auch die amerikanischen Angriffe, die am 9. und 10. März 1945 gegen Tokio geflogen worden waren, hatten schon mehr als 80000 Menschen das Leben gekostet. Allerdings waren daran 279 B-29-Fernbomber beteiligt gewesen, die Tausende von Tonnen herkömmlicher Sprengladungen abgeworfen hatten. In Hiroshima war durch eine einzige Bombe eine weitaus verheerendere Wirkung erzielt worden. Die Vernichtung menschlichen Lebens hatte eine neue Dimension erreicht, soviel stand fest. Alles andere war eine Frage der Zeit. Das galt für die Spätfolgen der freigesetzten Strahlung, und das galt für die weitere Entwicklung der Bombe. Denn es gab eben keine Möglichkeit, das Wissen um sie zu verdrängen oder einfach auszulöschen, im Gegenteil. Mit dem ersten Abwurf war der Wettlauf um die führende Stellung eröffnet.

Und das wiederum hatte mit den Motiven für diesen Abwurf zu tun. Gewiß, der Kampf der Japaner wurde um so verbissener, je mehr sich die Front den Hauptinseln näherte: Washington rechnete bei der Eroberung mit enormen Verlusten; außerdem war man sich nicht sicher, wie Tokio auf die Bombenabwürfe reagieren würde. Aber es gab auch andere Gründe für Trumans Entscheidung. Sie erschien als klare Demonstration des amerikanischen Führungsanspruchs, wurde also bereits vor dem Hintergrund der neuen weltpolitischen Frontbildungen getroffen und zeigte, wie unnatürlich jene Allianz war, die ihre Entstehung einzig der deutschen Politik und Kriegsführung in der zweiten Hälfte des Jahrs 1941 verdankte.

Als Stalin auf der Potsdamer Konferenz mit unbewegter Miene die Mitteilung über den ersten erfolgreichen Test der Bombe entgegennahm, stand sein Entschluß fest: Der Dritte Krieg war eröffnet, bevor der Zweite mit der Unterzeichnung der japanischen Gesamtkapitulation und der Kapitulation der japanischen China-Armee am 2. bzw. 9. September zu Ende ging. Ob er ein Kalter bleiben würde, war lange Zeit nicht sicher. Daß er nie zu einem Heißen mutierte, lag in erster Linie daran, daß der Kalte Krieg im Schatten jener Erfindung ausgetragen worden ist, die ihre Möglichkeiten noch während des Zweiten Weltkrieges gezeigt hatte: der Atombombe.

Thomas Assheuer/Hans Sarkowicz

Entnazifizierung im Osten

Im Gegensatz zu den Westzonen, in denen die Untersuchungen alle Erwachsenen erfaßten, konzentrierte sich die Entnazifizierung in der Sowjetischen Besatzungszone nur auf ehemalige Mitglieder der *NSDAP*, die innerhalb kurzer Zeit aus allen wichtigeren Positionen entfernt wurden. Die Sowjetische Militäradministration *(SMAD)* hielt sich formal sehr genau an die Vereinbarungen des Potsdamer Abkommens, in dem u. a. festgelegt worden war:

„Kriegsverbrecher und jene, die an der Planung oder Verwirklichung nazistischer Maßnahmen teilgenommen haben, die Greuel oder Kriegsverbrechen nach sich zogen oder als Ergebnis hatten, sind zu verhaften und einem Gericht zu überantworten. Naziführer, einflußreiche Naziananhänger und das leitende Personal von Nazibehörden und -organisationen, die für die Besetzung und ihre Ziele gefährlich sind, sind zu verhaften und zu internieren.

Alle Mitglieder der Nazipartei, die mehr als nominell an ihrer Tätigkeit teilgenommen haben, und allen anderen Personen, die den alliierten Zielen feindlich gegenüberstehen, sind aus öffentlichen und halböffentlichen Ämtern und von verantwortlichen Posten in wichtigen Privatunternehmen zu entfernen."

Diese Bestimmung eröffnete der *SMAD* auch die Möglichkeit, politisch mißliebige Personen, die nicht vorbelastet waren, als „für die Besetzung und ihre Ziele feindlich" einzustufen und zu internieren. Bis 1950 sollen über 120000 Menschen auf diese Weise gefangengehalten worden sein, u. a. in den früheren Konzentrationslagern Sachsenhausen und Buchenwald. Mehr als ein Drittel der Internierten starb, wie die im Frühjahr 1990 entdeckten Massengräber noch einmal eindrücklich dokumentierten.

Für die Durchführung der Entnazifizierung sorgten insgesamt 262 Kommissionen, die weitreichende Vollmachten besaßen. Lediglich Schwerbelastete wurden der Polizei oder den Gerichten übergeben. „Bei allem theoretischen Bemühen, zwischen Aktivisten und Mitläufern des Nationalsozialismus zu unterscheiden", resümierte der Berliner Politologe Dietrich Staritz 1968, „prägte Spontaneität des Sieges, der Differenzierungen fremd waren, den Charakter der Entnazifizierung. Die Grenzen zwischen wohlbedachter Strafe und Racheakt wurden ständig überschritten oder waren selbst in Bewegung."

Nach DDR-Angaben wurden bis zum offiziellen Ende der Entnazifizierung am 10. März 1948 insgesamt 520000 ehemalige *NSDAP*-Mitglieder aus ihren Positionen entfernt oder mit „Zwangsmaßnahmen" belegt. Ende 1950 hatten die Gerichte bereits 12147 „Kriegsverbrecher und Verbrecher gegen die Menschlichkeit" verurteilt. Bis zum 31. Dezember 1978 erhöhte sich die Zahl auf 12861. Danach wurden nur noch wenige Urteile gefällt. NS-Verbrecher konnten kaum mit Gnade rechnen; von Amnestien wurden sie in der Regel ausgenommen. Dagegen bemühte sich die *SED* schon recht früh um die nur nominellen Parteigenossen, die einen beträchtlichen Teil der Wahlbevölkerung ausmachten. Wie Wolfgang Leonhard in seinem Buch „Die Revolution entläßt ihre Kinder" (Köln/Berlin 155) berichtet, erschien am 20. Juni 1946, noch rechtzeitig vor den Gemeindewahlen in der SBZ, eine Erklärung des *SED*-Parteivorstands mit dem Titel „SED und nominelle Pgs", die schon lange vorbereitet worden war. Sie sollte dazu beitragen, die sogenannten ‚kleinen Nazis' für die *SED* zu gewinnen. Man wollte nicht den Fehler der österreichischen Kommunisten wiederholen, die sich durch einen starren Antinazismus in der Bevölkerung isoliert hatten.

Parteiintern löste die Erklärung heftige Debatten aus, aber sie scheint ihr Ziel erreicht zu haben. Die ehemaligen *NSDAP*-Mitglieder strömten zu den Versammlungen der *SED*, die sie als einzige Partei nicht mehr diskriminierte. Um diese Bindungen weiter zu verstärken, ohne die eigenen Reihen zu belasten, und gleichzeitig die gesellschaftliche Integration der früheren „Pgs" voranzutreiben, gingen die *SED* und vor allem die *SMAD* daran, für diesen Personenkreis eine eigene Satellitenpartei zu gründen. „Da die *NSDAP*", so Staritz, „zumindest in ihrer früheren Zeit besonders im Mittelstand eine starke Anhängerschaft gehabt hatte und ein erheblicher Teil der Entnazifizierten aus diesen Schichten kam, bot sich die Form einer Mittelstandspartei an, die den bürgerlichen Parteien, die sich auf nennenswerten bürgerlichen Anhang nach den Reformen ohnehin nicht stützen konnten, Mitglieder und Wähler entziehen und als Transmission zu den Mittelschichten fungieren konnte."

Das heißt, die am 16. Juni 1948 konstituierte *National-Demokratische Partei Deutschlands (NDPD)* trat in direkte Konkurrenz zu *CDU* und zur *LDP*, nicht aber zur *SED*, obwohl sie sich verbal immer wieder von ihr abzusetzen suchte.

Alfred-Maurice de Zayas

„Siegerjustiz"? Die Nürnberger Prozesse

Am 18. Oktober 1945 um 10.30 Uhr wurde in Berlin, im großen Sitzungssaal des Gebäudes des alliierten Kontrollrats an der Potsdamerstraße, die Eröffnungssitzung des Internationalen Militärgerichtshofs abgehalten. Beinahe wäre Berlin Tagungsort des Tribunals gewesen, dem Wunsch des sowjetischen Richters entsprechend. Jedoch begann einen Monat später – am Dienstag den 20. November 1945 um 10.00 Uhr – nicht in Berlin, sondern in Nürnberg der bekannteste Strafprozeß der Geschichte: Die Vereinigten Staaten von Amerika, die Französische Republik, das Vereinigte Königreich von Großbritannien und Nordirland und die Union der Sozialistischen Sowjet-Republiken gegen Hermann Wilhelm Göring und 21 andere Größen des besiegten Deutschland. Noch umfangreicher und länger als der Nürnberger Prozeß war der Prozeß von Tokio vor dem International Military Tribunal for the Far East. [. . .]

Am 1. Oktober 1946, nach mehr als zehnmonatigen Verhandlungen, erging das Urteil im Nürnberger Prozeß. In den frühen Morgenstunden des 16. Oktober 1946 wurden zehn der Todesurteile vollstreckt. Göring entzog sich der

Strafe durch Selbstmord in der Nacht vor der geplanten Hinrichtung. Martin Bormann, Leiter der Parteikanzlei und „Sekretär des Führers", konnte nur *in absentia* zum Tode verurteilt werden, denn er war und blieb unauffindbar. Wahrscheinlich ist er bereits am 1. oder 2. Mai 1945 beim Versuch, das eingekesselte Berlin zu verlassen, umgekommen. Robert Ley, der Führer der Deutschen Arbeitsfront, wäre vermutlich auch zum Tode verurteilt worden. Jedoch verübte er am 25. Oktober 1945, noch vor Prozeßbeginn, Selbstmord in seiner Nürnberger Zelle.

Die Siegermächte hatten im Laufe des Krieges die Absicht geäußert, Hitler, Mussolini, Himmler, Goebbels u.a. vor Gericht zu stellen. Diese lebten jedoch im Sommer 1945 nicht mehr. Wer sollte also angeklagt werden? Neben den bereits genannten Göring, Bormann und Ley, wurden angeklagt: Karl Dönitz (Oberbefehlshaber der Kriegsmarine und Nachfolger Hitlers im Amt des Staatsoberhaupts), Hans Frank (Generalgouverneur von Polen), Wilhelm Frick (Reichsinnenminister), Hans Fritzsche (Chefkommentator des Rundfunks), Walther Funk (Reichswirtschaftsminister und Reichsbankpräsident), Rudolf Hess (bis zu seinem England-Flug im Mai 1941 Stellvertreter Hitlers als Parteivorsitzender), Alfred Jodl (Chef des Wehrmacht-Führungsstabes), Ernst Kaltenbrunner (Chef des Reichssicherheitshauptamtes seit dem Tod Reinhard Heydrichs 1942), Wilhelm Keitel (Chef des Oberkommandos der Wehrmacht), Konstantin von Neurath (Reichsaußenminister bis 1938, später Reichsprotektor von Böhmen und Mähren), Franz von Papen (Vizekanzler bis 1934), Erich Raeder (Oberbefehlshaber der Kriegsmarine bis 1943), Joachim von Ribbentrop (Reichsaußenminister 1938–1945), Alfred Rosenberg (Parteiideologe, Reichsminister für die besetzten Ostgebiete), Fritz Sauckel (Generalbevollmächtigter für den Arbeitseinsatz), Hjalmar Schacht (Reichswirtschaftsminister bis 1937, Reichsbankpräsident bis 1939), Baldur von Schirach (Reichsjugendführer und Gauleiter von Wien), Arthur

Seyss-Inquart (Reichskommissar der Niederlande), Albert Speer (Rüstungsminister) und Julius Streicher (Gauleiter von Franken und Herausgeber des Hetzblattes „Der Stürmer“). Ursprünglich mitangeklagt war auch Gustav Krupp von Bohlen und Halbach, der 75jährige ehemalige Chef des Krupp-Konzerns. Es wurde jedoch im Hinblick auf eine Lähmung und infolge eines 1942 erlittenen Schlaganfalles für vernehmungs- und verhandlungsunfähig befunden.

Die Todesurteile wurden an Frank, Frick, Jodl, Kaltenbrunner, Keitel, Ribbentrop, Rosenberg, Sauckel, Seyss-Inquart und Streicher vollstreckt. Zu lebenslänglicher Freiheitsstrafe wurden Hess, Funk und Raeder verurteilt; Raeder durfte 1955 und Funk 1957 aus gesundheitlichen Gründen das Spandauer Gefängnis verlassen. Zu 20 Jahren Gefängnis wurden Schirach und Speer verurteilt, zu 15 Jahren v. Neurath, zu 10 Jahren Dönitz. Freigesprochen wurden Fritzsche, von Papen und Schacht. Gegen die Freisprüche verfaßte das sowjetische Mitglied des Gerichtshofes ein abweichendes Votum, in welchem er sich für einen Schuldspruch aussprach.

Nicht nur Einzelpersonen, sondern auch Gruppen und Organisationen wurden angeklagt: die Reichsregierung, d.h. das Reichskabinett, das Korps der politischen Leiter der Nationalsozialistischen Deutschen Arbeiterpartei (NSDAP), die Schutzstaffel (SS) der NSDAP, einschließlich des Sicherheitsdienstes (SD), die Geheime Staatspolizei (Gestapo), die Sturmabteilungen (SA) der NSDAP sowie der Generalstab und das Oberkommando der Deutschen Wehrmacht (OKW). Nach dem Urteilsspruch wurden die SS, SD, die Gestapo und das Korps der politischen Leiter der NSDAP zu verbrecherischen Organisationen erklärt, nicht aber das Reichskabinett, die SA oder der Generalstab und das OKW. Im Falle der SS und Gestapo hätte eine andere Entscheidung merkwürdig angemutet – hatten doch die Alliierten diese in den Erklärungen von Moskau und Jalta bereits als verbrecherisch bezeichnet. [. . .]

Einige mögen heute den Mammutprozeß von Nürnberg einfach als Siegerjustiz ansehen, als Rache mit dem Mittel der Justiz. Er war aber mehr als ein Ausdruck von *vae victis.* Niemand wird bestreiten, daß die nationalsozialistische Regierung gegen die Bestimmungen der Haager und Genfer Konventionen verstoßen hat. Im Hinblick auf die ungeheuerlichen Untaten, insbesondere auf den Holocaust, hätte niemand zu einem *tout pardonner* gelangen können. Und immerhin beweisen drei Freisprüche, daß der Prozeß keineswegs eine bloße Abrechnung war. Glaubwürdiger wäre er jedoch gewesen, wenn das Gericht anders besetzt gewesen wäre – z. B. mit neutralen Richtern, etwa aus der Schweiz oder aus Schweden, oder mit einem Richter-Kollegium aus alliierten, neutralen und deutschen Richtern. Dies war sogar erwogen, jedoch rasch fallengelassen worden.

Im September 1945, noch vor Beginn des Nürnberger Prozesses, wurde der ehemalige deutsche Kanzler Heinrich Brüning, damals Professor an der Harvard Universität, durch zwei Offiziere des U.S. Judge Advocate General's Office (Rechtsabteilung der US-Streitkräfte) befragt. Sollten Kriegsverbrecher und Leute wie Julius Streicher unbehelligt davonkommen? Dazu sagte Brüning: „Ich hielte es für richtiger, wenn Streicher von einem deutschen Gerichtshof abgeurteilt würde. [. . .] Robert Ley würde von einem deutschen Gericht sicher zum Tode verurteilt, Ribbentrop sehr wahrscheinlich." [. . .]

Jedoch ließ die Stimmung im Jahre 1945 keinen Platz übrig für Vertrauen in das „andere Deutschland".

Wolfgang Benz

Politik der ersten Stunde

Der Wiederbeginn des politischen Lebens nach dem Zusammenbruch der NS-Herrschaft vollzog sich in allen Besatzungszonen nicht durch Wahlen, sondern durch Befehl der lokalen, regionalen oder zonalen Instanz der jeweiligen Besatzungsmacht. Deutsche Mandatsträger, vom Bürgermeister bis zum Ministerpräsidenten, wurden nach Bedarf eingesetzt und, wenn dies den Militärregierungen nötig schien, auch wieder entlassen. Das andere prominente Beispiel war Konrad Adenauer, der von den Amerikanern im Mai 1945 zum Oberbürgermeister von Köln ernannt und im Oktober von den Engländern wieder aus dem Amt entfernt worden war.

Gewählt wurde erst ab 1946, und zwar zonen- und zeitverschoben. Die frühesten Daten des komplizierten Wahlkalenders liegen in der amerikanischen Zone. Dort wurden nach den Kommunalwahlen im Januar 1946 im April Kreistagswahlen veranstaltet, im Mai folgten die Stadtkreise der größeren Städte. Im Juni 1946 wurden die Mitglieder der verfassunggebenden Versammlung für die drei Länder der US-Zone Württemberg-Baden, Groß-Hessen und Bayern gewählt. Im November und Dezember 1946 wurden in diesen drei Ländern die neuen Verfassungen durch Volksabstimmung bestätigt; damit gekoppelt waren die ersten regulären Landtagswahlen.

In den drei anderen Zonen durften die Wähler erstmals im September 1946 auf kommunaler Ebene an die Urnen. In der sowjetischen Zone folgten im Oktober 1946 Kreistags- und Landtagswahlen. In der britischen Zone war es im April 1947 soweit, daß die Landtage der von der Militärregierung kurz zuvor errichteten Länder Nordrhein-Westfalen, Niedersachsen und Schleswig-Holstein gewählt wurden, und in der französischen Besatzungszone dauerte es noch ein bißchen länger; erst im Mai 1947 schlug dort die Stunde des Wählers für die Landtage von Baden, Württemberg-Hohenzollern und Rheinland-Pfalz.

Das politische Leben spielte sich zunächst in allen Zonen auf der untersten Ebene ab; gegenüber den lokalen deutschen Administrationen, die der Besatzungsmacht verantwortlich waren, spielten die Parteien noch kaum eine nennenswerte Rolle. Nur das Funktionieren der elementaren Notwendigkeiten war auf dieser Ebene zunächst verlangt. Im übrigen galt, was die Regierungen der vier Siegermächte in der „Erklärung in Anbetracht der Niederlage Deutschlands" am 5. Juni 1945 verkündet hatten, nämlich daß die oberste Regierungsgewalt in Deutschland durch die Alliierten ausgeübt werde. Dekretiert war in diesem Dokument deutscher Ohnmacht in sehr allgemeiner Form die Grundtendenz alliierter Politik, nämlich absolute Kontrolle, Entwaffnung, Entmilitarisierung und die Ankündigung detaillierter Befehle. Die vier alliierten Regierungen würden „diejenigen Maßnahmen treffen, die sie zum künftigen Frieden und zur künftigen Sicherheit für erforderlich" hielten, und es hieß, „alle deutschen Behörden und das deutsche Volk" hätten „den Forderungen der Alliierten Vertreter bedingungslos nachzukommen und alle solchen Proklamationen, Befehle, Anordnungen und Anweisungen uneingeschränkt zu befolgen".

Nach der Potsdamer Konferenz im August 1945 wurden – wenn auch undeutlich genug – wenigstens einige Umrisse der künftigen Deutschlandpolitik sichtbar. Im Potsdamer Protokoll hatten die drei Großmächte die Ziele der Besetzung Deutschlands als Arbeitsanweisung für den Viermächtekontrollrat formuliert. Die völlige Abrüstung und Entmilitarisierung und die Ausschaltung bzw. Überwachung der gesamten deutschen Industrie für Kriegsproduktion, die Vernichtung der NSDAP, die Verhaftung, Aburteilung und Bestrafung der Elite des NS-Regimes, die Entnazifizierung – das waren die Nahziele, und dies wurde entsprechend hervorgehoben. Aber angekündigt war auch folgendes: „Die endgültige Umgestaltung des deutschen politischen Lebens auf demokratischer Grundlage und eine schließliche friedliche Mitarbeit Deutschlands am internationalen Leben sind vorzubereiten."

Zu diesem Demokratisierungsprogramm sollte die Abschaffung aller nazistischen Gesetze ebenso gehören wie die Überwachung des deutschen Erziehungswesens, damit sich „demokratische Ideen erfolgreich entfalten" könnten; das Gerichtswesen sollte „entsprechend den Prinzipien der Demokratie, der Gerechtigkeit und der Gleichheit aller vor dem Gesetz ohne Unterschied der Rasse, Nationalität und der Religion reorganisiert werden", und die Verwaltung Deutschlands müsse „in Richtung auf eine Dezentralisation der politischen Struktur und auf die Entwicklung örtlicher Selbstverwaltung hin angelegt werden". Deshalb würden in ganz Deutschland alle demokratischen politischen Parteien erlaubt und gefördert werden, sie sollten das Recht haben, Versammlungen und öffentliche Diskussionen abzuhalten, und der Grundsatz der repräsentativen Demokratie sollte in den Kreis-, Provinzial- und Landesverwaltungen möglichst bald eingeführt werden.

In der Praxis entwickelten sich die Dinge freilich nicht so zielgerichtet, und vor allem verlief in jeder der vier Besatzungszonen die politische Entwicklung nach eigenen Gesetzen. Das lag einerseits daran, daß die Vorstellungen der Alliierten über die künftigen Strukturen in Deutschland weit auseinandergingen. Der andere Grund für das Auseinanderdriften der Zonen bestand darin, daß sich die vier Siegermächte, die im alliierten Kontrollrat in Berlin Deutschland gemeinsam zu regieren und zu verwalten vorhatten, sich schon Ende 1945 nicht mehr verständigen konnten, wie das im einzelnen geschehen sollte. [. . .]

Parallel zur Wiederherstellung einer deutschen Verwaltung, die im Auftrag der Besatzungsmacht tätig wurde, vollzog sich die Bildung politischer Gruppierungen. In der östlichen Besatzungszone waren durch Befehl Nr. 2 der Sowjetischen Militär-Administration schon am 10. Juni 1945 Parteien ganz offiziell zugelassen und zur politischen Aktivität ermuntert worden. Das war gleichsam ein Handstreich der sowjetischen Besatzungsmacht gewesen, der in Szene gesetzt wurde, ehe auf der Potsdamer Konferenz die drei großen Siegermächte zusammenkamen, um die Grundsätze einer gemeinsamen Deutschlandpolitik zu besprechen. Am 11. Juni 1945 trat in Berlin die KPD mit einem Gründungsaufruf an die Öffentlichkeit, Mitte Juni folgte die SPD, Ende des Monats die CDU und am 5. Juli wurde die Liberal-Demokratische Partei (LDP) gegründet. Die Wirksamkeit dieser vier Parteien blieb auf Berlin und die Sowjetzone beschränkt.

In der US-Zone wurden die Weichen nicht so rasch gestellt. In der Direktive für den Oberbefehlshaber der amerikanischen Besatzungstruppen in Deutschland, die unmittelbar nach Kriegsende galt, hieß es ganz allgemein, daß keine politische Tätigkeit irgendwelcher Art ohne Genehmigung des Militärgouverneurs begünstigt werden dürfe. Rede-, Presse- und Religionsfreiheit sei den Deutschen zu gewähren, soweit dadurch nicht militärische Interessen beeinträchtigt würden. Die Verbreitung von nazistischen, militaristischen und pangermanistischen Lehren sei ebenso zu verbieten, wie „Aufmärsche militärischer, politischer, ziviler oder sportlicher Art“ nicht gestattet werden durften.

Das Vorschriften-Handbuch, aus dem sich die Offiziere der US-Militärregierung über Einzelheiten der Besatzungspolitik informierten, enthielt unter dem Stichwort „Politische Aktivitäten“ vier Thesen, die ihnen als Richtschnur dienen sollten: Erstens sollten alle demokratischen Parteien ermuntert werden, und zwar möglichst in ganz Deutschland; es folgte zweitens der Lehrsatz, daß Träger politischer Mandate sich regelmäßig der öffentlichen Diskussion ihres Programms und neuen Wahlen stellen mußten: drittens war vorgeschrieben, daß die Wahlen unter gleichen Bedingungen für alle und mit mindestens zwei konkurrierenden Parteien durchgeführt würden; und viertens war definiert, was unter einer politischen Partei zu verstehen war: demokratisch mußte sie sein, durch freiwilligen Zusammenschluß entstanden und säuberlich getrennt von den Organen der Regierungsgewalt. Das waren Grundüberzeugungen, wie sie in den USA als selbstverständlich galten. In Deutschland mußten diese Grundsätze aber erst wieder erlernt und eingeübt werden, und zwar nach Meinung der Amerikaner zunächst in den Gemeinden und kleineren Städten.

Auf dieser Ebene waren in der US-Zone ab August 1945 die Aktivitäten deutscher politischer Parteien ausdrücklich zugelassen. Die Legitimierungsmaßnahmen waren, ebenso wie die anschließende Überwachung des politischen Treibens durch die Militärregierung, pedantisch-bürokratische Prozesse, die den Beteiligten viel Zeit und Nerven kosteten. Dabei nahmen die Amerikaner aber im Grunde schon die liberaleren Grundsätze vorweg, die erst 1947 formell zur Geltung kamen. In der Zeit offizieller Restriktion wurde schon praktiziert, was die Direktive vom Juli 1947 an Richtlinien für das amerikanische Besatzungsgebiet hinsichtlich der Behandlung der Parteien enthielt. Der Militärgouverneur sollte, wie bisher, die Politik verfolgen, „alle politischen Parteien zuzulassen und zu ermutigen, deren Programme, Tätigkeit und Struktur die Treue zu demokratischen Grundsätzen beweisen. Die politischen Parteien sollen miteinander konkurrieren und durch freiwillige Zusammenschlüsse von Bürgern gegründet sein, bei denen die Führer ihren Mitgliedern verantwortlich sind. Keine Partei soll bevorzugt werden."

Außerdem wurde der Militärgouverneur auf den Grundsatz verpflichtet, „daß sich die Militärregierung und die deutschen Behörden den zugelassenen politischen Parteien gegenüber neutral verhalten" sollten. „Jede zugelassene politische Partei soll das Recht haben, frei ihre Anschauungen zu äußern und ihre Kandidaten für die Wahlen aufzustellen." Die Militärregierung dürfe nicht zulassen, „daß die Parteien in der Ausübung dieses Rechtes eingeengt oder behindert werden". Wenn jedoch festgestellt würde, daß eine zugelassene Partei undemokratisch handele oder undemokratische Ideen vertrete, dann sei es Sache des Militärgouverneurs, deren Rechte und Privilegien einzuschränken oder aufzuheben.

Stärker als die Restriktionen der Besatzungsmacht waren aber im Herbst und Winter 1945, als das politische Leben zu keimen begann, die Bedenklichkeiten seitens der deutschen Politiker. Immer wieder wiesen sie die Amerikaner darauf hin, daß Wahlen verfrüht und noch unerwünscht seien. Im Länderrat der US-Zone, wo im Dezember 1945 eine einheitliche Wahlordnung für die ganze Zone beraten und verabschiedet werden mußte, waren sich die Ministerpräsidenten Geiler (Hessen) und Reinhold Maier (Württemberg-Baden) mit ihrem bayerischen Kollegen Hoegner einig, daß man den Wahltermin verschieben müsse. [. . .]

Gegen die Bedenken auch mancher amerikanischer Berater hielt General Clay, der stellvertretende Militärgouverneur für die US-Zone, jedoch an seinem Plan fest, bei den kleineren Gemeinden beginnend, so bald wie möglich Wahlen abzuhalten. [. . .]

Der Verdacht liegt nahe, daß es den Politikern der ersten Stunde, deren demokratische Gesinnung, weil schon vor 1933 bewiesen, über Zweifel erhaben war, ganz gut gefallen hätte, wenn der Honoratiorenstil, in dem politische und administrative Aktivitäten damals entfaltet wurden, möglichst lange hätte fortgesetzt werden können. Die Weimarer Demokraten, die von der Besatzungsmacht wieder mit Verantwortung betraut worden waren, hatten aber auch Sorge vor einem Wiederaufleben der chaotischen Parteienvielfalt der ersten Republik. Die Sorgen waren indes eher unbegründet, weil der Gründungseifer bei den Parteipolitikern und ihren potentiellen Anhängern mindestens in Bayern zunächst zu wünschen übrig ließ. [. . .]

Die Sorgen der Mehrheit der Bevölkerung kreisten um die Ernte und waren nicht auf parteipolitische Betätigung gerichtet. Nach der allgemeinen Erfahrung der NSDAP und der individuellen Erfahrung oder Erwartung der Entnazifizierung wiesen die meisten den Gedanken, sich für Politik und Parteien zu engagieren, erst einmal weit von sich.

Trotzdem existierten dann im Laufe des Novembers 1945 SPD, CSU und KPD in den meisten Landkreisen als selbständige Gruppierungen. Die organisatorischen Probleme standen im Vordergrund, und die Programmatik hatte bei den Gründungen auf Kreisebene zunächst nur die Bedeutung, die Richtung zu weisen und der Forderung der Militärregierung nach einer Grundsatz-Erklärung zu genügen.

Peter Brandt

„Einheit der Arbeiterklasse" – die Gründung der SED

Die westdeutsche Sozialdemokratie hat nach ihrer Neukonstituierung und der unter Druck erfolgten SED-Gründung im Osten bald verdrängt, daß ein großer Teil, wenn nicht die Mehrheit der deutschen Sozialdemokraten – keineswegs nur auf der Parteilinken –, bei Kriegsende die Errichtung einer vereinigten, „marxistischen", erzieherisch wirkenden Partei der Arbeiterbewegung vorgezogen hätte. Man dachte überwiegend an die klassische SPD vor 1914 und ging davon aus, die Entwicklung habe den Richtungskampf zwischen dem Reformismus der gemäßigten Richtung und dem Revolutionarismus der radikalen Richtung in der Klassenbewegung, zwischen Sozialdemokratie und Kommunismus, obsolet gemacht.

Der „Zentralausschuß" der Berliner und ostdeutschen Sozialdemokraten, der sich seit Mai 1945 aus informellen Zirkeln bildete, gab mit seinem anfänglichen Angebot, auf eine getrennte Wiedergründung von SPD und KPD zugunsten einer Einheitspartei zu verzichten, einer breiten Strömung in der deutschen Sozialdemokratie Ausdruck. Daß die Kommunisten auf Geheiß ihrer Führung zunächst auf Distanz gingen und ihre Einheitskampagne erst ab September 1945 in Gang setzten, als auf sozialdemokratischer Seite in Anbetracht der sowjetischen Besatzungspolitik und der systematischen Machtexpansion der KPD das Pendel schon wieder zurückschlug, ist ein Indiz dafür, daß eine vereinigte sozialistische Partei keineswegs zwangsläufig und unter allen Umständen den Charakter der späteren SED hätte annehmen müssen.

Die Auseinandersetzung in der SPD um die „Einheit der Arbeiterklasse", zugleich um die Führung der wiederentstehenden Partei, war mit der Frage der nationalen Einheit Deutschlands engstens verknüpft. Diese Auseinandersetzung war keine zwischen „links" und „rechts"; die gesellschaftspolitischen Positionen der beiden konkurrierenden Zentren waren nicht weit voneinander entfernt, und sowohl der Berliner Zentralausschuß als auch das „Büro Dr. Schumacher" in Hannover setzten deutliche patriotische Akzente. Zwar hoffte Schumacher auf Politisierung durch Parteienkampf, und die Berliner hoben teils stärker auf die führende Rolle der Arbeiterpartei, teils mehr auf antifaschistischen Konsens ab. Doch näherte sich der Standpunkt des Zentralausschusses dem des Büros Schumacher in der Einstellung zu den Kommunisten seit Sommer 1945 immerhin an. Und die Differenzen im Verhältnis zu den Siegermächten hätten nicht unbedingt parteisprengend wirken müssen. [. . .]

Im Fusionskampf während der ersten Monate des Jahres 1946 griffen die Opponenten einer Verschmelzung „unter Diktatur von seiten der KPD" Grotewohls Argumente von 1945 auf und wandten sie gegen die zunehmende Bereitschaft des Zentralausschusses und der Bezirks- und Landesvorstände, sich in das scheinbar Unabänderliche zu fügen. Neben dem elementaren antiautoritären Protest, dem Verlangen nach Selbstbestimmung, wurde das nationalpolitische Argument um so stärker betont, als die Verfechter der SED ihrerseits die „Einheit der Arbeiterklasse“ als Garantie für die Wahrung bzw. Wiederherstellung der Einheit Deutschlands bezeichneten, die SED-Gründung in einen patriotischen Begründungszusammenhang brachten und eine Sogwirkung auf die Westzonen suggerierten.

In einer gemeinsamen SPD-KPD-Versammlung in Jena betonte der frühere linke Jungsozialist Franz Lepinski aus Erfurt am 20. Januar 1946: „Eine Zone ist noch nicht unser Vaterland, auch die Sowjetzone nicht.“ Was von Deutschland übrigbleibe, müsse zusammengehalten werden „über die Zonen hinweg. [...] Das Band, das Deutschland [...] am stärksten zusammenhält, das ist unsere Partei. [...] Wenn durch die Spaltung unserer Partei diese Klammer zerbricht, dann ist die Einheit Deutschlands gefährdet [...].“ Auch ein Entschließungsantrag aus dem Ostberliner Kreisverband Lichtenberg vom 15. Februar 1946 nannte alle Maßnahmen für eine separate, nicht reichsweite Vereinigung der Arbeiterparteien einen „Schlag gegen die Einheit Deutschlands“.

Nachdem sich die Sozialdemokraten in den Westsektoren Berlins, wo allein eine Urabstimmung stattfinden konnte, mit deutlicher Mehrheit gegen die Fusion ausgesprochen hatten, wurden schließlich sowohl die SED als auch die SPD in ganz Berlin lizensiert, und die Berliner Sozialdemokratie glaubte eine Zeitlang, mit ihrer auf gesellschaftliche Strukturreformen gerichteten Politik die Einheit der Stadt bewahren und damit zugleich eine Klammer zwischen den Teilen Deutschlands bilden zu können. In diesem Sinne bezeichnete Ernst Reuter die SPD vor dem Berliner Landesparteitag am 27. April 1947 als „die wirklich nationale deutsche Partei, die unabhängig von jeder fremden Macht ein freies einheitliches Deutschland will und diese Einheitlichkeit und Freiheit Deutschlands heute bereits in ihrer bloßen Existenz verkörpert“.

Michael Salewski

Auf dem Weg zur Teilung

Mehr denn je schienen die Deutschen in West wie in Ost der Willkür der Sieger ausgeliefert. Konnten jene westdeutschen Politiker, die in den verschiedenen Zonengremien auf Geheiß der Besatzungsmacht deutsche Zukunft planten, diese Entwicklung akzeptieren? Drohten sie nicht von Anfang an zu bloßen Handlangern zu werden, zu Agenten im Kalten Krieg? Steckte in dem berüchtigten Zwischenruf Kurt Schumachers, an die Adresse Konrad Adenauers gerichtet, er sei der „Kanzler der Alliierten“, nicht doch ein Körnchen Wahrheit?

Aber die Dinge lagen komplizierter, das machte der nächste Zug im Turnier des Kalten Krieges deutlich. Er war logische Folge einer ebenso logischen Entscheidung der Westmächte: vermittelst einer Währungsreform dem neuen Weststaat ökonomischen Anschub zu verleihen, der notwendig war, um das Wirtschaftssystem in Schwung zu bringen.

Später wurde die Währungsreform vom Juni 1948 als entscheidende Grundlage für die ökonomische Wiedererstarkung, ja das Wirtschaftswunder selbst gedeutet, und dieser Trugschluß sollte noch im Juli 1990 fatale Folgen haben. In Wirklichkeit wurde mit der Geldumstellung 1:10 damals nur eine finanztechnische Operation vollzogen, die am Ende eines langwierigen Reorganisations- und Gesundungsprozesses stand. Nicht die neue Währung machte das Wunder, das keines war, sondern nur weil die ökonomischen Rahmenbedingungen schon geschaffen waren, die Konjunktur trotz aller Hemmnisse schon anlief und die große Politik es wollte, wurde die neue Währung zu einem großen Erfolg.

Für die Sowjetunion und ihre Besatzungszone war die Währungsreform ein Schock, durchtrennten die Alliierten mit ihr doch offensichtlich die bisher immer noch bestehenden wirtschaftlichen Verbindungen zwischen den beiden Teilen Deutschlands. Es war nicht verwunderlich, daß die Machthaber in der Sowjetzone mit einer Gegenwährungsreform für ihr Hoheitsgebiet reagierten. Da aber in der SBZ anders als im Westen die Voraussetzungen für das neue Geld fehlten, war dies ein ohnmächtiger Schlag ins Wasser, der die wirtschaftliche Krise im östlichen Teil Deutschlands eher verschärfte.

Die eigentliche Reaktion erfolgte denn auch auf einem ganz anderen Feld. Es war raffinierte Machtpolitik, die sich im Entschluß Stalins zeigte, Berlin vollständig zu blockieren, zumindest zu Lande und zu Wasser. Die Währungsfrage war nur Anlaß, vorgeschoben, irrelevant. Entscheidend war ein anderer Gesichtspunkt: Nachdem die Westmächte die Gründung einer eigenen, „ihrer" Bundesrepublik unter Ausschluß der Ostzone definitiv beschlossen hatten, war ganz Westberlin in Zukunft zum Dasein einer politischen „Insel" verdammt. Die sowjetischen Überlegungen waren logisch: Falls er, Stalin, dieses fait accompli letztlich, wenn auch zähneknirschend, akzeptierte – konnte er auf „Kompensationen" – fast im Stil des 18. Jahrhunderts – pochen! Was hätte näher gelegen, als die „unnütze" Insel Westberlin zu ergattern! Die Sache, so meinte er, mußte auch für den Westen attraktiv sein, bot sich nun nicht die Chance, sich auf Kosten der Berliner und damit aller Deutschen zu arrangieren? Ließ sich nicht ein modus vivendi finden, in dem der Sowjetunion die ganze Macht bis zur innerdeutschen Grenze zugestanden wurde, während sie in allen Angelegenheiten, die den Westteil Deutschlands betrafen, fortan stillhielt?

Solche Spekulationen waren nicht absurd. Tatsächlich sollte es 1961 mit dem Bau der Berliner Mauer zu genau diesem „Kompromiß" kommen, freilich nicht unter Aufopferung Westberlins. 1948 war die Situation offen, und Stalin mag sich echte Chancen ausgerechnet haben, wenn nun nicht ganz Deutschland, so doch dessen ganze Hauptstadt mit stillschweigendem Einverständnis der Westmächte an sich bringen zu können.

Aber dieser „big deal“ kam nicht zustande, denn zum ersten Mal nach dem Zweiten Weltkrieg siegte das, was man mit dem mißverständlichen, aber unvermeidlichen Begriff „Moral“ umschreiben muß. Diese siegte über die Kaltschnäuzigkeit bloßer Konvenienzpolitik. Wer letztlich den Ausschlag dafür gab, daß das große Spiel um Berlin nicht auf dem Rücken Deutschlands ausgetragen wurde, mag dahinstehen; Lucius D. Clay und Truman auf amerikanischer, Ernst Reuter auf deutscher Seite wurden zumindest zu Helden der „Frontstadt“ Berlin. Natürlich sprachen auch objektive Gründe für das Aushalten in Berlin, denn diese Stadt war ein bedeutsamer Wirtschaftsfaktor, ein wichtiger Brükkenkopf auf dem Schlachtfeld des Kalten Krieges; entscheidend war, daß weder die betroffenen Berliner noch die herausgeforderten Westmächte in Berlin den Affront hinnahmen und nicht um des lieben Friedens willen zurückwichen.

Blockade, Luftbrücke, Ernst Reuters „Seht auf diese Stadt!“: Das wurden die ersten politischen Symbole der sich in Gründung befindenden westdeutschen Republik. Als deutlich wurde, daß die Luftbrücke möglich war und trotz enormer logistischer und technischer Schwierigkeiten erfolgreich zu werden versprach, kippte die deutsche Mentalität: Aus den Amerikanern und in ihrem Gefolge den Briten, ja selbst den Franzosen wurden Freunde und Verbündete. Zwar nicht formell und im klassischen Sinn, wohl aber nach jenen Begriffen von Recht, Freiheit und Demokratie, für die nun Amerika, England und Frankreich in Berlin standen. Was alle Umerziehungsmaßnahmen, alle „Amerika-Häuser“ und „Centres culturels“ nicht geschafft hatten, gelang den tapferen Besatzungen der „Rosinenbomber“; die Berliner feierten sie, die Deutschen gewannen ihr Selbstbewußtsein zurück; indem sie der Blockade trotzten, verpflichteten sie sich unwiderruflich, Gewalt und Diktatur zu widerstehen. Die Berliner Blockade wurde so zur größten Schmiede der „moralischen Aufrüstung" – erst mit ihr und ihren Folgen konnte das Experiment der Weststaatsgründung gelingen.

Dennoch blieben bei den Verantwortlichen Zweifel, sie hatten Hemmungen. Denn das war gewiß: Mit der Gründung der Bundesrepublik mußte die Einheit Deutschlands in unabsehbare Ferne rücken, die Teilung des Landes wurde sanktioniert.

Nicht freilich die Teilung der Nation, das wurde ausschlaggebend. Es war ausgerechnet der Heros der Stunde, der Berliner Oberbürgermeister Ernst Reuter, der in der entscheidenden Sitzung der Ministerpräsidenten auf Schloß Niederwald alle Skrupel vom Tisch wischte, indem er die Behauptung der Freiheit als das oberste politische Gebot und das höchste Gut der Menschheit pries. Die Teilung Deutschlands sei real ja schon vollzogen – nur in der Errichtung eines freien, demokratischen Gemeinwesens, wenigstens in einem Teil des ehemaligen Reiches, läge die Hoffnung auf die Überwindung dieser Teilung – in Freiheit.

Genau dies sollte zum Leitmotiv der Zukunft werden. Es blieb nicht unangefochten, am Ende aber hat es sich triumphal durchgesetzt, nicht nur in Deutschland, sondern im größten Teil des ehemals kommunistisch beherrschten Europas. Von der Berliner Luftbrücke und Ernst Reuter läßt sich ein gewaltiger Bogen zum 9. November 1989 und zu jenem denkwürdigen Konzert in der Berliner Philharmonie vom 10. November 1989 schlagen, in dem wie von selbst aus der „Freude" die „Freiheit" zum schönen Götterfunken wurde.

Unversehens, ungewollt und ungeplant war durch die Ereignisse des Jahres 1948/49 dem jungen Staat nun doch noch ein symbolisches einigendes Band beschert worden. Die Bundesrepublik war nicht mehr nur ein ökonomisch notwendiges Gebilde, ein Ressourcen- und Waffenlieferant im Kalten Krieg. Es gehört gewiß zu den größten Glücksfällen der deutschen Geschichte, daß diese neue Staatsgründung, die unter so egoistischen und materialistischen Vorzeichen auf den Weg gebracht wurde, nun doch noch durch das Pathos der Freiheit geadelt wurde: Das verlieh ihr zähe Lebenskraft und fügte sie in die Kette jener Staatsgebilde, die in der deutschen Geschichte zwar selten, aber doch vorhanden waren: dem Reich von 1848, der Republik von 1918. [. . .]

Am 1. September 1948, auf den Tag genau neun Jahre nach der Entfesselung des Zweiten Weltkrieges, trat im Museum König zu Bonn der Parlamentarische Rat zusammen, nachdem ein Verfassungskonvent in Herrenchiemsee den Entwurf eines Grundgesetzes beraten und beschlossen hatte.

Solche Momente hatte es in der deutschen Geschichte mehrfach gegeben – man denke an den Einzug der Abgeordneten in die Paulskirche oder die Eröffnung der Weimarer Nationalversammlung. Auch der Zusammentritt des Ersten Reichstages, 1871, gehört zu diesen demokratischen Sternstunden der deutschen Geschichte. Was aber war aus alledem geworden? Skepsis und Nüchternheit waren daher geboten, zumal alles ja nicht, wie in derlei Lagen üblich, für die Ewigkeit bestimmt war. Wie der Staat, so sollte auch sein Grundgesetz ein „Provisorium" sein – die eigentliche Wiedergeburt Deutschlands lag in unbestimmter Ferne, in Bonn wurde gleichsam nur eine Baubaracke entworfen –, tatsächlich sollte eine der größten Parteien anschließend Jahrzehnte in einer „Baracke" residieren, das war gewolltes Symbol.

Dieses Prinzip der Vorläufigkeit hat manche Entscheidungen erleichtert, manche Debatten entkrampft, das kam dem Werk, das hier entstand, durchaus zugute. Die vielzitierten „Mütter und Väter des Grundgesetzes" leisteten vor dem Hintergrund einer anscheinend verfehlten Geschichte eines ganzen Säkulums gründliche, auf wissenschaftliche Erkenntnisse zurückgreifende Arbeit. Später wurden bundesdeutsche Politiker bei allerlei feierlichen Anlässen nicht müde, vom Grundgesetz als der „besten Verfassung“ der deutschen Geschichte zu sprechen; tatsächlich mußte der Entwurf dieser Verfassung verhältnismäßig leicht fallen und konnte professionell in die Wege geleitet werden. Zum einen übten die westlichen Besatzungsmächte auch auf diesem Feld eine wohlwollende Oberaufsicht aus, so daß es anders als streng demokratisch und föderalistisch gar nicht zugehen konnte, zum anderen konnten die Verfassungsväter aus der Fülle der deutschen Verfassungsgeschichte schöpfen. Gelehrsamkeit und historisches Bewußtsein ließen sich zwanglos verknüpfen, Carlo Schmid, zusammen mit dem Vorsitzenden der CDU, Konrad Adenauer, einer der großen Beweger der ersten Stunde, verkörperte in nahezu idealer Weise eine unnachahmliche „Mischung“ aus Geist und Vernunft, Geschichtsbewußtsein und politischem Perspektivenreichtum. Wie es der Zufall wollte, gedachten die Deutschen zur gleichen Zeit der hundertjährigen Wiederkehr der Paulskirchenverfassung, und so manches aus diesem ersten großen Dokument der Demokratie in Deutschland fand nun auch im Grundgesetz Eingang. Das galt vor allem für den Grundrechtekatalog: Man kehrte zu den „prinzipiellen“ Debatten von 1848 zurück, das war eine späte Reverenz an das so oft verunglimpfte „Professorenparlament“ von 1848.

Die Zukunft zeigte, daß das Grundgesetz praktisch, flexibel, erweiterungs- und variationsfähig war, es genügte im großen ganzen den politischen und gesellschaftlichen Herausforderungen einer 1948 noch ungewissen Zukunft. Aber all dies war nicht entscheidend. Ausschlaggebend war der erste Teil der Verfassung, der Grundrechtekatalog. Gewiß, diesen hatte es auch in der Weimarer Reichsverfassung (als zweiten Teil) gegeben, dennoch hinderte die Verfassung seine Perversion und Abschaffung am Ende nicht. Diesmal wurden die Menschenrechte über das parlamentarische Prinzip gleichsam ins Absolute verlagert: Sie standen fortan für keine Macht auf Erden mehr zu Disposition. Man mußte sich ihnen anheimgeben oder konnte sie nur verletzen; pervertieren und „legal“ abschaffen, wie am 23. März 1933, konnte sie niemand mehr. Wie mißtrauisch die Schöpfer des Grundgesetzes dem Parlament und dem „gesunden Volksempfinden“ gegenüber waren, ergab sich aus der Konstruktion des Bundesverfassungsgerichtes. Dieses hatte über die Verfassung und die Innehaltung der Grundrechte zu wachen. Später wurde immer wieder darüber diskutiert, ob auf diese Weise das durchgängige demokratische Prinzip nicht an einem entscheidenden Punkt durchbrochen worden sei. Die Antwort ist klar: Es wurde durchbrochen, weil die Historie die Deutschen gelehrt hatte, daß auch eine demokratisch gewählte Mehrheit irren, entarten, ja Verbrechen fördern konnte.

Man kehrte also in ungeahnt stringenter Weise zur „Prinzipienpolitik“ zurück. Nicht mehr das „von Gottes Gnaden“, nicht mehr ein „rex legibus absolutus“, auch kein Hegelscher „Weltgeist“ durchbrach die Idee der selbstverantworteten freiheitlich-demokratischen Grundordnung, es war das uralte Sittengesetz, wie es in der Epoche der Aufklärung postuliert worden war, es war ein „Gesellschaftsvertrag“ von jenem Muster, das Philosophen wie Locke und Montesquieu einst vage vorgeschwebt haben mag. Der Staat aber war nicht mehr die Inkarnation irgendeiner höheren Weisheit, sondern dazu bestimmt, die Würde des Menschen, seine Freiheitsrechte zu wahren, zu schützen, zu verteidigen, ohne daraus Anspruch auf besonders transzendente Verehrung ableiten zu können. Im Grundgesetz der Bundesrepublik sammelt sich wie im Brennpunkt einer Linse die Erfahrung der deutschen, ja der gesamteuropäischen Geschichte der Neuzeit. Das machte diese Verfassung zur modernsten und effektivsten ihrer Zeit; diese Verfassung zu schützen aber mußte Verpflichtung für alle Kräfte in Staat und Gesellschaft sein, die diesen sittlichen Prinzipien grundsätzlich zustimmen.

Die Bundesrepublik war also kein Derivat des „Dollar-Imperialismus“, kein Katalysator des westlichen Kapitalismus, nicht auch bloßes „Bollwerk gegen den Kommunismus“. Das war sie alles auch, und daraus sollten sich in den kommenden Jahren die heftigsten Kontroversen und schwerwiegende politische Verwerfung ergeben. Sie war aber vor allem die Antwort der in Freiheit lebenden Deutschen auf ihre eigene Vergangenheit und eine sehr ernstzunehmende Blaupause für die Zukunft. Sie blieb handfesten materiellen Bedingungen und Verpflichtungen unterworfen, es gab aber einen idealen Überbau, der dem neuen Staat und seinem Grundgesetz Dauer und auch Würde verlieh.

Wer immer das Grundgesetz studiert, dem wird auffallen, an welchen Punkten man unmittelbar aus der Geschichte gelernt hatte – das bezog sich beispielsweise auf die Funktion des Bundespräsidenten, die Stellung des Bundeskanzlers zu Präsident, Bundestag und Bundesrat, es fand sich im Wahlrecht wieder, das die realen und vermeintlichen Fehler Weimars zu vermeiden trachtete, es spiegelte sich im Konstruktiven Mißtrauensvotum, das „Präsidialkanzler“ a priori unmöglich machte – auf Schritt und Tritt stand die historische Erfahrung Pate, so daß das Grundgesetz zugleich etwas vollkommen Neues und etwas aus uralter Tradition Erwachsenes war. Die Präambel, die Artikel 23 und 146 (von deren Existenz die allermeisten Deutschen erst etwas nach dem 9. November 1989 erfuhren) unterstrichen den provisorischen Charakter und das Prinzip Hoffnung: Hoffnung darauf, daß mit der Gründung der Bundesrepublik die Tür zur Wiedervereinigung nicht zugeschlagen, sondern eigentlich erst geöffnet worden sei.

Am 23. Mai 1949 trat das Grundgesetz mit seiner offiziellen Verkündigung in Kraft, zugestimmt hatten die Alliierten, die Parteien, der Parlamentarische Rat, die Länder, nur Bayern nicht, aber das war egal.

Stalins Sowjetunion: Ihr war lange Zeit zumindest an einer gemeinsamen alliierten Verwaltung ganz Deutschlands gelegen. Diese wäre zum einen ihrem Sicherheitsbedürfnis entgegengekommen – sowohl Deutschland als auch den Partnern der Kriegskoalition gegenüber. Zum anderen hätte es ihr die Chance eröffnet, durch den Zugriff auf die westdeutsche Industrie mehr Wiedergutmachungsleistungen zu bekommen. Hinzu kam in sowjetischer Sicht, daß überzonale Einrichtungen bessere Möglichkeiten boten, auch auf die politisch soziale Entwicklung im Westen Einfluß zu nehmen mit Hilfe kommunistisch inspirierter Parteien und Gewerkschaften und mit dem Ziel, auch dort zu einer „antifaschistisch-demokratischen" Neuordnung zu kommen, wie sie im Osten gerade begonnen wurde. Zwar war zu bedenken, daß derlei zonenübergreifende Strukturen nicht nur – wie gewünscht – von Ost nach West wirken würden, sondern möglicherweise ebenfalls vom Westen in den Osten, also geeignet sein mochten, die auf den Weg gebrachte Umgestaltung der SBZ zu stören. Wollte man aber keine der ohnehin nicht zahlreichen Gelegenheiten vertun, auf die Westzonen einzuwirken, war dieses Risiko einzugehen, zugleich jedoch dafür zu sorgen, daß die Mitspracherechte der anderen Seite begrenzt blieben.

Daß die Stalinsche Deutschlandpolitik nach Kriegsende Erwägungen wie diesen folgte, scheinen auch Notizen zu belegen, die der KPD-Vorsitzende Wilhelm Pieck Anfang Juni 1945 nach dem Treffen einer KPD-Delegation mit dem sowjetischen Generalissimus in knappster Form niederschrieb. Folgt man diesen Kürzeln, waren die deutschen Angelegenheiten für Stalin damals noch recht unübersichtlich. Jedenfalls notierte Pieck zum einen eine eher düstere Prognose: „Perspektive – es wird zwei Deutschland geben, trotz aller Einheit der Verbündeten". Zum anderen aber hielt er fest: „Einheit sichern, durch einheitliche KPD, einheitliches ZK, einheitliche Partei der Werktätigen". Diese seit 1990 im ehemaligen SED-Archiv zugängliche Überlieferung ist nun verschiedentlich als Weisung des Sowjetführers an die deutschen Kommunisten interpretiert worden, Deutschland zu teilen. Für eine solche Deutung der Pieck-Notate besteht angesichts ihres Kontextes aber erheblicher Erklärungsbedarf. Sie eignen sich indes gut als Hintergrund für eine Diskussion der Frage, von welchem Bestand an Gemeinsamkeiten die Siegermächte nach Kriegsende noch ausgehen konnten, wie ihre Repräsentanten diesen Fundus mit Blick auf die Entwicklung der deutschen Dinge bewerteten, wie schließlich die Deutschen selbst ihre Lage sahen und sich zu ihr verhielten. [. . .]

Daß Stalin seither zumindest rhetorisch auf die nationale Karte setzte, ist nicht erst seit der Öffnung des SED-Archivs bekannt. Dort ist nun aber auch nachzulesen, daß er die deutschen Kommunisten zugleich dazu aufforderte, beim Umbau der gesellschaftlichen Strukturen Ostdeutschlands nicht nachzulassen, also dessen politisch-soziale Sonderentwicklung weiterzutreiben – durchaus mit Blick auf die Systemtransformation im übrigen westlichen Vorfeld der Sowjetunion, doch ohne jeden Verweis auf diesen Zusammenhang. Mit Rücksicht auf den Westen verlangte er vielmehr eine Politik „ohne Geschrei", einen „Zickzack"-Kurs zum Sozialismus. Und wenn die deutschen Parteiführer doch einmal öffentlich Tacheles redeten, etwa über ihren Weg zur Volksdemokratie, verglich er sie mit den „Teutonen", die, zwar mutig, doch unklug, dazu geneigt hätten, „mit offener Brust" zu kämpfen und deshalb verloren. Deutlich wird so, daß es der Sowjetunion in dieser Zeit zum einen darauf ankam, ihre Besatzungszone politisch, wirtschaftlich und sozial nach dem Muster der östlichen Volksdemokratien zu organisieren, zum anderen aber die deutsche Frage der Form nach offenzuhalten, in Erwartung günstigerer Rahmenbedingungen für ihre Westpolitik, mit Blick auf ihre Wiedergutmachungsansprüche und im übrigen wohl auch daran interessiert, nicht als die Spalterin des Landes zu erscheinen. [. . .]

Bei Begegnungen mit den Sowjetführern erfuhren die SED-Spitzen, zumeist von Stalin selbst, daß zunächst alles unternommen werden müsse, um die Staatsbildung im Westen zu verhindern, nach einem Scheitern solcher Anstrengungen die Gründung der Drei-Zonen-Republik abzuwarten und erst dann ein eigener Staat zu proklamieren sei.

Alle SED-Wünsche nach einer schnelleren Gangart wies Stalin ab: die Bitte, Mitglied des Kominform zu werden, ebenso wie das Ansinnen, auch in der SBZ wie in Osteuropa die „Volksdemokratie", also den Beginn des „Sozialismus", zu verkünden. Erst nachdem Ende Mai 1949 auch die Pariser Außenministerkonferenz gescheitert war und Mitte August die Wahlen zum ersten Bundestag eine Mehrheit für die Parteien ergeben hatten, die für den Weststaat und die Westintegration eintraten – die westdeutsche KPD hatte sich mit einem Stimmenanteil von 5,7 Prozent als Splitterpartei erwiesen –, erst nach der Konstituierung der Bundesrepublik und der Kanzlerwahl gab Stalin grünes Licht für die Deutsche Demokratische Republik. Am 16. September 1949, tags zuvor hatte der Bundestag Konrad Adenauer zum Kanzler gewählt, traf eine SED-Delegation in Moskau ein und verhandelte mit Stalins Politbüro-Genossen. Sie mußte elf Tage warten, ehe der Generalissimus das Faktum und die Prozedur der DDR-Gründung förmlich abgesegnet hatte. Wieder daheim veranlaßten die SED-Führer den (aus der Volkskongreßbewegung hervorgegangenen) Deutschen Volksrat, sich am 7. Oktober 1949 als Provisorische Volkskammer zu konstituieren und einen von ihm bereits im Mai für ganz Deutschland verabschiedeten Verfassungstext für Ostdeutschland in Kraft zu setzen. Am 11. Oktober wählten die Volks- und eine schnell geschaffene Länderkammer Wilhelm Pieck zum Staatspräsidenten, einen Tag später das

Parlament Otto Grotewohl zum Ministerpräsidenten der Deutschen Demokratischen Republik. Die Wahlen zu einem regulären Parlament verschob man in den Oktober 1950, und die SED stellte sicher, daß ihr aus ihnen kein Schaden erwachse: Sie setzte bei den Blockparteien eine Einheitsliste durch.

Zunächst schien es, als hätten die Verantwortlichen im Osten wie im Westen Deutschlands kein anderes Ziel, als die beiden deutschen Staaten rasch in einem gesamtdeutschen aufgehen zu lassen. So jedenfalls äußerten sie sich öffentlich. Intern aber herrschte auf beiden Seiten kaum ein Zweifel, daß das erst erwartet werden könne, wenn sich der weltpolitische Zusammenhang, in dem sie entstanden waren, entscheidend verändere, wenn die Weltmächte zur Kooperation fähig würden und mit dem Verschwinden der bipolaren Struktur für die meisten Staaten der Zwang entfalle, einem der Bündnissysteme anzugehören. Doch das dauerte vierzig Jahre – erheblich länger, als man im Westen befürchtet und viel kürzer, als man im Osten erhofft hatte.

II. „Zwei Staaten in Deutschland“: Verfassung, Staatsaufbau, Innenpolitik (1949–1989)

Bertolt Brecht

„... daß ein gutes Deutschland blühe"

Kinderhymne

Anmut sparet nicht noch Mühe
Leidenschaft nicht noch Verstand
Daß ein gutes Deutschland blühe
Wie ein andres gutes Land.

Daß die Völker nicht erbleichen
Wie vor einer Räuberin
Sondern ihre Hände reichen
Uns wie andern Völkern hin.

Und nicht über und nicht unter
Andern Völkern wolln wir sein
Von der See bis zu den Alpen
Von der Oder bis zum Rhein.

Und weil wir dies Land verbessern
Lieben und beschirmen wir's
Und das liebste mag's uns scheinen
So wie andern Völkern ihrs.

Reinhold Zippelius

Das Bonner Grundgesetz

Nach Art. 20 Abs. 2 Satz 1 GG geht alle Staatsgewalt vom Volke aus. In welcher Weise sie vom Volke ausgeht, sagt Art. 20 Abs. 2 Satz 2 GG: durch Wahlen und Abstimmungen. Das bedeutet auf Bundesebene: durch die im Grundgesetz selbst vorgesehenen Wahlen und Abstimmungen. Im übrigen wird sie durch Repräsentativorgane, nämlich „durch besondere Organe der Gesetzgebung, der vollziehenden Gewalt und der Rechtsprechung", ausgeübt. Diese bedürfen demokratischer Legitimation; das gilt nicht nur für die Verfassungsorgane; auch die übrigen Staatsorgane müssen ihr Amt entweder durch demokratische Wahl erhalten oder es unmittelbar oder mittelbar auf solche Staatsorgane zurückführen, die ihrerseits durch demokratische Wahl berufen wurden.

Das Demokratieprinzip ist also in der Gestalt zu verwirklichen, die sich aus der verfassungsrechtlichen Verteilung der Kompetenzen zwischen dem Volk und den Repräsentativorganen ergibt. Nach den wenig ermutigenden Erfahrungen der Weimarer Zeit, besonders aber nach den Erfahrungen, die man unter dem Nationalsozialismus mit der demagogischen Lenkbarkeit des Volkswillens sammeln konnte, haben sich die Väter des Grundgesetzes dafür entschieden, auf Bundesebene die Staatsform der repräsentativen Demokratie in höherem Maße als in der Weimarer Republik zu verwirklichen. Solange dem Volk aber an den Wahltagen die Alternative angeboten wird, die bisherige Regierung und ihr politisches Programm zu billigen oder durch eine andere Regierung und ein anderes Programm zu ersetzen, verbleibt ihm eine wesentliche Steuerung des politischen Geschehens: Durch die gebotene Rücksicht auf die kommenden Wahlen bleiben Regierung und Parlament auch zwischen den Wahlterminen an die Zustimmung des überwiegenden Teiles des Volkes „rückgekoppelt". Durch die Periodizität der Wahlen schieben sich aber „Abkühlungs- und Bedenkzeiten" zwischen die Tagesereignisse und die staatsrechtlich erheblichen Handlungen des Volkes; auf diese Weise wird Abstand zu emotionalisierten Tagesstimmungen gewonnen, insbesondere der manipulative Einfluß der Massenkommunikationsmittel und damit auch die Gefahr einer „Telekratie" gedämpft.

Auf Länderebene und in den kommunalen Gebietskörperschaften eröffnet Art. 28 Abs. 1 GG Möglichkeiten, –

nach Maßgabe des Landesrechts – in weitem Umfang, insbesondere durch Volksbegehren und Volksentscheide, unmittelbare Demokratie zu verwirklichen; doch wurde hiervon nur wenig Gebrauch gemacht.

Die Vorformung des politischen Willens des Volkes – ob er sich nun in Gestalt unmittelbarer oder repräsentativer Demokratie äußert – geschieht durch die öffentliche Meinung. Diese soll sich, getragen von einer freien Auseinandersetzung zwischen den sich begegnenden sozialen Kräften, Interessen und Ideen, klären und wandeln. Daher müssen auch vom Staate unabhängige Massenmedien bestehen, die grundsätzlich alle die Öffentlichkeit interessierenden Vorgänge bekanntmachen und der öffentlichen Erörterung unterbreiten sollen. Es ist also eine Grundforderung der freiheitlichen Demokratie, die Massenmedien „staatsfrei" zu gestalten und sie – angesichts der engen Verflechtung der politischen Parteien mit der Staatsgewalt – auch von parteipolitischer Gängelung frei zu halten.

Das System der Repräsentativorgane wurde – mit einigen Korrekturen – ähnlich wie in der Weimarer Republik ausgestaltet.

a) Der vom Volk gewählte Bundestag ist gesetzgebende Körperschaft, parlamentarisches Kontrollorgan und wichtiges Kreationsorgan, das insbesondere den Bundeskanzler wählt; nicht zuletzt hat er den Haushaltsplan des Bundes festzulegen und damit die „goldenen Zügel" in der Hand.

Nach dem Dilemma, in das die Weimarer Republik durch das Verhältniswahlrecht geraten war, hat man sich – im Rahmen der vom Grundgesetz offengelassenen Gestaltungsmöglichkeiten – bisher gleichwohl nicht für ein eindeutiges Mehrheitswahlrecht entschieden, sondern dafür, die Parlamentssitze nach Verhältniswahlrecht aufzuteilen, einer allzu starken Parteienzersplitterung aber durch Sperrklauseln entgegenzuwirken (Bundeswahlgesetz vom 7. 5. 1956, in mehrfach geänderter Fassung).

b) Der von den Landesregierungen beschickte Bundesrat soll auf Bundesebene die Interessen der Länder zur Geltung bringen, doch läßt es sich nicht vermeiden, daß Mehrheitsentscheidungen dieses Organs gelegentlich stärker an Parteistandpunkten, statt an Länderinteressen ausgerichtet sind. Der Bundesrat hat das Recht zur Gesetzesinitiative; am Beschluß von Verfassungsänderungen und von Gesetzen, die das Bund-Länder-Verhältnis berühren, nimmt er als echte Zweite Kammer, sonst mit einem Einspruchsrecht teil. Wichtige Kompetenzen stehen ihm auch im Bereich der Exekutive und als Kreationsorgan zu.

c) Der Bundespräsident wird von der Bundesversammlung gewählt, hat also nicht mehr die starke demokratische Legitimation wie der einstige Reichspräsident. Er hat die Bundesrepublik völkerrechtlich zu vertreten, Staatsverträge zu ratifizieren und die Gesetze auszufertigen und zu verkünden. Für den Fall, daß der parlamentarische Prozeß in eine Krise gerät, steht er als politische Reservegewalt zur Verfügung – freilich mit geringerer Kompetenzausstattung als der einstige Reichspräsident. Das Recht des Bundespräsidenten zur Parlamentsauflösung wurde eng begrenzt: Es sollte nicht mehr, wie einst dem Reichspräsidenten, als Mittel der Politik dienen können.

d) Die Bundesregierung ist das zentrale politische Leitungsorgan mit im wesentlichen gleichen Funktionen, wie sie der Weimarer Regierung zukamen. Eine Stabilisierung wurde dadurch erstrebt, daß nur noch der Kanzler möglicher Adressat eines Mißtrauensvotums ist und dieses mit der Wahl eines Nachfolgers verbunden sein muß. Im Verhältnis zwischen dem Staatspräsidenten und dem Kanzler wurden die Gewichte anders verteilt als unter der Weimarer Verfassung: Einem mit geringeren Kompetenzen ausgestatteten Präsidenten steht jetzt ein Kanzler gegenüber, der nicht mehr vom Vertrauen des Präsidenten, sondern allein vom Vertrauen des Parlaments getragen wird und dem im Verteidigungsfall auch der Oberbefehl über die Streitkräfte zukommt.

Zur Rechtssetzung kann die Exekutive nur noch in begrenztem Umfang ermächtigt werden.

e) Das Bundesverfassungsgericht, dessen Mitglieder je zur Hälfte vom Bundestag und vom Bundesrat gewählt werden, gehört nicht nur nach der Formulierung des Bundesverfassungsgerichtsgesetzes, sondern nach seinem Gewicht im vollen Sinn zu den „Verfassungsorganen" der Bundesrepublik. Die verfassungsgerichtliche Überprüfung staatlicher Akte, einschließlich der Gesetzgebungs- und Rechtsprechungsakte hat der Verfassung und insbesondere den Grundrechtsgarantien eine Aktualität verschafft, die in der deutschen Verfassungsgeschichte beispiellos ist und allenfalls in der Praxis des Supreme Court der Vereinigten Staaten ein gewisses Vorbild hat. [. . .]

In einem freiheitlich-demokratischen Staat erscheinen konkurrierende Interessen- und Meinungsgruppen als normale Bestandteile des politischen Geschehens. Das pluralistische Modell entspricht der Forderung, möglichst vielen so viel Spielraum zur Entfaltung ihrer Persönlichkeit und zur Wahrnehmung ihrer Interessen zu gewähren, wie es mit den gleichberechtigten Entfaltungswünschen und Interessen der Mitbürger verträglich ist. Die weltanschaulichen, politischen und interessengebundenen Gruppierungen erfüllen die unentbehrliche Aufgabe einer klärenden Vorformung der politischen Willensbildung: Im Widerstreit der von ihnen repräsentierten, zum Teil auch gelenkten Auffassungen kristallisieren sich überschaubare Komplexe politischer Alternativen heraus, die dann Gegenstand politischer Entscheidungen sein können. Unter den vielfältigen Gruppierungen, die in der pluralistischen Demokratie Interessen und Meinungen repräsentieren, zeichnen sich die politischen Parteien durch die Besonderheit ihrer Zielsetzung aus: auf Grund von Wahlen unmittelbaren Zugang zu Staatsorganen, insbesondere Parlamentssitze und Regierungsämter, zu gewinnen. Dieser besonderen Rolle entspricht es, daß das Grundgesetz die Parteien zu Institutionen des Verfassungslebens erhoben und dem Gesetzgeber ihre demokratische Ausgestaltung aufgegeben hat.

Andererseits sind die Parteien selbst keine Staatsorgane, sondern Organisationsformen gesellschaftlicher Kräfte, denen nicht der Zwang genommen werden soll, sich in einem fortwährenden Wettbewerb um Zustimmung und Unterstützung durch die Bürger zu bemühen; kurz, sie sollen sich als frei konkurrierende, aus eigener Kraft wirkende, vom Staat unabhängige Gruppen durchsetzen. Damit wäre eine umfassende staatliche Finanzierung der Parteien unvereinbar. [. . .]

Nach dem Zusammenbruch des menschenverachtenden Systems des Nationalsozialismus erschien es als vorrangig wichtig, einen der Menschenwürde angemessenen Freiheitsraum durch Menschen- und Bürgerrechte zu sichern. Die Grundrechtsbestimmungen der Länderverfassungen, die bald nach dem Ende des Zweiten Weltkrieges ergingen, lehnten sich zum Teil eng an die Weimarer Verfassung an. Das Grundgesetz stellte die Grundrechtsgarantien an seinen Anfang und betonte schon damit ihr besonderes Gewicht. Eine Aufwertung erfuhren die Grundrechte aber vor allem durch ihre wachsende Bedeutung in der Verfassungswirklichkeit, insbesondere durch die Rechtsprechung der Verfassungsgerichte. Zugleich trat immer deutlicher auch im Verständnis der Grundrechte die Wandlung des liberalistischen Staates zu einem Sozialstaat zutage: Aus den liberalistisch verstandenen Freiheiten wurden – in Fortführung einer Entwicklung, die schon im Ersten Weltkrieg und in der Weimarer Republik begonnen hatte – sozial gebundene Freiheiten.

Reinhold Zippelius

Die Verfassung des „Arbeiter- und Bauernstaates“

Die Initiative zur Entstehung der DDR-Verfassung lag von Anfang an in den Händen der SED. Der Parteivorstand lud

Ende des Jahres 1947 alle deutschen politischen Parteien zu einem Deutschen Volkskongreß ein, zu dem aber von den westdeutschen Parteien lediglich die KPD Vertreter entsandte. Ein zweiter Volkskongreß, der am 18. 3. 1948 zusammentrat, wählte aus seiner Mitte einen Deutschen Volksrat, der damit beauftragt wurde, einen Verfassungsentwurf zu erstellen. Ein am 15./16. 5. 1949 in der Sowjetzone gewählter dritter Volkskongreß bestätigte diesen Verfassungsentwurf und wählte einen neuen Volksrat, der sich als Volkskammer konstituierte und die – inzwischen von der sowjetischen Militäradministration genehmigte – Verfassung am 7. 10. 1949 in Kraft setzte. Zur gleichen Zeit wurde die sowjetische Militäradministration in eine Kontrollkommission umgewandelt. [...]

Trotz gewisser äußerer Ähnlichkeiten und sogar textlicher Anlehnungen an die Weimarer Verfassung war die Verfassung von 1949 von marxistisch-leninistischem Staatsdenken beherrscht. Dies zeigte sich insbesondere im Prinzip des „demokratischen Zentralismus". Mit diesem verbindet sich die Ablehnung der Gewaltentrennung und die Tendenz zur Ausbildung eines unitarischen Staates. Ihm entspricht auch das Rätesystem; nach diesem konzentriert sich von Verfassungs wegen die oberste Kompetenz bei einer Versammlung von Volksdeputierten. Deren Organsouveränität kommt in den allseitigen und umfassenden Befugnissen zur Wahl, Bestellung und Kontrolle der anderen Staatsorgane zum Ausdruck; sie ist nicht durch Gewaltenteilung gehemmt: Diese schwäche die vom Volk gewählte Volksvertretung zugunsten der Bürokratie und eines sich verselbständigenden Richtertums. Der Machtkonzentration diente nicht zuletzt das „Blocksystem", durch das die politische Opposition bei der Wahl der Volksvertretung und der Regierungsbildung gleichgeschaltet wurde. In diese Epoche des „Aufbaus des Sozialismus" fällt auch die Etablierung der Planwirtschaft durch einen ersten Fünfjahresplan, eine fortschreitende „Durchdringung der öffentlichen Einrichtungen mit sozialistischem Geist", eine Umgestaltung des Bildungswesens und der Aufbau einer zentralen Forschungsplanung.

Die Regierung der Sowjetunion erklärte am 25. 3. 1954 das Besatzungsregime ihrer Besatzungszone für beendet und sprach der Deutschen Demokratischen Republik formell Souveränität zu.

Die Deutsche Demokratische Republik nahm ihre Hoheitsrechte nicht nur für das Gebiet der ehemaligen Besatzungszone, sondern auch für Ost-Berlin in Anspruch. [. . .]

Am 6. 4. 1968 wurde eine neue Verfassung erlassen, am 7. 10. 1974 wurde sie neu gefaßt. Der Wille, eine „reale", und zwar sozialistische Demokratie zu verwirklichen, kam schon in der Verfassung vom 7. 10. 1949 und dann verstärkt in der Verfassung vom 6. 4. 1968, vor allem in Abschnitt 1 („Grundlagen der sozialistischen Gesellschafts- und Staatsordnung"), zum Ausdruck. Dieser Staatsauffassung entsprach eine erhöhte Pflichtenbindung des einzelnen Bürgers an die Grundsätze der sozialistischen Verfassung. Nur in deren Rahmen waren die Freiheiten der einzelnen gewährleistet.

Das Blockwahlsystem war nun in der Verfassung verankert. Seine Eigenart lag darin, daß schon vor der Wahl unter maßgebendem Einfluß der staatstragenden Partei eine Einheitsliste für alle zur Wahl zugelassenen politischen Parteien – die „Nationale Front" – aufgestellt wurde, unter denen die Parlamentssitze bereits vor der Wahl aufgeteilt wurden. Der Wähler konnte seine Stimme nur der Einheitsliste insgesamt geben oder den Stimmzettel ungültig machen. Einer Opposition, die in einen wirksamen öffentlichen Wettbewerb mit der Regierungspartei treten konnte, war vorgebeugt. Der Führungsanspruch der marxistisch-leninistischen Partei bei der Organisierung des Volkswillens war durch die Verfassung mit den Worten gesichert, die Deutsche Demokratische Republik sei „die politische Organisation der Werktätigen in Stadt und Land unter Führung der Arbeiterklasse und ihrer marxistisch-leninistischen Partei".

Dieses System ließ die demokratische „Rückkoppelung" nicht in Funktion treten; im Mehrparteienstaat wird sie dadurch wirksam, daß dem Volk am Wahltag eine Alternative angeboten wird, die bisherige Regierung und ihr Programm zu bestätigen oder sie durch eine andere Regierung und deren Programm zu ersetzen. [. . .]

Die Verfassung von 1949 bestimmte zwar: „Deutschland ist eine unteilbare demokratische Republik; sie baut sich auf den deutschen Ländern auf." Doch lag der Schwerpunkt der Gesetzgebungs- und Verwaltungskompetenzen eindeutig bei den Zentralorganen. Zwar war zur Vertretung der Länder eine „Länderkammer" vorgesehen; doch konnte diese nur einen aufschiebenden Einspruch gegen Volkskammerbeschlüsse erheben.

Das Gesetz vom 23. 7. 1952 hob die Landesregierungen und die Landtage auf. Die Gebiete der Länder wurden in 14 Bezirke und diese in Land- und Stadtkreise aufgeteilt. Die Länderkammer wurde durch Gesetz vom 8. 12. 1958 aufgelöst. Diese Entwicklung lag im Zuge des schon genannten demokratischen Zentralismus. Ihm gemäß sollen alle wichtigen Fragen des staatlichen und gesellschaftlichen Lebens unter Auswertung örtlicher Erfahrungen zentral entschieden werden.

Bertolt Brecht

„Aufbau des Sozialismus" – ohne die Arbeiter? Der 17. Juni

Berlin-Weißensee, 1. Juli 1953

Lieber Suhrkamp,
Sie fragen nach meiner Stellungnahme zu den Vorkommnissen des 16. und 17. Juni. Handelte es sich um einen Volksaufstand, um den Versuch, „die Freiheit zu erlangen", wie

der überwältigende Teil der westdeutschen Presse behauptet? Bin ich einem Volksaufstand gleichgültig oder gar feindlich gegenübergestanden, habe ich mich gegen die Freiheit gestellt, als ich am 17. Juni in einem Brief an die Sozialistische Einheitspartei Deutschlands, von dem der Schlußsatz veröffentlicht wurde, bereit erklärte, bei der unbedingt nötigen großen Aussprache zwischen Arbeiterschaft und Regierung in meiner Weise (in künstlerischer Form) mitzuwirken? – Ich habe drei Jahrzehnte lang in meinen Schriften die Sache der Arbeiter zu vertreten versucht. Aber ich habe in der Nacht des 16. und am Vormittag des 17. Juni die erschütternden Demonstrationen der Arbeiter übergehen sehen in etwas sehr anderes als den Versuch, für sich die Freiheit zu erlangen. Sie waren zu Recht erbittert. Die unglücklichen und unklugen Maßnahmen der Regierung, die bezwecken sollten, überstürzt auf dem Gebiet der DDR eine Schwerindustrie aufzubauen, brachten zu gleicher Zeit Bauern, Handwerker, Gewerbetreibende, Arbeiter und Intellektuelle gegen sie auf. Eine Mißernte im vorigen Jahr, verursacht durch eine große Trockenheit und die Landflucht von Hunderttausenden von Bauern dieses Jahr, bedrohten die Ernährung aller Schichten der Bevölkerung zugleich. Maßnahmen wie der Entzug der Lebensmittelkarten für Kleingewerbetreibende stellten ihre nackte Existenz in Frage. Andere Maßnahmen, wie die Anrechnung des Krankenurlaubs auf den Erholungsurlaub, Streichungen der Vergünstigungen für Arbeiterfahrkarten und die generelle Erhöhung der Normen bei gleichbleibenden oder sich gar erhöhenden Lebenskosten trieben die Arbeiterschaft, deren Gewerkschaften nur schwächlich arbeiteten und ihrer Position nach nur sachlich arbeiten konnten, schließlich auf die Straße und ließen sie die unzweifelhaft großen Vorteile vergessen, welche die Vertreibung der Junker, die Vergesellschaftung der Hitlerschen Kriegsindustrie, die Planung der Produktion und die Zerschmetterung des bürgerlichen Bildungsmonopols ihnen verschafft hatten.

Die Straße freilich mischte die Züge der Arbeiter und Arbeiterinnen schon in den frühen Morgenstunden des 17. Juni auf groteske Art mit allerlei deklassierten Jugendlichen, die durch das Brandenburger Tor, über den Potsdamer Platz, auf der Warschauer Brücke kolonnenweise eingeschleust wurden, aber auch mit den scharfen, brutalen Gestalten der Nazizeit, den hiesigen, die man seit Jahren nicht mehr in Haufen hatte auftreten sehen *und die doch immer dagewesen waren.* Die Parolen verwandelten sich rapide. Aus „Weg mit der Regierung!“ wurde „Hängt sie!“, und der Bürgersteig übernahm die Regie. Gegen Mittag, als auch in der DDR, in Leipzig, Halle, Dresden, sich Demonstrationen in Unruhen verwandelt hatten, begann *das Feuer* seine alte Rolle wieder aufzunehmen. Von den Linden aus konnte man die Rauchwolke des Columbushauses, an der Sektorengrenze des Potsdamer Platzes liegend, sehen, wie an einem vergangenen Unglückstag einmal die Rauchwolke des Reichstagsgebäudes. Heute wie damals hatten nicht Arbeiter das Feuer gelegt: Es ist nicht die Waffe derer, die bauen. Dann wurden – hier wie in anderen Städten – Buchhandlungen gestürmt und Bücher hinausgeworfen und verbrannt, und die Marx- und Engels-Bände, die in Flammen aufgingen, waren sowenig arbeiterfeindlich wie die roten Fahnen, die öffentlich zerrissen wurden. (Auf den Fotos, die in der westdeutschen Presse veröffentlicht wurden, können Sie ohne Vergrößerungsglas sehen, wer da die Fahnen zerriß.) In der Provinz wurde „befreit“. Aber als die Gefängnisse gestürmt wurden, kamen merkwürdige Gefangene aus diesen „Bastillen“, in Halle die ehemalige Kommandeuse des Ravensbrücker Konzentrationslagers, Erna Dorn. Die hielt anfeuernde Reden auf dem Marktplatz. An manchen Orten gab es Überfälle auf Juden, nicht viele, da es nicht mehr viele Juden gibt. Und den ganzen Tag kamen über den RIAS, der sein Programm kassiert hatte, anfeuernde Reden, das Wort Freiheit von eleganten Stimmen gesprochen. Überall waren die „Kräfte“ am Werk, die Tag und Nacht an das Wohlergehen der Arbeiter und der „kleinen Leute" denken und jenen hohen Lebensstandard versprechen, der am Ende dann immer zu einem hohen Todesstandard führt. Da schien es große Leute zu geben, die bereit waren, die Arbeiter von der Straße direkt in die Freiheit der Munitionsfabriken zu führen. Mehrere Stunden lang, bis zum Eingreifen der Besatzungsmacht, stand Berlin am Rand eines dritten Weltkriegs.

Lieber Suhrkamp, machen wir uns nichts vor: Nicht nur im Westen, auch hier im Osten Deutschlands sind „die Kräfte" wieder am Werk. Ich habe an diesem tragischen 17. Juni beobachtet, wie der Bürgersteig auf die Straße das „Deutschlandlied" warf und die Arbeiter es mit der „Internationale" niederstimmten. Aber sie kamen, verwirrt und hilflos, nicht durch damit.

Die Sozialistische Einheitspartei Deutschlands hat Fehler begangen, die für eine sozialistische Partei sehr schwerwiegend sind und Arbeiter, darunter auch alte Sozialisten, gegen sie aufbrachten. Ich gehöre ihr nicht an. Aber ich respektiere viele ihrer historischen Errungenschaften, und ich fühlte mich ihr verbunden, als sie – nicht ihrer Fehler, sondern ihrer Vorzüge wegen – von faschistischem und kriegstreiberischem Gesindel angegriffen wurde. Im Kampf gegen Krieg und Faschismus stand und stehe ich an ihrer Seite.

Stephan Hermlin
„Verheißung" Stalin

Stalin, der in die Zeiten hinblickt:
Getilgt werden sein die Schüsse von Montjuich und Saloniki,
Getilgt die abgehauenen Köpfe von Kuala Lumpur,
Die gepfählten Körperstrünke von Vietnam,

Aus den Kellern von Belgrad die Schreie,
Die Qualen der gefolterten Partisanen von Semarang
Und der Gelynchten von Charleston.
Getilgt auch die Wunde meines Landes.
Mitsamt
Den langsamen Schachzügen der zivilisierten Mörder,
Ihren Geschäften, ihren Worten, ihrer tödlichen Musik,
Allem, was ihre Taten zudeckt,
Getilgt werden sein die untragbaren Lasten selbst bis zu jenen,
Die als Lasten kaum mehr kenntlich sind,
Die Erniedrigungen, die so alt sind,
Daß sie Erhöhungen heißen im Munde derer,
Die in Unwissenheit gehalten werden.
Im Gewölke der Blicke wie eine Schwinge gleitend
Schaun wir durch Explosionen der Knospen die Stadt
Überzogen von Völkern, sich selbst zum Siege geleitend,
Von Propellern entführt und rauschendem Rad.
Aus dem unendlichen Raunen von Inseln und Ländern
Hebt das Entzücken sich mit seiner Botschaft dahin,
Wo die Verheißungen leben und die Epochen verändern,
Namenlos sich die Zeit endlich selbst nennt:
STALIN.

Detlef Horster

... oder Fluch? Stalinismus-Kritik der 50er Jahre

Bloch emigrierte nach langem Überlegen in die Vereinigten Staaten, denn in der Sowjetunion hätte „man mit seiner Philosophie [...] kaum etwas [...] anfangen können", wie Oskar Negt betonte. Vom amerikanischen Exil kam er 1949 in die DDR zurück, um ganz bewußt am Aufbau des Sozialismus teilzunehmen. Aber auch hier geriet er in einen

Konflikt, und auch bei diesem Konflikt zeigte sich wieder dasselbe Muster: Kritisiert wurde die ungenügende Berücksichtigung des subjektiven Faktors in kommunistischer Theorie und Praxis. Genausowenig wie man mit seine Philosophie in der Sowjetunion etwas anfangen konnte, konnte man es in der DDR. [. . .]

In einer Rezension von Blochs Hegel-Buch hieß es, daß Hegel längst in den sozialistischen Klassikern aufgehoben sei, besonders in Stalin, den Bloch viel zu wenig erwähne. [. . .]

Hegel blieb Stein des Anstoßes: Das Jahr des XX. Parteitages der KPdSU fiel mit dem 125. Todesjahr Hegels zusammen. Und obwohl er wegen seines Insistierens auf einem gründlichen Hegelstudium schon des öfteren kritisiert worden war, sprach Bloch im November 1956 zum 125. Todesjahr Hegels in der Berliner Universität des Satz: „Jetzt muß statt Mühle endlich Schach gespielt werden." Damit wandte er sich einerseits gegen die dogmatische Verflachung der Marxschen Theorie, andererseits forderte er nach den Erkenntnissen des XX. Parteitages, nun müsse endlich auch die sozialistische Praxis verändert werden. Schon im Mai desselben Jahres gab er zu verstehen: „Die sozialistische Oktoberrevolution ist gewiß nicht dazu bestimmt gewesen, daß die fortwirkenden, in der ganzen Westwelt erinnerten demokratischen Rechte der Französischen Revolution zurückgenommen werden, statt einer Erkämpfung ihrer umfunktionierten Konsequenzen. Auch dazu gab der XX. Parteitag ein Zeichen, nur unter dieser Fahne würde der Sozialismus, der ökonomisch überfällige, moralisch unaufhaltsam. Gerade auch die Arbeitsproduktivität gedeiht am besten mit Freiheit und Glück der Überzeugung, mit Überzeugung von Glück und Freiheit, beide als wachsend mitproduzierte." Wenn Marx von der Abschaffung des Privateigentums gesprochen habe, habe er damit nicht gemeint, daß zugleich auch die Menschenrechte wie „Freiheit, Widerstand des Volkes gegen Unterdrükkung“ aufgehoben werden sollten, „denn auch der Mensch, nicht nur seine Klasse hat, wie Brecht sagt, nicht gern den Stiefel im Gesicht“. Die Gefahr der Unterdrückung des einzelnen sah Bloch in der DDR gegeben, in der selbständiges Denken „gegen den Anstand verstößt“.

Doch Bloch hatte den XX. Parteitag gründlich mißverstanden. Er hatte nicht geglaubt, daß es sich hier nur um eine persönliche Abrechnung mit Stalin handle, sondern war durchaus der Auffassung, daß es nun darum gehen müsse, die Fehler im System zu beseitigen. Weit gefehlt! Seine Reden aus dem Jahre 1956 wurden als offene Kampfansagen aufgenommen. Der Kampf wurde von seiten der SED „auch mit einigem organisatorischen Aufwand (betrieben), die Meute wird buchstäblich auf Bloch losgelassen“. Selbst Ulbricht schaltete sich ein und verurteilte im Leitkommentar des ‚Neuen Deutschland‘ vom 30. Dezember 1956 die Blochsche Philosophie. Durch einen Aushang am Schwarzen Brett erfuhr Bloch, daß seine Vorlesungen ausfielen: Er wurde zwangsemeritiert. Aus der Partei ausschließen konnte man nur seine Frau in einer Art Sippenhaft, denn Bloch selbst war nie Mitglied einer Partei. Viele seiner Mitarbeiter wurden zu hohen Freiheitsstrafen verurteilt. Er selbst blieb verschont, weil die Partei eine Verurteilung des alten Mannes als schädlich für ihre eigene Reputation ansah. Immerhin wurde er aus der Akademie der Wissenschaften ausgeschlossen. In der Nachrichtenfülle nach Öffnung der Grenze zwischen DDR und Bundesrepublik ging es beinahe unter, daß Bloch damals (Mitte November 1989), also fast dreizehn Jahre nach seinem Tod, rehabilitiert und wieder in die Mitgliederliste der Akademie aufgenommen wurde.

Peter Bender

Die zweite Gründung der DDR: Der Mauerbau

Mit gewissem Recht haben Historiker den 13. August 1961 als den zweiten Gründungstag der DDR bezeichnet. Die brutale, oft mörderische Form, den Staat zusammenzuhalten, hat zwar dessen internationale Anerkennung sehr erschwert; die DDR blieb bis zu ihrem Ende der Mauer-Staat, und Honecker mußte sich noch in den achtziger Jahren, wenn er in westlichen Hauptstädten empfangen wurde, peinliche Fragen nach dem monströsen Bauwerk anhören. Doch so hoch der Preis war – da es um die Existenz ging, erschien er der Führung gerechtfertigt.

Tatsächlich hat die Mauer den Staat der SED etwa zwei Jahrzehnte konsolidiert. Bevor sie stand, konnte jeder, dem es in der DDR unerträglich wurde, über Berlin entweichen; da es noch ein Schlupfloch in die äußere Freiheit gab, war die innere Freiheit leichter zu bewahren. Nach dem 13. August wurde die Lage buchstäblich ausweglos, die Regierung hatte unbeschränkte Macht über das Volk. Seitdem mußte sich jeder darauf einstellen, sein gesamtes Leben in der DDR zuzubringen. Alle Ansprüche, die er hatte, alle Pläne, die er machte, alle Hoffnungen, die er hegte, konnten nur Wirklichkeit werden unter den Bedingungen der kommunistischen DDR. Deshalb wurden die Ostdeutschen nicht Kommunisten, aber sie richteten sich in den Verhältnissen, wie sie waren, ein. Sie hatten sich die DDR nicht ausgesucht, die meisten konnten sich einen besseren Staat denken, aber dies war nun einmal ihr Staat. Seine Leistungen waren auch ihre Leistungen, und seine Erfolge schmückten auch sie.

Teile der SPD waren strikt gegen jeden Wehrbetrag unter den Bedingungen der Spaltung, Erich Ollenhauer als Nachfolger Schumachers schien hingegen zu einer anderen Form der militärischen Westintegration als der EVG auch vor der Wiedervereinigung bereit zu sein. Als Bedingungen nannte er 1953 eine Beteiligung Großbritanniens und Nordeuropas, den Verzicht auf Deutschland diskriminierende Bestimmungen und die jederzeitige Kündbarkeit. Schließlich formulierte der Verteidigungsexperte Fritz Erler seit Sommer 1952 in aller Klarheit, daß man, entgegen dem Dogma der Entscheidungsfreiheit Gesamtdeutschlands, eine Vier-Mächte-Einigung über einen paktfreien Status Deutschlands werde akzeptieren müssen „um der Erlösung von achtzehn Millionen Deutschen aus der sowjetischen Knechtschaft willen". Für den Fall, daß die Sowjetunion sich einem Handel: Paktfreiheit gegen freie Wahlen, verweigerte, sah Erler in der militärischen Westintegration der Bundesrepublik die logische Konsequenz. Seine Position enthielt also ein Angebot und eine Drohung. Erler betonte in der Folgezeit immer wieder, „daß Zugehörigkeit zur freien Welt und Zugehörigkeit zu einem amerikanisch geführten System von Militärallianzen nicht notwendigerweise ein und diesselbe Sache sind". Das Interesse des Westens an einer Paktfreiheit für Gesamtdeutschland glaubte er darin finden zu können, daß die Freiheit dann von der innerdeutschen zur deutsch-polnischen Grenze vorgeschoben werde.

Bezeichnend für die Unklarheit der sozialdemokratischen Position war die Idee eines Kollektiven Sicherheitssystems in Europa. Erst 1954/55 kristallisierte sich heraus, daß die SPD darunter nicht ein westliches Verteidigungsbündnis verstand, sondern ein blockübergreifendes und tendenziell -überwindendes Sicherheitssystem, das den potentiellen

Gegner gerade mit einbeziehen und zugleich der deutschen Paktfreiheit den Charakter traditioneller Neutralität nehmen sollte. Wie Carlo Schmid schon im Februar 1953 formuliert hatte, müsse das System kollektiver Sicherheit „die Ganzheit der Staatengewalt umspannen" und dürfe nicht „aus einer Reihe machtpolitischer Blöcke bestehen". Die Ablehnung der Pariser Verträge erfolgte mit dieser Idee im Hintergrund.

Das „Deutsche Manifest" der Paulskirchen-Versammlung von Sozialdemokraten, Gewerkschaftern, christlichen und anderen bürgerlichen National-Pazifisten vom 29. Januar 1955 rief „zu entschlossenem Widerstand gegen die sich immer stärker abzeichnenden Tendenzen einer endgültigen Zerreißung unseres Volkes" auf. „Die Aufstellung deutscher Streitkräfte in der Bundesrepublik und in der Sowjetzone muß die Chancen der Wiedervereinigung für unabsehbare Zeit auslöschen und die Spannung zwischen Ost und West verstärken."

Die Hauptsorge galt zu diesem Zeitpunkt aber wohl gar nicht einer akuten Verschärfung der Ost-West-Konfrontation, sondern einer Erstarrung der Fronten des Kalten Krieges, möglicherweise sogar mit dem Resultat eines Modus vivendi auf der Basis des Status quo. Schon im Dezember 1954 wies Ollenhauer im Bundestag auf Anzeichen dafür hin, „daß die Besatzungsmächte die Frage der deutschen Einheit einer allgemeinen Politik des Ausgleichs der Spannungen in Ost und West unterordnen". Demgegenüber kam für die SPD alles darauf an, die Komplexe Wiedervereinigung und Sicherheit ihrem inhaltlichen Zusammenhang entsprechend auch gemeinsam zu behandeln. Die Ergebnisse der Moskau-Reise Adenauers im September 1955 hielt die SPD unter diesem Aspekt für vollkommen unzureichend; wohl nur die Rücksicht auf die Volksstimmung, die allgemeine Freude über die Rückkehr der 10000 überlebenden Kriegsgefangenen, hinderte sie daran, die Abmachungen öffentlich zu kritisieren. Es war hier wie bei anderen Gelegenheiten (EVG und Stalin-Noten; Berlin-Ultimatum Chruschtschows vom November 1958) die defensive Ausrichtung der Adenauerschen Deutschland- und Ostpolitik, die dem Ansatz der SPD entgegenstand.

Auch nach der Entscheidung über den NATO-Beitritt und die weitgehende Souveränität der Bundesrepublik, die dem Scheitern der EVG in der französischen Nationalversammlung folgte, war die SPD geradezu verbissen bemüht, die Wiedervereinigung auf der Tagesordnung zu halten und nach Anknüpfungspunkten in der realen Entwicklung der Weltpolitik zu suchen. Als eine solche Möglichkeit erschien der in der zweiten Hälfte der 50er Jahre von verschiedenen Seiten – in erster Linie von dem polnischen Außenminister Rapacki, dem amerikanischen Ex-Diplomaten Kennan und dem Labour-Führer Gaitskell – ins Gespräch gebrachte Gedanke eines Auseinanderrückens („Disengagements") der Blöcke in Mitteleuropa. Anlaß solcher Überlegungen, die mehr oder weniger vage alle die Deutsche Frage in irgendeiner Form miteinbezogen, war vor allem die drohende Stationierung von Atomwaffen beiderseits der Konfrontationslinie und speziell die Aufrüstung der Bundeswehr mit atomaren Trägerwaffen.

Ähnlich wie in der ersten Hälfte des Jahrzehnts anläßlich der Auseinandersetzung über die Remilitarisierung im Rahmen der EVG bzw. der NATO hatte es die SPD bei der Debatte über Atomwaffen auf deutschem Boden mit einer außerparlamentarischen Protestbewegung überwiegend pazifistischen Charakters zu tun. Diese Bewegung konnte sich auf die ablehnende Haltung der Bevölkerungsmehrheit zur Atombewaffnung stützen; sie hatte ihre Hauptbasis in der sozialdemokratischen Arbeiterschaft, schloß aber auch große Teile des Protestantismus und der parteilosen Intelligenz ein.

Im Vorfeld der Kampagne „Kampf dem Atomtod" hatte die SPD mit der Integration von Gustav Heinemanns Gesamtdeutscher Volkspartei (GVP) erstmals eine größere Zahl protestantischer Theologen und Intellektueller gewinnen können, darunter manche, die in späteren Jahren wichtige Funktionen wahrnehmen sollten wie Diether Posser, Johannes Rau, Erhard Eppler und Jürgen Schmude. Heinemann, bis zu seinem Rücktritt 1950 Innenminister im ersten Kabinett Adenauer, nutzte seine erste größere Rede als SPD-Bundestagsabgeordneter am 23. Januar 1958 zu einer Generalabrechnung mit dem Kanzler, achtete aber in der Folgezeit darauf, daß seine sicherheits- und deutschlandpolitischen Aussagen nicht den durch die offizielle Linie der Partei gesetzten Rahmen sprengten. Die GVP hatte in den Jahren ihrer Existenz 1952–1957 ein auf gesamtdeutsche Neutralität gerichtetes, gemäßigt pazifistisches Konzept verfolgt und sich 1953 auch nicht gescheut, mit dem DDR-freundlichen „Bund der Deutschen für Frieden, Einheit und Freiheit" des früheren Zentrumskanzlers Josef Wirth ein Wahlbündnis einzugehen. Obwohl Heinemann und seine Gefährten aus der GVP ihre deutschlandpolitischen Grundüberzeugungen, jedenfalls zunächst, beibehielten, versuchten sie offenbar nicht, als Gruppe den Kurs der SPD zu beeinflussen. [. . .]

In seinen wirtschafts- und gesellschaftspolitischen Aussagen bedeutete das Godesberger Grundsatzprogramm keine Wende, sondern markierte den vorläufigen Endpunkt einer schrittweisen Abkehr der SPD von traditionellen sozialistischen Positionen, die schon wenige Jahre nach Kriegsende begonnen hatte. Bereits in der ersten Legislaturperiode des Bundestags war klar geworden, daß die neoliberale Wirtschaftspolitik der Regierung keineswegs im Desaster endete, sondern vielmehr einen lang andauernden Aufschwung fördern half, der bald eine kontinuierliche, etwa seit 1960 rapide Steigerung auch des Reallohns der Arbeiter und Angestellten einschloß. Im Laufe der 50er Jahre nahmen unter führenden Sozialdemokraten die Zweifel an der Realisierbarkeit einer kapitalismusüberwindenden Programmatik zu; die westliche Gesellschaft wurde immer weniger als ein – wenn auch stark modifiziertes – kapitalistisches Klassensystem verstanden und immer mehr als eine freiheitlich-pluralistische und mobile marktwirtschaftliche Ordnung, deren Ungerechtigkeiten und Fehlern durch politische Maßnahmen erfolgreich entgegengesteuert werden könne. [...]

Zweifellos näherte sich die SPD mit ihrer neuen Programmatik dem Bewußtsein der Bevölkerungsmehrheit. Nach der Auffassung der Parteiführung reichte indes Godesberg nicht aus, um die Akzeptanz der SPD nachhaltig zu verbreitern. Jedenfalls kam sie um die Jahrzehntewende zu dem Ergebnis, die parteipolitische Konfrontation auf der Grundlage eindeutiger Alternativen nutze – zumal angesichts des verbreiteten emotionalen Antikommunismus – der Regierung und nicht der Opposition. Vor allem die harmonisierenden Formen der Strategie und Taktik der „Gemeinsamkeit" mit den Unionsparteien, die schon ab 1960 auch auf die Innenpolitik ausgedehnt wurde („Wir sind alle eine Familie"), stießen bei Teilen der Parteibasis auf Abneigung oder zumindest Vorbehalte. Dazu trugen auch die Schnelligkeit und Rigorosität bei, mit der die Parteiführung, angetrieben von der ab 1958 sich formierenden parteireformerischen Troika Brandt/Erler/Wehner, ihren Kurs in der ersten Hälfte der 60er Jahre nach innen durchsetzte.

Die demonstrative Identifikation der SPD mit dem bestehenden westdeutschen Staatswesen, so wie es sich entwikkelt hatte, fand ihren Niederschlag auch in einer aufgeschlosseneren Haltung der Partei zum Problem einer, teilweise verfassungsändernden, Notstandsgesetzgebung. Im Unterschied zur Mehrheit des DGB, insbesondere der IG Metall, die bis zum Schluß befürchtete, die Notstandsgesetze könnten im arbeitnehmer- und demokratiefeindlichen Sinn mißbraucht werden, und zeitweise sogar einen politischen Streik erwog, setzte sich in der SPD nach der Wende von 1959/60 sehr schnell grundsätzliche Kooperationsbereitschaft durch. Dabei ist unverkennbar, daß die SPD im

Verlauf der jahrelangen Notstands-Diskussion im Parlament und in der Öffentlichkeit eine wesentliche Veränderung der ursprünglichen, von CDU/CSU-Politikern inspirierten Entwürfe erreichen konnte. Stärker als in der Sicherheitsdebatte, wo es der SPD-Führung gelang, die im Anschluß an die Anti-Atom-Proteste der späten 50er Jahre entstandene Ostermarsch-Bewegung weitgehend von der Partei zu isolieren, stand die Sozialdemokratie in der Frage der Notstandsgesetze unter dem Druck einer nicht unbeträchtlichen, hauptsächlich von Gewerkschaftern und Intellektuellen getragenen außerparlamentarischen Ablehnungsfront, die weit in die SPD-Organisation hineinreichte.

In der Sicherheitspolitik läßt sich zweifellos von einer Wende der SPD zwischen Herbst 1959 und Herbst 1960 sprechen. Es handelte sich um das – wenn auch nicht kritiklose – Einschwenken auf die außen- und sicherheitspolitischen Grundentscheidungen der ersten beiden Regierungen Adenauer. Der Vorbehalt, den Fritz Erler noch im April 1960 im Bundestag formulierte, „daß das wiedervereinigte Deutschland nicht en bloc in die NATO marschieren kann“, wurde zwar nicht widerrufen, aber schon bald kaum noch erwähnt. Das gilt auch für den, ehedem betonten, provisorischen Charakter der Bundesrepublik. Zu der Veränderung der sozialdemokratischen Sicherheitspolitik gehörte ausdrücklich ferner, daß die SPD sich jetzt zum Anwalt der Interessen der Bundeswehr machte und enge Kontakte zum Offizierskorps knüpfte. [...]

Die SPD war in den Jahren 1959–1966 einem doppelten Anpassungsdruck ausgesetzt. Bei einer Regierungsübernahme mußten die vertraglichen Bindungen an den Westen ohnehin beachtet werden. Konnten also die Bündnispartner nicht zur Übernahme der tradierten SPD-Konzepte (Wiedervereinigung durch Disengagement) veranlaßt werden, und dafür sprach wenig, dann mußte das Festhalten an ihnen eine Radikalisierung nach sich ziehen, wie sie tatsächlich bei Linkssozialdemokraten zu beobachten war, die um 1960 zu Dissidenten wurden. Da sich die SPD keinesfalls als Fundamentalopposition verstand und ausdrücklich systemimmanent wirken wollte, erscheint die außen- und sicherheitspolitische Wende in ihrer Grundtendenz als folgerichtig. Sie bewirkte, daß die Opposition aus der praktischen Außenpolitik der Bundesrepublik nicht mehr einfach ausgeschlossen werden konnte, vielmehr imstande war, die auswärtige Politik, auch parlamentarisch, mitzubeeinflussen.

Die innen- und gesellschaftspolitische Wende, die inhaltlich seit Jahren im Gange war, erhielt ihre Dramatik durch die Veränderung des Stils. Erst die Strategie der „Gemeinsamkeit" und die Umarmungstaktik machten die SPD für weite Kreise des bürgerlichen Spektrums am Ende der Ära Adenauer zu einer Kraft, die sich von ihrer proletarisch-sozialistischen Tradition weitgehend gelöst hatte, den Anforderungen der modernen Welt durch Sachkompetenz begegnete und überparteiliches Verantwortungsbewußtsein zeigte. Demgegenüber war die zeitweilige Kritik auch von liberaler Seite an den Überspitzungen der Gemeinsamkeitspolitik für die Parteiführung von geringerem Gewicht.

Jakob Kaiser

„Kanzlerwahlverein": Die CDU in der Ära Adenauer

Die Christlichen Demokraten haben sich stets dazu bekannt, eine Volkspartei zu sein. Sie sind am Wohlstand des Mittelstandes, der Bauern, der Industrie, der freien Berufe ebenso interessiert wie am Aufstieg der Arbeiterschaft. Für den Ausgleich haben die verantwortlichen politischen Persönlichkeiten aus den verschiedenen Ständen zu sorgen.

Gerade dieser gesunde Ausgleichswille hat der Union nicht zuletzt auch das Vertrauen jener weiten Arbeiterkreise gesichert, die sich aus Weltanschauung und sozialer Einsicht nicht dem Klassenkampfwillen und dem Materialismus verschrieben haben. Mit Genugtuung kann man feststellen, daß es vor allem auch die Arbeiterschaft war, die den Christlichen Demokraten bei der Bundestagswahl 1953 den großen Zuwachs an Stimmen brachte. Das soll das Verdienst der anderen Schichten sicherlich nicht schmälern. Aber mit dem Vertrauen der Arbeiterschaft hat es doch noch seine eigene Bewandtnis. Es ist nicht so leicht, ihr Vertrauen zu erringen und zu halten. Es geht ihr nicht nur um das Materielle, sondern nicht zuletzt auch um die Anerkennung ihrer gesellschaftlichen Bedeutung, die andere Schichten längst besitzen. Wenn die FDP immer wieder gegen den sogenannten linken Flügel oder den Gewerkschaftsflügel der CDU wettert, so tut sie im Grunde den Christlichen Demokraten einen großen Gefallen. Damit bestätigt sie nämlich der breiten Masse der Arbeitnehmerwähler, daß sie in der Union etwas bedeuten, daß sich ihr sozialer Wille auswirkt.

Aber man muß sich auch noch über ein anderes klar sein: Hinter dem demagogischen Gerede über den sogenannten linken Flügel in der CDU steckt eine ganz bestimmte Absicht. Man will die anderen Schichten in der Union vor der Arbeitnehmerschaft bange machen. Man will sie gegen die Arbeiterschaft aufbringen. Man will zur Zurücksetzung der Arbeiterschaft reizen. Denn das erscheint diesen Kreisen als der beste Weg, die Union zu schwächen. Um diese Schwächung geht es nämlich. Die Arbeitnehmerschaft ist ja nicht nur das soziale Element in der Union, sie macht die Christlichen Demokraten vor allem zur Massenpartei. Das ist notwendig, da im zwanzigsten Jahrhundert eine Partei nur wirken kann, wenn sie Massenpartei ist. Das wissen alle jene kleinen Parteien, die sich seit ihrem Bestehen stets vergeblich darum bemüht haben, zu einem ansehnlichen Wählerbestand zu kommen.

Drei Dinge müssen uns in den kommenden Wahlauseinandersetzungen vor allem bewegen: Erhaltung und Steigerung des Vertrauens der Arbeitnehmerschaft zur Union, Erhaltung und Stärkung des Vertrauens der breiten bürgerlichen Schichten und das Streben, den Heimatvertriebenen und Flüchtlingen eine politische Heimat bei uns zu sichern. Die Schaffung und Stärkung dieser Vertrauensbasis zwischen den drei tragenden Kräften vor allem im Industriegebiet muß und wird die Gewähr geben, daß die Christlichen Demokraten auch im dritten Bundestag wieder zur entscheidenden Kraft werden. Das erscheint um so wichtiger, als der Bundestag von 1957 noch vor weit größeren Aufgaben steht als der von 1953.

Thomas Assheuer/Hans Sarkowicz

Aufstieg und Fall der NPD

Die Bundestagswahl vom 19. September 1965 brachte für die *NPD* eine herbe Enttäuschung. Nur zwei Prozent der abgegebenen Stimmen konnte sie auf sich vereinigen. Aber die Freude bei den etablierten Parteien, daß es wieder einmal gelungen war, die radikale Rechte aus dem Bundestag fernzuhalten, sollte nicht lange währen. Schon ein halbes Jahr später konnte die *NPD* ihre ersten Erfolge auf kommunaler Ebene erzielen. Bei der Landtagswahl in Hessen am 6. November 1966 gelang ihr schließlich der Durchbruch. 7,9% der abgegebenen Stimmen bedeuteten acht Mandate. Innerhalb von eineinhalb Jahren folgten Bayern mit 7,4%, Rheinland-Pfalz mit 6,9%, Schleswig-Holstein mit 5,8%, Niedersachsen mit 7,0%, Bremen mit 8,9% und Baden-Württemberg mit 9,8%. Die Mitgliederzahlen wuchsen zunächst kontinuierlich und erreichten 1967 mit 28 000 eingetragenen Anhängern ihren Höchststand.

Diese rasante Entwicklung mußte um so mehr überraschen, als die *NPD* innerlich zerstritten war. Der nationalkonservative Flügel um den Parteivorsitzenden Thielen kämpfte gegen die *DRP*-Fraktion mit Adolf von Thadden an der Spitze. Die Auseinandersetzung, in deren Verlauf zahlreiche gemäßigte Funktionäre ihre Mitgliedsbücher zurückgaben, endete mit dem Austritt Thielens. Im November 1967 wurde Adolf von Thaden zum neuen Vorsitzenden gewählt. Er führte eine Partei, die sich langsam zu etablieren schien. Auf kommunaler Ebene gab es bereits Absprachen mit der *CDU/CSU* und der *FDP*. Auch in den bundesdeutschen Presseorganen wurde die *NPD* keineswegs nur verteufelt, sondern auch als ein lästiger, aber selbstverständlicher Teil des demokratischen Gemeinwesens behandelt. Auf einhellige Ablehnung stieß die *NPD* zunächst nur bei ausländischen Politikern und Journalisten. Die Reaktionen in Europa und den USA untersuchte 1969 eine Marburger Forschergruppe um Reinhard Kühnl. Sie stellte fest, daß das Vertrauen, „das der bundesrepublikanische Staat seit 1949 in beträchtlichem Umfange erworben hat, [...] proportional zum Anwachsen der NPD wieder zerstört" wurde. „Das –angesichts der ungeheuerlichen Ausmaße nationalsozialistischer Verbrechen verständliche – Mißtrauen des Auslands gegenüber der Bundesrepublik, das sich nur langsam abbauen ließ, regenerierte sich. Ein zweites Mal würde das Ausland sich zu einem faschistischen Regime in Deutschland nicht so wohlwollend verhalten wie nach 1933."

Dieses Mißtrauen schien die *NPD*-Wähler, soweit sie sich überhaupt damit beschäftigten, nicht zu beeindrucken. Zu stark war die Attraktivität einer Partei, die, wie spätere Analysen zeigen sollten, vor allem kleine Selbständige, Landwirte und Arbeiter mittleren Alters ansprach, also die Generation der Frontsoldaten. Daß die *NPD* ihre Hochburgen in strukturschwachen Gebieten mit niedrigem Einkommensniveau hatte, deutet schon auf einen der wichtigsten Gründe für ihren Erfolg hin: die Angst vor einer Wirtschaftskrise wie am Ende der Weimarer Republik. Tatsächlich kam es im Sommer 1966 zu einer durchgreifenden Rezession mit einer (für damalige Verhältnisse) dramatischen Steigerung der Arbeitslosenzahlen. Nach den Jahren der Hochkonjunktur wirkte diese plötzlich einsetzende Entwicklung wie ein Schock. Die *NPD* verstand es, diesen Schrumpfungsprozeß, der mit einem Strukturwandel im selbständigen Mittelstand einherging, geschickt zu nutzen. Sie schürte die Ressentiments gegen die Gastarbeiter und reduzierte komplexe politische Sachverhalte auf wirkungsvolle Schlagworte. Besonders die „Große Koalition" geriet in das Kreuzfeuer ihrer Kritik. Die *NPD* wußte sich einig mit zahlreichen Unionsanhängern, die die Zusammenarbeit mit der *SPD* als Verrat ansahen, und empfahl sich mit dem Slogan „Man kann wieder wählen" als einzige „nationale Alternative". Die Union verlor ihre Integrationsfähigkeit, je mehr sie sich der *SPD* und der von ihr getragenen Ostpolitik, dem, so die *NPD*, „Ausverkauf Deutschlands", öffnete. Der Studentenrevolte und der APO, also dem „inneren Chaos", setzte die *NPD* ihr trotziges „Sicherheit durch Recht und Ordnung" entgegen, das so manchem, der am Fernsehschirm die Straßenschlachten verfolgte, aus dem Herzen sprach. Und nicht zuletzt war die *NPD* die einzige Partei, die die sogenannte „Vergangenheitsbewältigung" beenden wollte. Nach schier endlosen Verjährungsdebatten und deprimierenden Berichten über die Greuel in den Konzentrationslagern wollten viele „davon nichts mehr wissen", wie der Schriftsteller Horst Krüger in seinem Essay über den Frankfurter Auschwitz-Prozeß schrieb. „Die wissen ja alles, die kennen es, die müssen jetzt arbeiten, verdienen, müssen das Wirtschaftswunder in Gang halten. Wer zurücksieht, ist verloren." Hans Maier veranlaßte diese Beobachtung schon 1968 zu dem Schluß: „Die NPD ist nicht die Partei der alten Nazis, der Unbelehrbaren – wäre sie dies (und nur dies), so wäre die Sache verhältnismäßig einfach. Sie ist aber die Partei derer, die mit der Erinnerung an das Dritte Reich und mit der Verantwortung für seine unheilvollen Folgen endgültig ‚Schluß machen' wollen – und das sind keineswegs nur die Alten, sondern auch viele Angehörige der jüngeren Generation."

Optimisten in der Partei hatten mit einer zweistelligen Prozentzahl und mit bis zu 75 Abgeordneten gerechnet. Als das amtliche Endergebnis der Bundestagswahl vom 28. September 1969 schließlich vorlag, machte sich Ernüchterung breit. Zwar war es der *NPD* gelungen, fast eineinhalb Millionen Wähler zu gewinnen, aber mit nur 4,3% der abgegebenen Stimmen hatte sie den Einzug in den Bundestag verfehlt. So überraschend, wie es zunächst schien, war das Abschneiden der *NPD* allerdings nicht, denn unterdessen hatten sich die politischen Rahmenbedingungen entscheidend verändert. Der wirtschaftliche Aufschwung begann sich abzuzeichnen, und die von der *SPD* forcierte Sozialpolitik konnte erste Erfolge aufweisen. Zudem machte der mit harten Bandagen geführte Wahlkampf deutlich, daß es keine Neuauflage der „Großen Koalition" geben würde. Diese starke Polarisierung ließ eine (einflußlose) „nationale Opposition" überflüssig werden. Die Unionsparteien widmeten sich wieder *den* Themen, die die Attraktivität der *NPD* ausgemacht hatten. Nicht zuletzt ist das Scheitern der Nationaldemokraten an der Fünf-Prozent-Hürde auch auf die öffentliche Stigmatisierung der Partei durch die Medien und durch verschiedene Gruppierungen zurückzuführen.

Peter Brandt

„Mehr Demokratie wagen": Die Ära Brandt

Schon zu Zeiten der Großen Koalition begann die SPD insgesamt ihr Profil als „linke Volkspartei" wieder stärker zu betonen – ebenso wie andere sozialdemokratisch-sozialistische Parteien in dieser Periode. Auch in den Gewerkschaften und in manchen Betriebsräten machte sich eine vorsichtige Linkswendung bemerkbar, die sich neben dem traditionellen Bemühen um weitere Verbesserung der materiellen Lebensverhältnisse verstärkt in Forderungen ausdrückte, die die Autoritätsstrukturen auch in den Betrieben in Frage stellten und denen damit – nach der Meinung zumindest eines Teils ihrer Verfechter – eine kapitalismustranszendierende Tendenz innewohnte.

Das galt gewiß nicht für die Spitze der SPD und naturgemäß schon gar nicht für die SPD-FDP-Regierung, unter der namentlich im Bereich der betrieblichen Mitbestimmung wenig zu erreichen war. Dennoch war die Demokratisierungsrhetorik der zusammen mit den Liberalen regierenden Sozialdemokraten Ausdruck einer veränderten politischen Atmosphäre und trug ihrerseits um 1970 zu einem progressiven Meinungsklima bei. Die Ankündigung, „mehr Demokratie“ zu wagen, konkretisierte Willy Brandt auf dem Saarbrücker Parteitag, wenige Monate nach dem Regierungswechsel, durch die Feststellung, die Aufgabenstellung der deutschen und europäischen Sozialdemokratie für die 70er Jahre handele von der „Verwirklichung der sozialen Demokratie“. „Ohne Demokratie in Staat *und* Gesellschaft, ohne Mitbestimmung und Mitverantwortung in allen großen Bereichen wird es keine stabile Demokratie geben [. . .] Demokratisierung heißt hier [. . .] zielstrebiger Abbau von Privilegien auf allen Gebieten.“ Die SPD präsentierte sich auch gesellschaftspolitisch wieder als klare Alternative zur CDU/CSU; in die Wahlkämpfe mischten sich im Zuge dieser Polarisierung gelegentlich sogar wieder klassenkämpferische Töne; anläßlich des (am 27. April 1972 gescheiterten) konstruktiven Mißtrauensvotums gegen Brandt im Bundestag kam es in nicht unbeträchtlichem Ausmaß zu Proteststreiks und Demonstrationen gegen die CDU/CSU.

Die, vor allem ostpolitisch bedingte, permanente Kampfstellung der gefährdeten sozialliberalen Koalition gegen eine

Opposition, die fast gleich stark war und neben einem Wähleranteil zwischen 40 und 50% nach wie vor auf die Unterstützung der stärksten Gruppe im Unternehmerlager zählen konnte, machte die Abgrenzung nach links für die SPD zu einem Problem, das durch die Teilöffnung der Partei und die Zulassung der DKP im Herbst 1968 (anstelle der 1956 verbotenen KPD) noch verschärft wurde. Am 14. November 1970, nach dem Durchbruch in den Beziehungen zum Osten, verabschiedeten der Parteivorstand, der Parteirat und die Kontrollkommission der SPD ein von Richard Löwenthal entworfenes Papier, das alle Aktionsgemeinschaften mit Kommunisten wie schon früher untersagte und die „freiheitliche Demokratie" der „kommunistischen Parteidiktatur" prinzipiell gegenüberstellte.

Der Wandel der kommunistischen Ordnung könne nur von innen kommen. Das bedeute aber keinen Verzicht auf ideologische Auseinandersetzung und auf die kompromißlose Verteidigung der Demokratie „gegen alle kommunistischen Irrlehren". Diese Verteidigung erfolgte dann auch mit administrativen Mitteln, wie sie beim Kampf gegen den Terrorismus unvermeidlich waren und bei der 1972 eingeführten Regelüberprüfung von Bewerbern für den öffentlichen Dienst unter anderem dazu dienten, einem Verbotsantrag gegen die DKP seitens der CDU/CSU zuvorzukommen, von dem man eine Störung der Ostpolitik befürchtete.

Rolf Peter Sieferle

Neue Parteien

Die Revolte von 1968 wandte sich gegen den CDU-Staat, d.h. gegen konventionell versteinerte Verhältnisse und eine verkrustete politische Kultur, unterhalb derer freilich höchst dynamische Wirtschaftsprozesse und technische Innovationen stattfanden. Die FDP versprach, die „alten Zöpfe abzuschneiden", und koalierte mit der SPD, die daran ging, die wohlfahrtsstaatliche Apparatur auszuweiten und zu perfektionieren, zugleich aber auch „Demokratie zu wagen", d.h. die kulturrevolutionären Anstöße der Protestbewegung aufzunehmen. Die CDU erschien in den siebziger Jahren als die Partei der Restauration, ihr haftete der Ruch an, bloße Lobby der Großindustrie zu sein, garniert mit Phantasielosigkeit und miefigem Wertegeschwafel. Sie war einfach nur reaktionär.

Das änderte sich alles Anfang der achtziger Jahre. Es wurde deutlich, daß eine Radikalisierung der alten wohlfahrtsstaatlichen Konzepte nicht mehr aus der Krise führte. Die ausgetretenen Wachstumspfade konnten nicht mehr begangen werden. Die SPD selbst zeigte eine ungeheure Konzeptlosigkeit. Kaum jemand traute ihr noch zu, die Krise bewältigen zu können. Von einer höheren Dosierung der alten bürokratischen Medizin war nur noch wenig zu erwarten. Der Wohlfahrtsstaat war an Grenzen geraten, die nicht nur fiskalischer Natur waren. Jetzt konnte sich die CDU als Partei der Wende profilieren, die einen „neokonservativen" Ausweg versprach.

In der Grünen Bewegung, die in dieser Situation auf den Plan trat, kombinieren sich zwei Elemente:

1. Das Erbe des antiautoritären Protests, also die Forderung nach universaler Selbstverwirklichung, nach Autonomie des Individuums, nach Emanzipation, Befreiung von Disziplin, Kontrolle und Zwang aller Art, nach Auflösung aller Widerstände, die der momentanen Befriedigung von Bedürfnissen entgegenstehen. Es handelt sich um eine Universalisierung der Forderungen der ästhetischen Avantgarde, um die Verschmelzung von Kunst *und* Leben, die anarchistische Aufhebung von Bindungen – die Totalisierung des Eros. Im Grunde ist es das Programm Marcuses, das nach Abstreifung der marxistischen System- und Definitionszwänge in seiner ganzen Buntheit wieder auferstanden

ist. Es ist heiter, lustbetont, chaotisch und vollständig destruktiv.

2. Die apokalyptische Vision, also der Gedanke, daß der Fortschritt ein für allemal seine Schranke erreicht hat. Im Gegensatz zum antiautoritären Komplex, der die Utopie einer erotischen Totalität hegt, ist hier die Perspektive düster. Überall ist Zerstörung, Mangel, Zerfall bemerkbar. Der Untergang droht, die Vernichtung in Atomkrieg oder Umweltkrise. Knappheit, Kälte und Disziplin sind angesagt; es gilt, den Gürtel enger zu schnallen, Askese zu üben, aus dem Industriesystem und seiner gleißenden Warenwelt auszusteigen. Auch die Antiautoritären übten Konsumkritik, doch aus einem ganz anderen Grund, weil nämlich die Warenästhetik letztlich auf einem Betrug beruhte. Die Waren bieten bloße Ersatzbefriedigung; es gilt also, sich die wahre Befriedigung zu verschaffen. Anders die Apokalyptiker. Für sie ist die Konsumwelt die sündhafte Fülle selbst; hier gilt es, zu den einfachen, natürlichen Werten zurückzukehren, also zu Fahrrad, Biogemüse und Jutetasche.

Thomas Assheuer/Hans Sarkowicz

Die Republikaner

Die 1983 gegründeten *Republikaner* waren zunächst ein rein bayerisches Phänomen. Enttäuschte *CSU*-Sympathisanten und -Funktionäre hatten sie als rechte Alternative zu der von Franz-Josef Strauß geführten Partei ins Leben gerufen. Aber je stärker sich die gesamte Union bemühte, als Volkspartei der Mitte für alle wählbar zu sein, desto mehr gewannen die *Republikaner* an Boden. Mit nationalistischen und ausländerfeindlichen Parolen konnten sie 1989 in das Berliner Abgeordnetenhaus und das Europaparlament einziehen. Erst der von Helmut Kohl forcierte Prozeß der

Wiedervereinigung entzog der Partei die politische Basis und ließ den Streit zwischen gemäßigteren und radikaleren Kräften mit solcher Heftigkeit ausbrechen, daß es schließlich zur Spaltung kam.

Die anhaltende Diskussion über die Asylpolitik, vor allem aber die ungelösten wirtschaftlichen und sozialen Probleme, die im Zuge der Wiedervereinigung entstanden sind, sichern den *Republikanern* trotzdem weiterhin einen Wählerstamm, der bis an die parlamentarische Repräsentanz heranreichen kann.

Die Gründung der *Republikaner* am 26. November 1983 in München war eindeutig gegen die *CSU* gerichtet. Das dokumentiert schon die Zusammensetzung des ersten Vorstandes. In ihm saßen drei Enttäuschte: die beiden ehemaligen *CSU*-Bundestagsabgeordneten Franz Handlos und Ekkehard Voigt, die aus Protest gegen den von Strauß eingefädelten Milliardenkredit an die DDR ihrer Partei den Rücken gekehrt hatten, und der frühere stellvertretende Chefredakteur des Bayerischen Rundfunks, Franz Schönhuber, der nach dem Erscheinen seiner apologetischen *Waffen-SS*-Erinnerungen mit dem Titel „Ich war dabei" von seinen *CSU*-Freunden fallengelassen worden war. Franz Handlos übernahm zwar den Parteivorsitz, aber in diesem Triumvirat dominierte Franz Schönhuber, der als einziger ein klares politisches Konzept hatte. Auf lange Sicht wollte er am rechten politischen Rand eine Partei etablieren, die in ihren Ansichten radikaler sein sollte als die *CSU*, sich aber trotzdem wirkungsvoll von *NPD* und *DVU* abgrenzen würde. Schönhuber hatte, vereinfacht ausgedrückt, alle die Wähler im Auge, denen die *CSU* zu links und die *NPD* zu rechts oder zu wirkungslos war. Mit dieser Taktik, die schließlich die Partei spalten sollte, hoffte Schönhuber, zuerst in Bayern und dann auf Bundesebene koalitionsfähig zu werden. Alle Entscheidungen, die er seit 1983 getroffen hat, sind unter diesem Gesichtspunkt gefällt worden. Um die *Republikaner* nicht als politisches Anhängsel der *CSU* oder als neue rechtsradikale Splittergruppe erscheinen zu lassen, mußte Schönhuber alles daransetzen, um die Kräfte in seiner Partei, die in die eine oder die andere Richtung operierten, von Anfang an auszuschalten.

Erste Opfer dieser Politik waren die beiden Mitgründer Handlos und Voigt. Im Mai 1985 verließ Handlos, der seine *CSU*-Positionen beibehalten hatte, die Partei und warf Schönhuber vor, er wolle die *Republikaner* zu einer Art „nationalen Front" machen. Handlos versuchte sich danach erfolglos mit einer *Freiheitlichen Volkspartei* und trat schließlich 1987 in die *FDP* ein.

Vor dem Siegburger Bundesparteitag im Juni 1985 verdrängte Schönhuber auch Ekkehard Voigt, der als Rechtsaußen des Triumvirats gegolten hatte und durch markige Forderungen nach Wiedereinführung der Todesstrafe oder durch verbale Entgleisungen über die Bonner Regierungskoalition bekannt geworden war. Auch Voigt suchte Unterschlupf bei der *FDP*, kehrte aber 1989 zu den *Republikanern* zurück und wurde wieder zu einem der schärfsten Konkurrenten Schönhubers. In Siegburg konnte sich Schönhuber mit überwältigender Mehrheit durchsetzen. Das „Siegburger Manifest" der Partei trägt schon deutlich seine Handschrift. Der betont rechtskonservative Kurs, für den Handlos gestanden hatte, wurde zugunsten einer stärkeren Radikalisierung aufgegeben. Auf der anderen Seite distanzierte sich der neue Vorsitzende bei jeder Gelegenheit von der *NDP* und von Gerhard Frey, der den Autor von „Ich war dabei" zunächst hofiert hatte. Frey wäre gern mit dem immer noch populären Schönhuber in die politische Arena gestiegen. So erwuchs den *Republikanern* mit Freys *DVU-Liste D* ein erbitterter Konkurrent, der im Bündnis mit der *NDP* zumindest einen Teil der Wähler, auf die Schönhuber zielte, für sich mobilisieren konnte.

Horst Johannes Tümmers

Provisorium Bonn

Der Bundestag hatte 1949 die damalige Pädagogische Akademie, am Rheinufer gelegen, zu seinem „provisorischen" Sitz gewählt. Das Gebäude war zwischen 1930 und 1933, also noch in der „Weimarer Zeit", von dem Regierungsbaumeister Witte errichtet worden. Die schlichte, sachliche Formensprache des Hauses war dem Bauhaus verpflichtet. Der Architekt Hans Schwippert (1899–1973), gleichfalls in der Bauhaustradition stehend, fügte den Akademiegebäuden einen quadratischen Plenarsaal, ein Restaurant und Büros hinzu. Auch bei diesen, in nur fünf Monaten ausgeführten Bauten war die Formensprache unaufdringlich und bescheiden, das Ganze aber angemessen und würdig. In diesem Gehäuse versuchte die junge Republik, nach der Großmannssucht des Dritten Reichs, nach Naziterror, Krieg und erbärmlicher Niederlage, einen neuen Anfang. Heute, nach mehr als vierzig Jahren, wird man sagen dürfen, daß dieser Anfang gelungen ist; die Bundesrepublik ist in die demokratische Völkergemeinschaft zurückgekehrt. Das weiße Haus des Bundestages wurde für die Geschichte des jungen Staates ein Denkmal allerersten Ranges.

Das Denkmal aber erhielt alsbald Anbauten und Einbauten; es mußte, bei bedrängender Enge, unterteilt werden. Tribünen für Diplomaten und Presseleute wurden in den Plenarsaal eingezogen – ausgerechnet vor die hohen, lichtspendenden Glaswände. Das beeinträchtigte sehr die Weite und Offenheit des Raumes. Das so im Laufe der Jahre entstandene Labyrinth von An- und Umbauten, „jenes wirr und billig aneinandergestückte Gehäuse", bezeichnete Adolf Arndt schon 1960 als „das Elendeste, was man sich nach 1945 leistete".

Die angestrebte, 1981 beschlossene „kleine Lösung" sollte diese Mißlichkeiten beseitigen. Den Auftrag erhielt das hochangesehene Büro Günter Behnisch und Partner. Die Vorgaben lauteten: Renovierung und vorsichtige Erneuerung des Bestehenden. Die Untersuchung des „Bestehenden“ aber hatte ein niederschmetterndes Ergebnis; Behnisch nannte die Bausubstanz des Plenarsaals katastrophal. Durch all die Umbauten stimmte die Statik nicht mehr. Decken, Böden, Stützen waren feuergefährdet, die elektrischen Leitungen überlastet. Es fehlten Fluchtwege. Baupolizei und Feuerwehr drohten, von Rechts wegen müßten Plenarsaal und Anbauten geschlossen werden. Da war sie denn, die drohende Frage: Sanierung oder Abriß und Neubau?

Das „Hohe Haus“ war plötzlich keines mehr, sondern eine „Bruchbude“. Die Tatsache seiner Baufälligkeit verlangte Abriß und Neubau. Kein Stein würde auf dem anderen bleiben. Dagegen erhoben sich lautstarke Bedenken: Erst jüngst war das bauliche Ensemble des Bundeshauses in die Liste der schutzwürdigen Denkmäler des Landes Nordrhein-Westfalen eingetragen worden – mit Fug und Recht. Aber die Chance, aus jahrzehntelanger Enge, aus Provisorien ausbrechen zu können, schuf Begehrlichkeit. Alles brauchte nun mehr Platz. Alles sollte größer und schöner werden. Unstrittig waren alsbald: der Plenarsaal mit einem Eingangsbauwerk, der Präsidialbau, das Restaurant. Aus einem schlichten Umbau im Kernbereich des Parlaments wurde auf diese Weise ein Kahlschlag von der Görresstraße bis zum Rhein, aus der Rettung die Zerstörung.

Die Denkmalschützer richteten nichts mehr aus. Ein maßstabgetreuer Wiederaufbau wäre auf eine billige Replik hinausgelaufen: Da stülpt sich einem Denkmalpfleger der Magen um. Der Bundestag benutzte das Schlupfloch, das die nordrhein-westfälischen Denkmalschutzgesetze für den Fall lassen, „... wenn öffentliche Interessen überwiegen“. Der Bundestag reklamierte diese unabweisbaren „öffentlichen Interessen“, die in der Erhaltung und Verbesserung der Funktionsfähigkeit des Parlaments beständen.

Der Bundestag zog im September 1986 in das als Provisorium gedachte „alte Wasserwerk". Um guten Willen zu zeigen, sollte wenigstens die vom Fernsehen her bekannte Stirnwand des Plenarsaals mit dem Bundesadler nicht angetastet werden. 1949 hatte der Bildhauer Ludwig Gies den Bundesadler gestaltet – nicht ohne Grund gerade Ludwig Gies: Er wurde von den Nationalsozialisten verfolgt; er war ein „entarteter Künstler". Auch die Geste, der Auftrag an Ludwig Gies, hatte den Charakter eines Bekenntnisses. Nicht daß der Adler allen gefiel. Manchen war der Bundesvogel zu dick geraten; eine „fette Henne" nannten sie ihn. Selbst guter Wille mußte ihm völlige Fluguntauglichkeit bescheinigen. Schon gar nicht war er ein Preußenaar, asketisch und aggressiv, auch kein Senkrechtstarter, wie die vielen Wohlstandsbürger des deutschen Wirtschaftswunders. Ludwig Gies hatte ihn in Bronze gießen lassen wollen, aber es hatte damals nur zu Gips und Draht gereicht – auch das machte das bundesdeutsche Wappentier vielen ungeheuer sympathisch. Nun aber, bei all dem Einreißen ringsum, war auch er im Weg. In 25 Teile zersägt landete er in irgendeinem Fundus. Nicht einmal für das Provisorium im Wasserwerk taugte er; dort wurde eine kleinere Version benötigt. Dennoch stimme ich Benedikt Erenz zu, der in der „Zeit" den Vogel der Nation „erstaunlich inoffiziell, unerhört zivil, irgendwie praktisch und sehr selbstbewußt" fand. Jawohl, Benedikt Erenz: „So ein Staatstier brauchen wir, so ein kleines dickes. So eine Kreuzung aus Habicht und Truthahn – Ludwig Gies sei Dank. Und wenn der neue Plenarsaal fertig ist, muß auch er wieder rein: Unser Adler. In Bronze."

Mit knapper Mehrheit war 1987 die kreisförmige Anordnung der Sitze beschlossen worden. Die Parlamentsreformer und der Architekt atmeten auf. Unversehens aber rundete das Rund der Sitzordnung auch die Probleme der Reformer: Im innersten Zirkel der Staatsmacht wird es eng, außen können sich die Hinterbänkler zum Schlafen ausstrecken. Einer der wichtigsten Bedenkenträger war der Bundesrat, dessen Bänke traditionell zur Linken des Bundestagspräsidenten angeordnet sind. Die Ministerpräsidenten entdeckten, daß nicht genügend Platz für sie alle (damals zwölf) in der ersten Reihe wäre, einige müßten in die zweite Reihe. Offensichtlich „eine grauenhafte Vorstellung für die Länderfürsten". Wohl auch für die Regierungsbank auf der anderen Seite des Präsidenten. Und erst die Abgeordneten. Einer entsann sich des alten Vorschlags des Abgeordneten Jakob Mierscheid (einer gern zitierten Phantasiefigur): „Alle Abgeordneten sind gleich; also müssen alle in der ersten Reihe sitzen."

In Bonn brachen 1988 Planungswut und Baufieber aus. Das Regierungsviertel wurde Großbaustelle.

Von der ursprünglich dekretierten Bescheidenheit konnte keine Rede mehr sein. Bonn sah das Ende eines vierzigjährigen Provisoriums heraufziehen und war frohgemut ins Planen geraten, in eine Abriß- und Neubaueuphorie. Jetzt kam es nicht mehr darauf an.

Die Pläne bezogen nun auch das Hotel auf dem Petersberg ein. Die flache basaltische Kuppe des Petersbergs tritt beherrschend aus dem Siebengebirge zum Rheinufer hin vor. Mit dem benachbarten, schroffen Trachyt-Gestein des Drachenfels markiert der Petersberg das Landschaftsbild am Austritt des Stromes in die niederrheinische Bucht. 1912–1914 wurde auf der Kuppe das Hotel Petersberg von Ferdinand Mülhens aus der 4711-Dynastie erbaut (Architekt Müller-Erkelenz). Es muß in den zwanziger Jahren glänzend gegangen sein. Die Hotelchronik berichtet von 8000 Kännchen Kaffee, die oft an einem einzigen Tag auf den berühmten „Rheinterrassen" an Ausflügler ausgeschenkt worden seien. 1938 wohnte der englische Premier Chamberlain in der berühmten Suite 109, um sich von seinen (am Ende vergeblichen) Friedensbemühungen auszuruhen. Nach dem Zweiten Weltkrieg residierten dort oben die alliierten Hochkommissare. Hier trat 1949 das „Petersberger Abkommen" in Kraft, das die Souveränität der deutschen Nachkriegsrepublik einleiten sollte. Im Marmorsaal lag jener rote Teppich, auf dem die drei Hochkommissare standen und auf den, protokollwidrig, gleichfalls der Bundeskanzler Adenauer trat, um zu demonstrieren, daß er fortan Gleicher unter Gleichen sein wolle. Nach dem Auszug der Hochkommissare 1952 bezogen die Bonner Staatsgäste auf dem Petersberg Quartier, unter ihnen Königin Elisabeth II. von Großbritannien, der Schah von Persien, König Hassan von Marokko, der sowjetische KP-Chef Leonid Breschnew und viele andere Prominente. Der Petersberg, beliebt bei Gästen und Einheimischen wie eh und je, war auf dem Weg, eine historische Stätte zu werden. Das Land Nordrhein-Westfalen stellte ihn unter Denkmalschutz. Aber der Bundesrepublik, zum Wohlstand und Ansehen gekommen, mangelte es an einem Gästehaus. 1978 wurde man handelseinig: Für 17,36 Millionen Mark wechselten Hotel und Grundstück den Besitzer.

Im Frühjahr 1986 trauten die Bonner ihren Augen nicht: Stück für Stück verschwand auf der Kuppe des Petersbergs die langvertraute Silhouette des Hotels. Nur ein kläglicher Rest, der Südflügel, ein Drittel der alten Substanz, blieb stehen. Zur gleichen Zeit stand der Abriß des Plenarsaals des Bundestages zur Diskussion. Auf dem Berg droben und im Tal drunten demonstrierte der Staat, was er als Bauherr unter Denkmalpflege versteht.

Im Dezember 1987 war Richtfest des Neubaus; im Sommer 1990 wurde das Gästehaus der Bundesrepublik auf dem Petersberg seiner Bestimmung übergeben. In der Presse kamen der Neubau und seine Einrichtung nicht gut weg: Das Mittelmaß regiere; die Innenarchitektur mit ihrem Marmor-Hochglanz, blankem Messing, dem Schleiflack und der Ton in Ton abgestimmten milden Farbigkeit erhebe die Stillosigkeit zum Stilprinzip, der Kompromiß regiere. Haushaltsausschuß des Bundestages und Bundesrechnungshof stellten Unregelmäßigkeiten fest. Als diese bekannt wurden, erstattete der Bund der Steuerzahler Anzeige wegen der Kostenüberschreitungen, die Staatsanwaltschaft ermittelte. Den Verantwortlichen wurde Täuschung des Parlaments vorgeworfen. Das Bonner Bautheater hatte beträchtlichen Unterhaltungswert.

Die Ereignisse des Jahres 1989, die Vereinigung der beiden deutschen Teilstaaten, veränderte die Bonner „Sachstände" grundlegend. Begonnene Neubauten sollten vollendet, laufende Planungen abgeschlossen werden. Darüber hinausgehende Ausbaupläne wurden gedrosselt. Der Umzug nach Berlin beherrschte nun die Diskussionen.

Am 30. Oktober 1992 ist der neue Plenarsaal eingeweiht worden. Er erhielt fast einhelliges Lob. Bis sich herausstellte, daß die Akustik nicht stimmte und obendrein Teile der Deckenverkleidung den Abgeordneten auf den Kopf zu fallen drohten. Der Bundestag zog (bis September 1993) wieder ins Wasserwerk um. Das fiel nun nicht mehr ins Gewicht. Das Interesse richtete sich auf den Umbau des Berliner Reichstags.

Bonn verliert nicht zum ersten Mal seine Hauptstadtwürde. 1794 war Kurfürst Max Franz vor den Franzosen über den Rhein retiriert. Ahnungsvoll hatten die Vedutenzeichner Janscha und Ziegler, damals noch vom Fürsten selbst beschäftigt, zu ihrer Ansicht von Bonn geschrieben: „Ohne den Wohnsitz des Hofes würde diese Stadt eine traurige Figur machen [. . .]."

III. Spieler oder Spielfiguren? Die beiden deutschen Staaten auf dem Schachbrett des Kalten Krieges

Jörg Fisch

Ost-West-Konflikt und Marshallplan

Seit 1946 verschärfte sich der Ost-West-Konflikt. Mehr und mehr erschien nun nicht mehr das besiegte und zerstörte Deutschland als Hauptfeind, sondern die Sowjetunion. Das brachte Deutschland fast automatisch in die Position eines potentiellen Verbündeten, ganz besonders, nachdem sich immer mehr die Entwicklung zu einem westlichen Teilstaat unter ausschließlicher Kontrolle durch die westlichen Besatzungsmächte abzeichnete. Hatte man sich einmal für eine solche Lösung entschieden, dann war Westdeutschland nicht mehr niederzuhalten und zu schwächen, sondern zu schonen, ja sogar in größtmöglichem Maße zu stärken. Es war folglich gleich wie die andern europäischen Staaten, wie die Siegerstaaten zu behandeln. Und dann war selbstverständlich jede Form von Reparationen ein Übel, da sie den Wiederaufbau verzögerten. All dies war im Sinne einfacher politischer und wirtschaftlicher Logik unbestreitbar. Aber es war psychologisch gesehen so kurze Zeit nach dem Ende des Krieges problematisch, indem es den Siegern bzw. den Opfern der Deutschen eine fast vollständige Umkehr in der Denkhaltung abverlangte.

Am schnellsten und reibungslosesten vollzog die US-Politik diese Wende. Einerseits hatten die USA im Kriege nicht in gleichem Maße unter den Deutschen gelitten wie die Europäer; andererseits waren für sie als westliche Führungsmacht globale Gesichtspunkte am wichtigsten.

Hauptprofiteur der neuen Konzeption war natürlich Deutschland. Nachdem vorher aus Gründen der Schwächung zumindest Reparationen aus laufender Produktion ausgeschlossen gewesen waren, erschienen jetzt aus Gründen der Schonung und Stärkung jegliche Reparationen unerwünscht. Die Frage war, wie sich dies den Europäern beibringen lassen würde. Die wichtigste Antwort darauf war der Marshallplan. Eines seiner Hauptziele lag darin, den europäischen Staaten in Form amerikanischer Zuschüsse und Kredite einen Ersatz für die entgangenen deutschen Reparationslieferungen zu bieten, um so den Verzicht zumindest in materieller Hinsicht erträglich zu gestalten. Bei den Briten und vor allem den Amerikanern stand dabei neben dem politischen, auf die Ost-West-Konfrontation bezogenen durchaus auch noch ein wirtschaftliches Motiv. Man konnte die eigene Besatzungszone in Deutschland, besonders die britische mit ihrem großen industriellen Potential, schlecht auf die Dauer aus Zuschußunternehmen betreiben, nur um die deutsche Konkurrenz auf dem Weltmarkt auszuschalten. Ein rascher Wiederaufbau, der zu einer exportstarken westdeutschen Wirtschaft führte, würde es schließlich ermöglichen, daß die Hilfe nicht nur eingestellt, sondern die Kredite auch zurückgezahlt werden könnten. Der Wiederaufbau Europas und der Deutschlands rückten in dieser Konzeption in immer engere gegenseitige Abhängigkeit.

Jost Dülffer

Kalter Krieg und deutsche Außenpolitik

Die Grunddiagnose während des Krieges lautete in der Formulierung von Thomas Mann in dessen Rundfunkrede noch aus dem Exil vom 16. Januar 1945. „Europa liegt in Trümmern und mit ihm Deutschland. Die Zerstörungen, die der Nationalsozialismus angerichtet, die physischen und die moralischen, sind ohne Beispiel. Was er an Blut und Gut gekostet durch seine Raub- und Mordwut, seine teuflische Entvölkerungspolitik, ist unermeßlich; grauenvoller fast noch das seelische Unheil, das er mit seinem Terror gestiftet, die Schändung und Verderbnis, die menschliche Erniedrigung und Zerrüttung durch den Zwang zur Lüge und zum Doppeldasein, die Gewissensnötigung. Er hat, nach tausend Schandtaten in Deutschland selbst, den Krieg entfesselt, den er in sich trug, mit dem er gleichbedeutend war vom ersten Tage an." Diese Einsicht in die deutsche Verantwortlichkeit, aus der Konsequenzen gezogen werden mußten, setzte sich auch in der Nachkriegszeit fast unisono durch. Quantifizierende Angaben über die Europapublizistik der Westdeutschen (um die es im folgenden bei aller Problematik einer frühzeitigen Reduktion auf diesen Teil der Deutschen allein geht) liegen nicht vor. Ich möchte zwei Phasen unterscheiden: eine erste bis etwa 1947 und eine zweite bis etwa 1955/57, als sich eine bestimmte Form von Europa und die Souveränität zweier deutscher Staaten gebildet hatten.

In der Zeit seit dem Mai 1945 erhielt der Europagedanke von vornherein zwei entscheidende zusätzliche Konnotationen zur Kriegszeit. Zum einen ist die Beziehung auf den „Zusammenbruch" entscheidend, die akute, oft jetzt erstmals erfahrene Situation von Not, in der mit nationalen Mitteln allein kein Ausweg gesehen wurde. Die Aktualität der Kriegsfolgen steht also auch hier vor der Rückbesinnung; man dachte mehr über den *Verlust* des Krieges als über den Krieg *selbst* nach. Zum anderen gehört zu den neuen Erfahrungen seit der Kapitulation, daß es zunächst keine deutsche Autorität, eben auch keinen Nationalstaat gab, von dem etwas zu erwarten gewesen wäre, sondern allein von den Alliierten, deren Autorität in der Kooperationsform Europa auch die deutschen Einwirkungsmöglichkeiten in Zukunft wieder aktuell machen konnte.

„Außenpolitik wird Deutschland vorerst nur in beschränktem Umfang treiben können. Sein Ziel muß es sein, an der friedlichen Zusammenarbeit der Völker in der Vereinigung der Nationen gleichberechtigt teilzunehmen" – nicht zuletzt um die auferlegten Kosten zu reduzieren. Das war Konrad Adenauers Ansicht am 24. März 1946. Der Meinungstrend ging also zu supranationalen Lösungen und zur Abschaffung oder Verminderung der staatlichen Souveränität; aber für einen im einzelnen nur schwer zu bestimmenden Teil der deutschen Europabewegung läßt sich auch von vornherein sagen: Die europäische Formel war oft eine dünne Verhüllung für nationalistische Ziele – wenn man etwa im Rahmen des Deutschen Büros für Friedensfragen 1948 ganz offen erörterte, daß man über „Europa“ schneller zur deutschen Souveränität gelangen könne. [. . .]

Anders argumentierte Kurt Schumacher. Auch er hatte über den Krieg selbst zunächst nicht viel zu sagen: „Der totale Staat hat den totalen Krieg und der totale Krieg die totale Niederlage gebracht.“ Nach der Schuld fragend betonte er die Rolle des Bürgertums, des Kapitalismus und des Militarismus. Es gab für künftige Politik also einen Primat der innergesellschaftlichen Umgestaltung zwecks Friedenssicherung in der Zukunft. Schumacher setzte allerdings hinzu: „Die deutsche Katastrophe kann nicht mit deutschen Mitteln behoben werden. Aber wenn die Welt ihr Ziel einer grundlegenden und dauernden Veränderung Deutschlands erreichen will, kann sie auf deutsche Mitarbeit nicht verzichten“ – und das hieß bald ein Bekenntnis zu Europa. „Ein neues Deutschland würde seine *höchste Aufgabe* darin sehen, Bestandteil zu sein der Vereinigten Staaten von Europa“, verkündete Schumacher im Mai 1946 auf dem Parteitag in Hannover.

Michael Salewski

Eine verpaßte Gelegenheit? Die Stalinnoten

Die berühmten „Stalinnoten“ von 1952 gehörten zumindest bis 1990 zu den heikelsten Problemen des deutschen nationalen Selbstverständnisses. Nur die Tatsache, daß die Wiedervereinigung von 1990 sie endgültig zur Historie hat werden lassen, konnte zu einer gelasseneren Beurteilung führen, dennoch bleibt die Frage legitim, ob die deutsche Politik damals nicht eine Sternstunde verpaßt und damit 17 bis 18 Millionen Menschen einer fast vierzigjährigen Fron in der Diktatur ausgeliefert hat. Das Argument: Ende gut, alles gut, kann von hier aus gesehen nur zynisch wirken.

Man weiß immer noch nicht, ob der alternde und kränkelnde Stalin die März-Angebote ernst oder bloß taktisch gemeint hat. Einiges spricht für letzteres, mehr für ersteres. Zum einen entwickelte sich die DDR keineswegs so, wie sich Stalin das vorgestellt hatte. Die Kollektivierung der Landwirtschaft lief nicht wie gewünscht, die Industrieproduktion stagnierte, sank gar, die Unzufriedenheit in der Bevölkerung wuchs, die Führungskader um Pieck, Grotewohl, vor allem Ulbricht zeigten sich starr, oft hilflos, kurzum, „seine" Zone macht „ihm" keine rechte Freude.

Ob er sie deswegen schon zu opfern bereit gewesen wäre, mag dahingestellt bleiben, entscheidend war etwas anderes: Stalin gehörte jener Generation sowjetischer Funktionäre an, die vom Trauma der alliierten Intervention von 1918 und von dem des deutschen Überfalls von 1941 tief geprägt war. Deutschland galt seit Lenins Zeiten als das Herzstück von Europa. Wenn dessen größter und wirtschaftlich sowohl militärisch potentester Teil endgültig im Lager des Klassenfeindes landete, so verschob sich die Machtbalance entscheidend zugunsten des Westens, der Kalte Krieg drohte verlorenzugehen, vielleicht blieb nur noch der heiße Atomkrieg übrig. Die Zündung der ersten amerikanischen Wasserstoffbombe, der überraschend schnell eine russische folgte, eine immer hektischere Atombombentesterei mit immer größeren, bald beängstigend wirkenden Megatonnenexplosionen in der Atmosphäre kontrapunktierten den Kalten Krieg auf unheilvolle, menetekelartige Weise. Lag es nicht im Interesse der Sowjetunion, sich die Neutralität Deutschlands durch die Freigabe der Zone zu erkaufen? Wenn das neue deutsche Reich erst einmal alleine stand, keine Verbündeten mehr besaß, die Amerikaner frustriert dem Kontinent den Rücken gewandt hätten – dann würde man sehen.

Dann würde Deutschland kommunistisch, und sollte es den Schalmeienklängen aus Moskau und Ostberlin folgen, wäre alles verloren: So schlicht war Adenauers Argumentation, mit der er gegen den Widerstand selbst aus den eigenen Reihen auch nur die „Auslotung" der Stalinischen Angebote vehement ablehnte. Er hat dies zu einer Frage von Sein oder Nichtsein gemacht. Er hat sein Prestige, sein Renommee, seine ganze Autorität voll in die Waagschale geworfen; indem er sich durchsetzte, legte er die Richtlinien der deutschen Außen- und Sicherheitspolitik für die nächsten 38 Jahre fest.

Die Sirenenklänge aus Moskau beschleunigten die Vertragsverhandlungen, anstatt sie zu verzögern, schon im Mai wurden der Generalvertrag und die EVG unterzeichnet, obwohl vieles noch unklar war. Aber Adenauer kam es auf hohes Tempo an, nachbessern würde man immer noch können. Die Einbeziehung der Bundesrepublik in die Gemeinschaft des Westens stand nun außer Frage, die Zustimmung der Bevölkerung zu Adenauers außenpolitischem Kurs wuchs, schon rechnete sich die CDU die schönsten Siegeschancen für die Bundestagswahlen vom September 1953 aus. Tatsächlich kam der wirtschaftliche Aufschwung nach dem Ende des Koreakrieges nun erst richtig in Gang.

Hagen Schulze

„Europa muß geschaffen werden"

Die Gefahr eines neuen Weltkriegs, eines Angriffs der Truppen des Warschauer Pakts auf Westeuropa, wurde zwar durch das zwischen Ost und West herrschende nukleare Patt verringert, aber sie hatte seit dem Ausbruch des

Korea-Kriegs 1950 beträchtliche Nahrung erhalten, so daß nicht nur die Bereitschaft der Westeuropäer zum militärischen Zusammenschluß wuchs, sondern auch die Erkenntnis, daß die ökonomischen, militärischen und politischen Verflechtungen eine Abwendung von isolierter, nationalstaatlicher Politik erforderten. [...] Die Gründung des „Gemeinsamen Markts für Kohle und Stahl" 1951, auch „Montanunion" genannt, durch die die Produktion von Kohle und Stahl in Frankreich, Deutschland, den Niederlanden, Belgien und Luxemburg einer gemeinsamen Behörde unterstellt wurde, war der erste Schritt zu einer wirtschaftlichen Verflechtung Europas, an deren vorläufigem Ende die heutige „Europäische Union" mit ihrem mächtigen Überbau von Kommissionen, Räten, Generaldirektorien und Bürokraten steht. Dem heutigen Betrachter ist die Welt der Gründerzeit bereits weit entschwunden; das hoffnungsvolle Pathos, das die ersten Schritte der europäischen Einigung begleitete, scheint kaum weniger erstaunlich als die selbstverständliche Bereitschaft aller Beteiligten, zu diesem Ziel auf nationale Eigenständigkeit zu verzichten.

War unter diesen Umständen der Nationalstaat nicht obsolet geworden? In den 40er und namentlich den 50er Jahren gab es starke Kräfte in der europäischen Öffentlichkeit, die darauf hinwirkten. [...]

Namentlich auf deutscher Seite wucherten die Illusionen. Der Traum vom deutschen Nationalstaat hatte im 19. Jahrhundert eine große Verheißung für die Zukunft der deutschen Nation enthalten; die Wirklichkeit war von Niederlagen, Zusammenbrüchen und Verbrechen verdunkelt. Die nationalen Hoffnungen vom Reich aller Deutschen waren im Alptraum des „Großdeutschen Reichs" Adolf Hitlers Wirklichkeit geworden; der Weg zur Einheit des deutschen Volks hatte in Unterdrückung, Verfolgung und Ermordung der Außenseiter und Minderheiten gemündet; das Außerordentliche, Niedagewesene, das im Namen der deutschen Nation geschah, waren die Verbrechen von Auschwitz und

Treblinka, und die Folge war die Zerschlagung des deutschen Nationalstaats.

Der Schweizer Historiker Jacob Burckhardt hatte einst den „siegesdeutschen Anstrich“ der deutschen Geschichtsschreibung ironisiert; mit der Auflösung dieses Anstrichs fiel die deutsche Identität auseinander. Die Wendung nach Europa war also auch für viele Deutsche ein Versuch, der eigenen nationalen Vergangenheit zu entkommen; das „Ende des Nationalstaats“ zu beschwören, hatte etwas von der Geschichte vom Fuchs und den sauren Trauben. Der Stolz auf die eigene Nationalität, Triebkraft des Massennationalismus früherer Zeiten, hat sich jedoch im Laufe der zweiten Jahrhunderthälfte nicht nur in Deutschland, sondern in ganz Westeuropa abgeflacht, wenn auch von Land zu Land in kennzeichnend unterschiedlichem Ausmaß. [. . .]

Jenseits der nationalen Kulturen und Besonderheiten, die jeder europäischen Nationalgeschichte einen „Sonderweg“ zuweisen, sind sich die Gesellschaften West- und Mitteuropas im Laufe der zweiten Hälfte des 20. Jahrhunderts immer ähnlicher geworden.

Ingeborg Bachmann

„Das Unerhörte ist alltäglich geworden“

Alle Tage

Der Krieg wird nicht mehr erklärt,
sondern fortgesetzt. Das Unerhörte
ist alltäglich geworden. Der Held
bleibt den Kämpfen fern. Der Schwache
ist in die Feuerzonen gerückt.
Die Uniform des Tages ist die Geduld,
die Auszeichnung der armselige Stern
der Hoffnung über dem Herzen.

Er wird verliehen,
wenn nichts mehr geschieht,
wenn das Trommelfeuer verstummt,
wenn der Feind unsichtbar geworden ist
und der Schatten ewiger Rüstung
den Himmel bedeckt.

Er wird verliehen
für die Flucht von den Fahnen,
für die Tapferkeit vor dem Freund,
für den Verrat unwürdiger Geheimnisse
und die Nichtachtung
jeglichen Befehls.

Reiner Pommerin

Die Berlin-Krise

Im Mai des Jahres 1961 versicherten die Mitglieder des Ministerrats der NATO in Oslo, „die Freiheit West-Berlins und seiner Bevölkerung zu wahren". Dies stellte bereits eine terminologische Neuerung dar; denn an den Platz des bisher in den NATO-Kommuniqués benutzten Wortes „Berlin" trat jetzt lediglich „West-Berlin". Die Rechte der Drei Mächte in Berlin sollten geschützt werden: Die Bewegungsfreiheit der Berliner stand jedoch offensichtlich bereits zur Disposition. Kennedy ließ in zahlreichen Verlautbarungen keinen Zweifel daran, daß er sich durchaus mit einer Teilung der Stadt Berlin im gesamten Stadtgebiet abfinden würde. Vor allem seine Rundfunkrede vom 25. Juli mit den „*three essentials*" der amerikanischen Berlin-Politik unterstrich seine Auffassung, es liege sowohl im Interesse der USA als auch der Sowjetunion sowie des allgemeinen Friedens, den Flüchtlingsstrom aus der DDR durch eine Absperrung zwischen Ost- und

West-Berlin zu stoppen. Der Vorsitzende des Senatsausschusses für Auswärtige Angelegenheiten, Senator William J. Fulbright, äußerte sich ähnlich, als er ausführte, er verstehe nicht, warum die Ostdeutschen nicht ihre Grenze zur Eindämmung der Fluchtbewegung schlössen, denn nach seiner Ansicht habe die DDR ein Recht, ihre Grenzen zu schließen. Diese Äußerung nutzte Ulbricht, um Chruschtschow zu verdeutlichen, daß der Westen eine Sperrung der Grenzen nicht behindern würde. Zu dieser Zeit kursierte in der Umgebung Chruschtschows bereits der Witz, bald werde niemand mehr in der DDR sein als Ulbricht und seine Geliebte. [. . .]

Als Verteidigungsminister Franz Josef Strauß im Juli 1961 die USA besuchte, wurde die Berlin-Krise in Bonn als eine bevorstehende Machtprobe, ein sowjetischer Test der neuen amerikanischen Administration interpretiert. Es galt als sicher, daß eine lange Periode der Spannungen und Verhandlungen bis hart an den Rand eines Krieges folgen würde. Bei einem Treffen mit seinem amerikanischen Kollegen Robert McNamara kritisierte der deutsche Verteidigungsminister die Diskrepanz zwischen amerikanischen „Phrasen und Taten" und insistierte auf der Erstellung eines konkreten und realistischen Aktionsplans für Berlin. [. . .]

Doch schon sehr bald wurde deutlich, daß die zurückhaltenden Reaktionen des Westens auf den Mauerbau in der Bundesrepublik zu starken Irritationen und einer kritischen Entwicklung der Stimmung führten. Heinrich Krone, Bundesminister für besondere Aufgaben und ständiger Vertreter von Bundeskanzler Adenauer im Bundesverteidigungsrat, hielt damals in seinem Tagebuch fest: „Es wird immer deutlicher, daß die Amerikaner nichts tun werden. Zone [DDR] und auch Ost-Berlin sind für sie kein Anlaß zum Eingreifen. In der Berliner Bevölkerung herrscht Wut und Verbitterung gegen den Westen, der nichts tut. Berlin fühlt sich verlassen." An diesem Tag erreichten die Anstrengungen der DDR, eine weitere Integration Ost-Berlins in das staatliche Gefüge der DDR herbeizuführen, die Präsenz der Bundesrepublik in West-Berlin einzudämmen und die Anwesenheit der Drei Mächte in Berlin in Frage zu stellen, eine neue Dimension, welche in der „alltäglichen Tötung“ von Menschen an der innerdeutschen Grenze kulminieren sollte. Für den Regierenden Bürgermeister von Berlin, Willy Brandt, war der 13. August „ein Tag des Entsetzens“, das Verhalten der Amerikaner „ein Schock“; man habe vor der Bühne der ständigen amerikanischen Erklärungen zu Berlin den Vorhang weggezogen, dahinter sei eine leere Bühne zum Vorschein gekommen. Ein Briefwechsel mit Kennedy verfehlte seinen Zweck völlig. Daß es Ulbricht möglich war, der bis dahin unumstrittenen Führungsmacht des Westens, den USA, gleichsam einen Tritt vor das Schienbein zu versetzen, und diese darauf nur mit einem kurzen Verziehen des Gesichts reagierten, wurde zum Ausgangspunkt für die später von Brandt entwickelte „neue Ostpolitik“.

Peter Brandt

Wandel durch Annäherung: Die Bonner Ostpolitik

Das Ziel des – somit auch gesellschaftspolitisch akzentuierten – Entspannungsprozesses sah Brandt in einer „europäischen Friedensordnung“, deren Vorstufe und Bestandteil ein „europäisches Sicherheitssystem“ bilden müsse. Die europäische Friedensordnung sollte nicht den Status quo zementieren, sondern vielmehr die Teilung Europas in militärisch-politische Blöcke überwinden und eine gleichberechtigte Zusammenarbeit zwischen den Staaten beinhalten. Als Grundelemente wurden benannt:

- Respektierung der unterschiedlichen politischen, sozialen und wirtschaftlichen Systeme und des Rechts aller Staaten, souverän darüber zu entscheiden;

- Verzicht auf Gewalt und Einmischung in die inneren Angelegenheiten anderer Staaten;
- Orientierung der zwischenstaatlichen Beziehungen an der UNO-Charta;
- Erweiterung der Freizügigkeit und des freien Austauschs von Informationen;
- Sicherung der Freiheit der westlichen Demokratien;
- wirksames und verläßliches System europäischer Sicherheit unter Teilnahme der beiden Weltmächte bei anfänglicher Beibehaltung der Bündnisse, aber mit blocküberwindender Tendenz;
- Lösung der Deutschen Frage.

„Friedenspolitik im nationalen Interesse" nannte die SPD die auf dieses Ziel ausgerichtete Politik, von der „europäischen Aufgabe des deutschen Volkes, die Teilung Europas und Deutschlands zu überwinden", sprach Willy Brandt. Unabdingbar auf dem Weg zur Friedensordnung seien die Normalisierung der Beziehungen der Bundesrepublik zu ihren Nachbarn im Osten und „Bemühungen um wirksame Maßnahmen der Rüstungskontrolle und Abrüstung, vor allem um eine gleichgewichtige, gleichzeitige und kontrollierte Reduzierung der Truppenstärken in West- und Osteuropa".

Seit Ende 1966 begann sich bei manchen Sicherheitspolitikern der SPD in diesem Zusammenhang auch eine alternative Militärkonzeption abzuzeichnen, die auf die Entnuklearisierung der Verteidigung Westdeutschlands und eine stärker defensive Ausrichtung (Vorrang konventioneller Abwehrwaffen), auf Verringerung der Präsenzstärke, auf Freiwilligenheer und Milizverbände zielte. Es war eine Phase, in der der Krieg der USA in Südostasien und die unabhängige Außenpolitik Frankreichs, die ihrerseits Eigenständigkeitsbestrebungen kleinerer, auch osteuropäischer Länder stimulierte, eine einfache Verlängerung des NATO-Vertrags, die für 1969 anstand, fraglich erscheinen ließen. Der Einmarsch der Sowjetunion und ihrer Verbündeten in die Tschechoslowakei am 21. August 1968 stoppte jäh diese Debatte und die gegenüber den vorangegangenen Jahren wieder verstärkte Infragestellung der militärischen Paktsysteme durch Teile der Sozialdemokratie. Die CSSR-Invasion, die die Partei auch wegen der in den Reformkurs der KPC gesetzten Hoffnungen schockierte, änderte für die SPD zwar nichts an der Notwendigkeit der Entspannungspolitik, die jetzt vielmehr noch dringlicher erschien, verstärkte aber erneut die Fixierung auf das militärische Gleichgewicht und die Einheit des NATO-Bündnisses als Voraussetzung einer erfolgreichen Entspannungspolitik gegen Osten. Das bedeutete innerparteilich, daß die im Vergleich mit Brandt/Bahr hinsichtlich der Ziele und Mittel der Entspannungspolitik vorsichtigere und eindeutiger NATO-konforme Position Helmut Schmidts gefestigt wurde, der nach dem Tod Erlers 1967 der wichtigste Sicherheitspolitiker der SPD war und als Fraktionsvorsitzender (1967–69) bzw. Verteidigungsminister (1969–72) und stellvertretender Vorsitzender auch in dieser Phase zur engsten Führungscrew gehörte.

Egon Bahr ging bei seinen Planungen ab 1967 davon aus, daß mit dem Freundschaftsvertrag zwischen der UdSSR und der DDR von 1964 (anstelle des früher angedrohten separaten Friedensvertrags) eine direkt auf Wiedervereinigung gerichtete Politik nicht mehr möglich gewesen sei. Dazu kam in den Jahren 1967/68 die Einführung einer eigenen DDR-Staatsbürgerschaft und der Visumspflicht für Transitreisende.

In einer nicht veröffentlichten Denkschrift hatte Bahr 1965 seine Motivation auf den Punkt gebracht: „Die geschichtliche Wiedergutmachung der deutschen Vergangenheit kann nur erfolgen, wenn Deutschland sich selbst verwirklicht. Dieser Aufgabe kann man nicht ungestraft ausweichen. [. . .] Sie bedeutet nur äußerlich die Wiederherstellung eines deutschen Nationalstaats. In Wirklichkeit ist diese Aufgabe gleichbedeutend damit, die Mitte Europas gesunden zu lassen und damit dem Kontinent Frieden zu garantieren." Der Zusammenhang von Deutscher Frage und europäischem Frieden wurde von Bahr also nach wie vor so bestimmt, wie es die SPD seit der frühen Nachkriegszeit getan hatte. Alles, was Egon Bahr in den folgenden Jahren dachte, war auf die deutsche Einheit gerichtet, alle Planspiele beschrieben Umwege, die durch die Umstände unvermeidlich schienen. Das Ziel, die Teilung Deutschlands zu überwinden, unterschied ihn nicht von seinem Freund und Förderer Willy Brandt, wohl aber die klassisch nationalstaatliche Auffassung dieser Aufgabe, die logischerweise mit großer Skepsis gegenüber der westeuropäischen Integration, sowohl hinsichtlich ihrer tatsächlichen Bedeutung als auch hinsichtlich ihrer Wünschbarkeit, Hand in Hand ging.

In seinen Überlegungen begriff Egon Bahr die Deutsche Frage im Kern als ein europäisches Sicherheitsproblem und unterschied 1968 drei Modelle: A. Entspannungsgesten und Kriegsverhütung zwischen intakten Militärbündnissen; B. Sicherheitssystem auf der Basis fortbestehender, aber verklammerter Bündnisse einschließlich der deutschen Teilung; C. gesamteuropäisches Sicherheitssystem anstelle der Bündnisse. Bahr favorisierte das Modell C, bei dessen Verwirklichung in beiden Teilen Deutschlands zwangsläufig „starke Kräfte wirksam" werden würden, „die auf eine Annäherung zielen". In einem solchen Fall sei sogar eine völkerrechtliche Anerkennung der DDR vertretbar, weil sie die deutsche Einigung nicht verhindern würde. Eine Analyse der Interessen ergab allerdings, daß eine Verwirklichung dieses Modells vermutlich an den Großmächten und den Nachbarstaaten scheitern würde. In der Folgezeit näherte sich Egon Bahr einem modifizierten Modell B, das er 1968 zwar für die wahrscheinlichste, aber zugleich eine aus deutscher Sicht besonders ungünstige Variante ansah, weil sie den Übergang zu einem Sicherheitssystem, das die Lösung der Deutschen Frage ermögliche, zumindest erschwere und verzögere.

Der gesamteuropäische Ansatz Willy Brandts und der gesamtdeutsche Egon Bahrs beschreiben aber nur einen Teil der Intentionen, die der Neuen Ostpolitik der SPD zugrunde lagen. Neben dem friedens- und dem deutschlandpolitischen gab es einen dritten Motivationsstrang, in dem ein ganz anderes Anliegen zum Ausdruck kam: Die wirtschaftlich erstarkte Bundesrepublik war durch den „Sonderkonflikt" mit dem Ostblock in ihrer weltpolitischen Bewegungsfreiheit beschränkt. Nur eine faktische Anerkennung der Zweistaatlichkeit Deutschlands konnte sie von dem gesamtdeutschen Anspruch befreien, der immer mehr als Fessel einer vom westdeutschen Staatsinteresse geleiteten „bundesrepublikanischen" Außenpolitik empfunden wurde. In dieser Perspektive, die stark von Außenminister Walter Scheel (FDP) betont wurde, die aber auch Bundeskanzler Brandt nicht fremd war, ging es nicht vorrangig, jedenfalls für die kommende Etappe nicht, um die Schaffung günstigerer Voraussetzungen für die Aufhebung der deutschen Teilung, sondern um die Mündigkeit und die weltpolitische Handlungsfähigkeit der Wirtschaftsgroßmacht Bundesrepublik.

Diese Ambivalenz der Ostpolitik war aus der Sicht ihrer Protagonisten nicht besonders problematisch, denn auf den ersten Stufen des einzuleitenden Entspannungsprozesses schien alles gut miteinander vereinbar. Das weitere Festhalten an den Maximen, die die Deutschland- und Ostpolitik zwanzig Jahre bestimmt hatten, würde dem Wiedervereinigungsziel ja nicht nützen, sondern nur die Gefahr heraufbeschwören, für das Zugeständnis einer De-facto-Anerkennung des Status quo in Europa überhaupt keine Gegenleistungen mehr zu erhalten und dann einen ungeordneten und bedingungslosen Rückzug antreten zu müssen.

Die Sozialdemokraten betonten zwar die Langfristigkeit des Ziels der nationalen Einheit, zugleich aber die Unverzichtbarkeit des Selbstbestimmungsrechts. Statt von der „Wiedervereinigung" sprach Willy Brandt jetzt von der „Auflösung der deutschen Teilung" im Verlauf der gesamteuropäischen Annäherungsprozesse, damit zugleich die organisatorische und staatsrechtliche Form des künftigen Zusammenlebens der Deutschen offen lassend. [. . .]

Die Grundidee der Verhandlungsoffensive bestand darin, die wesentlichen strittigen Fragen, die die bundesdeutsche Ostpolitik seit 1967 blockierten, zuerst mit der UdSSR zu klären und dadurch einen Druck zu erzeugen, dem sich auch die anderen potentiellen Vertragspartner, in erster Linie die DDR, nicht würden entziehen können. Insofern war die aufsehenerregende Bemerkung Brandts in seiner ersten Regierungserklärung als Kanzler, es existierten „zwei Staaten in Deutschland", die „füreinander nicht Ausland" seien, hauptsächlich ein Signal an die Sowjetunion.

Es gelang Brandts Vertrautem Bahr, jetzt Staatssekretär im Kanzleramt, in seinen Gesprächen mit Außenminister Gromyko, die sowjetische Seite von dem beiderseitigen Interesse an der Bestätigung des Vorbehalts der Vier-Mächte-Verantwortung für „Deutschland als Ganzes" zu überzeugen. Nicht möglich war es ihm, das Recht der Deutschen auf Wiedervereinigung im Vertrag unterzubringen; umgekehrt mußte Gromyko das Ansinnen aufgeben, einen formellen Verzicht auf die staatliche Einheit festzuschreiben. Die Notlösung bildete der von der Sowjetunion zur Kenntnis genommene „Brief zur deutschen Einheit".

Während der Moskauer Vertrag seinem Aufbau nach ein Gewaltverzichtsvertrag blieb – Respektierung der Grenzen aufgrund des Gewaltverzichts –, stand im Warschauer Vertrag die Grenzanerkennung an erster Stelle. Der nicht im Vertrag fixierte westdeutsche Rechtsvorbehalt, der sich auf die Gültigkeitsdauer des Vertrags bis zu einer eventuellen Wiedervereinigung bezog, ließ zusammen mit dem weiter ungelösten Problem der deutschen Minderheit eine wirkliche Bereinigung des Verhältnisses zwischen Polen und der Bundesrepublik nicht zu. Das entsprach nicht der politischen Absicht der Bonner Regierenden, deren Spielraum aber durch die eigenen Rechtspositionen und die innenpolitischen Machtverhältnisse eingeengt war. Erst die 1975 von den Regierungschefs Schmidt und Gierek erzielte Regelung, die westdeutsche Finanzhilfe und Rentenzahlungen mit der Zusage der Genehmigung für die stufenweise Ausreise einer Viertelmillion Angehöriger der deutschen Minderheit abgolt, führte eine Wende herbei.

Die DDR-Führung reagierte auf die Entspannungsbereitschaft der neuen Bundesregierung mit verstärkter Abgrenzung. Sie sah sich kurz vor der Erreichung ihres Maximalziels, ohne eigene Konzessionen den Westen einschließlich der Bundesrepublik zur Anerkennung zu bewegen, in der Gefahr neuerlicher Isolierung, jetzt auch innerhalb des Ostblocks. Nicht ganz ohne Vorläufer, aber im Hinblick auf ihre Verfassung von 1968 unvermittelt, vertrat die DDR seit 1970 die These von zwei deutschen Nationen: der bürgerlich-kapitalistischen Restnation auf dem Territorium der Bundesrepublik und der im Entstehen begriffenen, neuen sozialistischen deutschen Nation in der DDR, die aber territorial prinzipiell ausgeweitet werden könne. Damit versuchte die SED der Gefahr entgegenzuwirken, die sich für sie aus der teilweisen Übernahme ihrer früheren Position in der nationalen Frage: zwei Staaten in einer Nation, durch die Bundesregierung ergab; die neue westdeutsche Auffassung sprach auch solche DDR-Bürger an, die der Bundesrepublik kritisch gegenüberstanden. Alarmierend mußten auf die Regierung in Ost-Berlin dann die spontanen Sympathiekundgebungen für Willy Brandt bei seinem Besuch in Erfurt am 19. März 1970 wirken. Nachdem der Moskauer und der Warschauer Vertrag unterzeichnet waren, wurde Ulbricht am 3. Mai 1971 als Erster Sekretär der SED abgelöst. Er hatte offenbar die Entspannungspolitik zu behindern versucht, an die Honecker sich jetzt nolens volens anpaßte, und gleichzeitig an der „gesamtdeutschen Mission der Arbeiterklasse“ festgehalten, die jetzt zugunsten einer – in den folgenden Jahren bis ins Groteske verstärkten – symbolischen Entgesamtdeutschung der DDR fallengelassen wurde. Nachdem auch noch das für alle Beteiligten befriedigende Berlin-Abkommen im September 1971 vorlag, blieb der DDR nichts anderes übrig als einzuschwenken.

Die Form der Anerkennung der DDR durch den Grundlagenvertrag lag wohl ungefähr in der Mitte zwischen der Herstellung „normaler" völkerrechtlicher Beziehungen und dem, was sich die Sozialdemokraten in der Anfangsphase der Großen Koalition unter einem Modus vivendi vorgestellt hatten. Zwar öffnete die Bundesrepublik der DDR die Schleusen für diplomatische Beziehungen zu aller Welt, und beide Staaten wurden Mitglieder der UNO, doch die deutsch-deutschen Beziehungen blieben von "besonderer" Art, von denen zu ausländischen Staaten sichtbar unterschieden, namentlich in der Staatsangehörigkeitsfrage. Ergänzungsvereinbarungen zum Berlin-Abkommen, der Verkehrsvertrag und die Regelungen über den kleinen Grenzverkehr erweiterten in starkem Maß die Kommunikation zwischen West- und Ostdeutschland und bedeuteten gravierende menschliche Erleichterungen. Beide deutsche Staaten stellten in Noten an die jeweiligen Siegermächte klar, daß die Vier nach wie vor „Rechte und Verantwortlichkeiten" in Deutschland hätten. Die Fortexistenz der nationalen Frage wurde in der Präambel allerdings nur durch eine Agree-to-disagree-Formel bestätigt.

Gregor Schöllgen

Helsinki

In seiner Grundsatzerklärung zur KSZE vom 4. Juli 1973 machte Außenminister Scheel deutlich, worin die Bundesregierung deren besondere Bedeutung sah: „Die Bundesrepublik Deutschland hat den Verzicht auf die Androhung oder Anwendung von Gewalt stets als ein wesentliches Element ihrer Politik betrachtet ... Zum anderen ist es –

wie die Bundesregierung wiederholt klargestellt hat – das politische Ziel der Bundesrepublik Deutschland, auf einen Zustand des Friedens in Europa hinzuwirken, indem das deutsche Volk in freier Selbstbestimmung seine Einheit wiedererlangt. Verzicht auf Gewalt ist nur ein Element der zwischenstaatlichen Beziehungen. Die souveräne Gleichheit, das Selbstbestimmungsrecht der Völker sowie die Achtung der Menschenrechte und Grundfreiheiten gehören ebenfalls dazu. Hinter dem Engagement der Bundesrepublik auf der KSZE stand also, wie das bislang schon bei ihrem Einsatz im Rahmen der Europäischen Gemeinschaften der Fall gewesen war, der „Versuch, die Lage im geteilten Europa und damit zugleich auch die Lage der geteilten deutschen Nation zu bessern" – so der Staatssekretär des Auswärtigen Amtes, Paul Frank, in einem Beitrag für das „Europa-Archiv" 1972.

Damit hatte die KSZE im Verständnis bundesdeutscher Politiker eine fundamentale Wandlung durchgemacht. Galt ihnen die europäische Sicherheitskonferenz bis Mitte der 60er Jahre als Instrument zur Verhinderung der deutschen Wiedervereinigung bzw. der Ausübung des Selbstbestimmungsrechtes durch das deutsche Volk, so avancierte die KSZE jetzt zum wichtigsten internationalen Forum für die Präsentation dieser Forderung. Daran hat sich, nimmt man die Grundsatzerklärungen der Bundesregierungen zur KSZE, bis 1990 nichts geändert, auch nicht mit dem Regierungswechsel des Jahres 1982.

Hinter dem deutschen Engagement für die KSZE stand die Hoffnung, wie Scheel am 20. Januar 1973 in einem Beitrag für die „Süddeutsche Zeitung" schrieb, die „Entspannung in Europa könnte einen ‚Point of no return' erreichen, den Punkt, von dem sie nicht mehr rückgängig gemacht werden könnte". Das aber hieß auch: Die Bundesrepublik hatte sich mit Blick auf ihr erklärtes Ziel, auf einen Zustand des Friedens in Europa hinzuwirken, in dem „das deutsche Volk in freier Selbstbestimmung seine Einheit wiedererlangt", in Geduld zu üben und auf zähe Detailarbeit einzustellen. Der KSZE-Prozeß war ein mühsames, wenn auch – zur Überraschung fast aller Beteiligten – zumindest für Deutschland schließlich erfolgreiches Unternehmen. Grundlage blieb die am 1. August 1975 unterzeichnete Schlußakte der Konferenz von Helsinki.

In sechs Sprachen, darunter der deutschen, abgefaßt, hatte die Akte – ein Regierungsabkommen, kein völkerrechtlicher Vertrag – mehrere Schwerpunkte. Das waren die „Körbe", in denen ursprünglich durch die Schweizer Delegation alle eingehenden Vorschläge sortiert worden waren. Diese Bezeichnung ist bis heute gebräuchlich, obgleich sie sich in der Schlußakte nicht findet.

Korb 1 enthält zum einen die „Erklärung über die Prinzipien, die die Beziehungen der Teilnehmer leiten", also den sog. Prinzipienkatalog, und zum anderen ein Dokument über „vertrauensbildende Maßnahmen und bestimmte Aspekte der Sicherheit und Abrüstung", zu denen z.B. die Ankündigung von Manövern zählt. Hier lag für lange Zeit die einzige sachliche Verbindung zum MBFR-Komplex. Korb 2 regelt die Zusammenarbeit in den Bereichen der Wirtschaft, der Wissenschaft und der Technik sowie der Umwelt. Gewissermaßen zwischen den Körben 2 und 3 sind die „Fragen der Sicherheit und Zusammenarbeit im Mittelmeerraum" angesiedelt. Damit sollte auch deutlich gemacht werden, daß Sicherheit und Zusammenarbeit nicht auf den europäischen Kontinent begrenzt werden können, sondern daß langfristig auch die angrenzenden Räume mit einbezogen werden müssen. In Korb 3 sind die für den Westen, insbesondere für die Bundesrepublik wichtigen Grundsätze der Zusammenarbeit in „humanitären und anderen Bereichen" formuliert. Korb 4 schließlich regelt die „Folgen der Konferenz".

Schon zeitgenössischen Beobachtern stellte sich die Frage, welche Bedeutung und kurz- wie langfristige Folgen die in der Schlußakte festgeschriebenen Prinzipien für die Teilnehmerstaaten haben würden, vor allem für die Sowjetunion, den eigentlichen Initiator der Konferenz. Diese konnte zweifellos einen wichtigen Teilerfolg verbuchen. Wie schon zuvor im Rahmen der deutschen Ostpolitik, d.h. in den Verträgen der Bundesrepublik mit Moskau, Warschau und Prag sowie im deutsch-deutschen Grundlagenvertrag, wurde jetzt auch auf der gesamteuropäischen Ebene der Status quo festgeschrieben. In Korb 1 verpflichteten sich alle Teilnehmer ausdrücklich zur „Enthaltung von der Androhung oder Anwendung von Gewalt", zur „Unverletzlichkeit" der Grenzen, zur Beachtung der territorialen Integrität der Staaten sowie zum Prinzip der Nichteinmischung in die inneren Angelegenheiten der anderen.

Dieser Katalog entsprach im wesentlichen jenen Vorstellungen, die der sowjetische Außenminister in seiner Grundsatzerklärung vom 3. Juli 1973 vorgetragen hatte. Dort hatte Gromyko von der „Allgemeinen Anerkennung und Achtung der bestehenden territorialen und politischen Realitäten" gesprochen und sich dabei auf die „reale Lage" bezogen, „wie sie sich im Ergebnis des Zweiten Weltkrieges und der Nachkriegsentwicklung auf dem europäischen Kontinent herausgebildet" habe. Insofern legitimierte die KSZE-Schlußakte, wie der damalige Bundeskanzler Schmidt rückblickend diagnostizierte, die Sowjetunion de facto „in ihrer Vormachtstellung in Osteuropa".

Peter Brandt

Raketenkrise

Unmittelbar vor dem Brüsseler Doppelbeschluß der NATO-Außen- und Verteidigungsminister hatte sich Schmidt mit Unterstützung Brandts auf dem Berliner Parteitag durchgesetzt. Das war jedoch erst möglich, nachdem der Leitantrag unter dem Druck der Parteibasis so stark abgeändert worden war, daß er auch die Zustimmung von Nachrüstungsgegnern hatte finden können. Der Beschluß der SPD enthielt für den Fall eines Scheiterns der Verhandlungen keinen Automatismus, lehnte diesen sogar ausdrücklich ab. Er sollte nach Ansicht seiner Befürworter die Stationierung überflüssig machen und Abrüstung ermöglichen.

Die sozialdemokratische Sicherheits- und Friedensdiskussion entfaltete sich in den vier Jahren zwischen dem Berliner und dem Kölner Parteitag in einer Atmosphäre, die durch das Aufkommen und die flächenbrandartige Ausbreitung einer atompazifistischen Massenbewegung geprägt war. Die Opposition der Friedensbewegung gegen die Haltung der Bundesregierung in der Stationierungsfrage trug – neben der Kontroverse über die friedliche Nutzung der Kernenergie – entscheidend zum Erfolg der Partei Die Grünen bei. Anders als die Protestbewegungen der 60er und 70er Jahre erfaßte die Friedensbewegung der frühen 80er Jahre erhebliche Segmente der westdeutschen Bevölkerung, insbesondere der evangelischen Kirche, und schloß große Teile der sozialdemokratischen und gewerkschaftlichen Basis ein.

Die Friedensbewegung war naturgemäß diffus. Es einte sie die gemeinsame Ablehnung des NATO-Doppelbeschlusses; ansonsten gehörten zu ihr das gesamte linke und linksradikale Spektrum (mit sehr unterschiedlichen, in der Regel eher kritischen Positionen zur UdSSR), ethische und religiöse Pazifisten bis hin zu Wertkonservativen verschiedener Ausprägung. Obwohl die Deutsche Frage nur für wenige Gruppen ein Thema war, das mit den Anliegen der Friedensbewegung zu tun hatte, etwa für den von nonkonformistischen Sozialdemokraten gebildeten „Arbeitskreis atomwaffenfreies Europa“ in Berlin, trug die Friedensbewegung dazu bei, die Diskussion über Deutschlandpolitik und über die nationale Frage neu zu beleben: erstmals seit den 50er Jahren mit einer block- und speziell NATOkritischen Tendenz. Dabei spielten die patriotischen Äußerungen mehrerer Galionsfiguren der Friedensbewegung wie Heinrich Albertz und Heinrich Böll eine Rolle, die aber lediglich die um sich greifende Erkenntnis der lange ignorierten geostrategischen Lage des hochgerüsteten und mit Fremdtruppen und fremden Massenvernichtungswaffen angefüllten Deutschland im Zentrum der Blockkonfrontation reflektierten. Auch die Aktivitäten unabhängiger Friedensgruppen in der DDR und das repressive Verhalten der dortigen Staatsmacht trugen dazu bei, eine neue Art gesamtdeutschen Bewußtseins in dem entsprechenden Spektrum zu fördern, für das die Frage der staatlichen Vereinigung Deutschlands indessen kaum von wesentlicher Bedeutung war. Angesprochen war das Problem in dem Offenen Brief des ostdeutschen regimekritischen Sozialisten Robert Havemann an Leonid Breshnew anläßlich dessen Bonn-Besuchs im Oktober 1981. Havemann stellte in seinem Appell, der in einer „gesamtdeutschen Friedensinitiative" von Bürgern beider deutscher Staaten überwiegend aus dem linken Spektrum, darunter auch mehreren sozialdemokratischen Bundestagsabgeordneten, unterzeichnet wurde, einen Zusammenhang zwischen der Blockkonfrontation und der ungelösten Deutschen Frage her.

Die innerparteilichen Kritiker des NATO-Doppelbeschlusses, allen voran Erhard Eppler und Oskar Lafontaine sowie die Arbeitsgemeinschaften der Frauen und der Jungsozialisten, nahmen in vorderster Linie an den Aktivitäten der Friedensbewegung teil. Die, zum Teil erbittert ausgetragene, Auseinandersetzung mit der DKP und ihren engeren Bündnispartnern in der Friedensbewegung wurde nicht in erster Linie von Sozialdemokraten geführt, sondern von einem Teil der Grünen. Auf deutliche Skepsis stieß die Friedensbewegung bei Helmut Schmidt und Sozialdemokraten des rechten Flügels. Willy Brandt und die Angehörigen der linken Mitte wie Egon Bahr, Horst Ehmke und Peter Glotz, ab 1981 Bundesgeschäftsführer, aber auch der aus der Generation des Juso-Vorstands von 1969 kommende Sicherheitsexperte Karsten Voigt, bemühten sich um einen Dialog mit der Friedensbewegung, verteidigten aber weiterhin den sozialdemokratischen Parteitagsbeschluß von 1979 – mit der starken Betonung der Verhandlungskomponente – als den aussichtsreichsten Weg zur Null-Lösung im Mittelstreckenbereich.

Als die beiden Supermächte Ende November 1981 in Genf Verhandlungen über die atomaren Mittelstreckenwaffen aufnahmen, fühlte sich die SPD bestätigt. Möglichkeiten, die Verhandlungen zu beeinflussen, hatte die Bundesrepublik oder gar die SPD angesichts der mangelnden Kompromißbereitschaft der beiden beteiligten Regierungen jedoch nicht. Insbesondere lehnten die USA die Einbeziehung der britischen und französischen Systeme ab, wie sie die UdSSR forderte und auch die SPD für richtig hielt. Auch für die von der SPD verlangte schrittweise Einbeziehung von Kurzstreckenraketen und anderen in Europa stationierten und auf Europa gerichteten Kernwaffen gab es keine Chance, und so wuchs in der SPD – auch auf den höheren Ebenen – ständig die Zahl der offenen oder heimlichen Gegner der vorgesehenen „Nachrüstung".

Auf dem Münchener Parteitag folgte die SPD im Frühjahr 1982 noch einmal Helmut Schmidt, der sein politisches Schicksal mit der Nachrüstung verknüpft hatte. Der Leitantrag, unter Vorsitz Egon Bahrs erarbeitet, stellte fest, die Genfer Verhandlungen müßten zu einer „Verminderung der Europa bedrohenden Mittelstreckenwaffen" führen. Die Antragskommission ergänzte dann den Leitantrag um Hinweise auf traditionelle sozialdemokratische Programmpunkte, die aus Anträgen von Parteigliederungen übernommen wurden, insbesondere das Ziel eines „atomwaffenfreien Europa". Gegen wenige Stimmen des engeren Kreises um Helmut Schmidt erfolgte die Ablehnung der Stationierung, die in dem Berliner Doppelbeschluß von 1979 als Möglichkeit angelegt war, auf einem Außerordentlichen Parteitag in

Köln, gut ein Jahr nach dem Verlust der Regierungsmacht. Der Auftritt des Parteivorsitzenden Brandt bei der Kundgebung gegen die bevorstehende Stationierung am 23. Oktober 1983 im Bonner Hofgarten hatte das Nein der SPD bereits vorweggenommen.

IV. Feindliche Brüder: Vom Leben in der Teilung

Günter Grass

Gleisdreieck

Die Putzfraun ziehen von Ost nach West.
Nein Mann, bleib hier, was willst du drüben;
komm rüber Mann, was willst du hier.

Gleisdreieck, wo mit heißer Drüse
die Spinne, die die Gleise legt,
sich Wohnung nahm und Gleise legt.

In Brücken geht sie nahtlos über
und schlägt sich selber Nieten nach,
wenn, was ins Netz geht, Nieten lockert.

Wir fahren oft und zeigen Freunden,
hier liegt Gleisdreieck, steigen aus
und zählen mit den Fingern Gleise.

Die Weichen locken, Putzfraun ziehn,
das Schlußlicht meint mich, doch die Spinne
fängt Fliegen und läßt Putzfraun ziehn.

Wir starren gläubig in die Drüse
und lesen, was die Drüse schreibt:
Gleisdreieck, Sie verlassen sogleich

Gleisdreieck und den Westsektor.

Günther Kühne

Zwei Hauptstadtwettbewerbe

Der Hauptstadt-Wettbewerb und die Philharmonie. Zwei spektakuläre Wettbewerbserfolge für Berlin rückten 1957/58 den Namen Scharouns wieder in die Öffentlichkeit: Der Entwurf für die Philharmonie – noch für den Bauplatz hinter dem Joachimstalschen Gymnasium in Wilmersdorf vorgesehen –, über den noch zu reden sein wird; und der mit Wils Ebert, dem alten Freund aus dem Planungskollektiv von 1945/46, erarbeitete Entwurf für den Wettbewerb ‚Hauptstadt Berlin', der nach endlosen Bedenken und ängstlichen Vorbehalten und Querelen doch noch zustande gekommen ist, nachdem sich die Bonner Regierung ein Jahrzehnt lang – vornehm ausgedrückt – zögernd verhalten hatte.

„Das Planungsgebiet ist weitgehend von dem Durchgangsverkehr befreit", so heißt es im Erläuterungsbericht von Ebert und Scharoun, „er erfolgt mittels der Schnellstraßentangenten. Dabei sollte das vorgeschlagene Tangentensystem Teil einer auf gleichen Prinzipien beruhenden Gesamtstraßenstruktur werden." Alle Preisträger haben die vom Auslober vorgegebene Nord-Süd-Untertunnelung des Tiergartens übernommen – ein Thema, das nach langem Ruhen heute wieder kräftig diskutiert wird – sogar in ganz anderen Dimensionen. „Am liebsten hätte er", schreibt Carola Hein im Ausstellungskatalog von 1990, „auch die schnurgerade Straße des 17. Juni aufgehoben." Der Gedanke ist so absurd nicht.

Der international ausgeschriebene Hauptstadt-Wettbewerb ist von den Ländern des Ostblocks boykottiert worden; aus verständlichen Gründen, da er sich zur Hälfte auf Ost-Berliner Gebiet erstreckte, das ja Teil der „Hauptstadt der DDR" war. Adolf Ciborowski, Stadtarchitekt von Warschau, hat die Teilnahme am Wettbewerb höflich abgelehnt. Unter den ausländischen – eingeladenen – Teilnehmern befanden sich Le Corbusier, Roland Rainer, Wien; Sverre Pedersen, Trondheim; Luigi Piccinato, Rom; Albert Heinrich Steiner, Zürich; Robert Hogg Matthew, Edinburgh; Sven Markelius, Stockholm. Dazu kamen Arbeiten von Marion Tournon-Branly und anderen, Paris; André Wogenscky, Paris, und weitere Architekten aus dem Umkreis des großen Zauberers Le Corbusier.

Im Ausland hat der Wettbewerb mehr Aufsehen erregt als im eigenen Lande, das gilt besonders für die Arbeiten Le Corbusiers, der Briten Alison und Peter Smithson, der Niederländer Bakema und van den Broek. Für das Ausland interessant war auch der Vergleich mit dem 1958 von der DDR-Regierung ausgeschriebenen Hauptstadt-Wettbewerb, der sich streng auf das eigene Territorium beschränkte, vom Kupfergraben bis zum Alexanderplatz. Bundesregierung und Senat verloren das Interesse an dem Verfahren, das als Pflichtübung eher lästig angesehen wurde. Mit dem 13. August 1961, dem Baubeginn der Mauer, erlosch auch allmählich das Interesse an dem zum Grenzgebiet gehörenden Teil, der als Regierungsviertel in Aussicht genommen war. Das Gebiet, einst zum pulsierenden Zentrum der alten Reichshauptstadt gehörend, begann zu versteppen und zu veröden. Eine jüngere Generation konnte mit diesem Gebiet nichts mehr anfangen.

Christoph Kleßmann/Georg Wagner

Republikflucht

Unsere vor zwei Jahren erarbeitete These von den vorwiegend materiellen Fluchtgründen der Arbeiterschaft ist für den jetzigen Zeitpunkt nur noch teilweise gültig. Die durch den politisch-ideologischen Druck bedingte geringe Zukunftshoffnung vieler Bewohner der SBZ ist in Beziehung zu setzen mit der Aussichtslosigkeit ihres wirtschaftlichen und beruflichen Weiterkommens. Die Aufstiegsmöglichkeit ist für die breite Masse der Arbeitnehmer weniger vom Fleiß und Können abhängig als von der persönlichen Identifizierung mit der marxistisch-leninistischen Ideologie. Gegen diese schirmt sich jedoch die große Mehrheit der Bevölkerung im Rahmen ihrer häuslichen Sphäre ab. Erst wenn dieser um den familiären Bereich gezogene imaginäre Schutzwall vom politisch-ideologischen Druck durchbrochen wird und wenn die Familie als soziologische Gruppe und auch als wirtschaftliche Einheit diesem Druck nicht mehr widerstehen kann, wird der Entschluß zur Flucht gefaßt. Die Flucht in die Bundesrepublik wird dann auch in sehr vielen Fällen von langer Hand vorbereitet.

In einer im Sommer 1956 durchgeführten Untersuchung über „die Arbeiterschaft in der volkseigenen Industrie“ hatten wir festgestellt, daß es vornehmlich materielle Gründe waren, die damals der Anlaß zur Flucht in die Bundesrepublik waren. Das trifft heute nicht mehr im vollen Umfang zu. In den letzten zwei Jahren hat sich, was durch die Ergebnisse dieser Untersuchung teilweise bestätigt wird, die materielle Situation der Bevölkerung in der SBZ wesentlich gebessert. Dafür hat sich der politisch-ideologische Druck zweifellos verstärkt. Einen großen Anteil an den Flüchtlingen aus der SBZ haben diejenigen, die dort dem politisch-ideologischen Druck am meisten ausgesetzt sind: die Angestellten aus den mittleren und hohen Einkommensgruppen, die vornehmlich in der Wirtschaftsverwaltung und im öffentlichen Dienst beschäftigt sind.

Diese Familien-Situation in der SBZ gestattet die Deutung, daß dem SED-Regime die geistig-ideologische Umstrukturierung der Bevölkerung bisher noch nicht gelungen ist – ganz im Gegensatz zur sozialen Umstrukturierung, die vom ideologischen Ansatz der SED her bei einem großen Teil als gelungen bezeichnet werden kann. Darauf konnten wir in der Untersuchung über „Die Angestellten in der Sowjetzone Deutschlands“ bereits hinweisen.

Die Bewohner der SBZ haben – wie wir in einer weiteren Untersuchung noch ausführen werden – ihr Verhalten im häuslichen Bereich dem von außen wirkenden politisch-ideologischen Druck angepaßt und stehen ihm abwehrend gegenüber. Sollte bei einer politischen Umstrukturierung dieser Druck weichen, wird sich die Bevölkerung der SBZ in ihrem Alltagsleben höchstwahrscheinlich nicht viel anders verhalten als die Masse der Bevölkerung in anderen Kulturstaaten innerhalb der modernen Industriegesellschaft.

Hans Pleschinski

Grenzübergang

Die sich nähernde DDR-Grenze erzeugte Abschiedsstimmung im Anblick der properen Vorgärten Helmstedts [. . .]

Grenzpfahl der Bundesrepublik.

Dunkler Asphalt, plötzlich abgelöst von alten Betonplatten. Die Natur, das Gebüsch links und rechts bleibt sich gleich, wechselt nur scheinbar vom kapitalistischen Grün ins mattere sozialistische Grün über.

Hammer und Zirkel, die Einheit von Faustarbeit und Geistarbeit, wehen überm Straßenrand.

Die Beton-Fahrbahn verbreitert sich. Holz-Schilder fordern zum Einordnen für den *Reiseverkehr* in die *Deutsche Demokratische Republik*, zur *Hauptstadt der DDR* auf, zeigen sogar die Richtung *Warszawa/VR Polen.* Die gewaltigen, flachen Blechdächer der Abfertigungshallen kommen. Alles ist in Neonlicht getaucht, die Kabäuschen, in denen die Uniformierten mit Kunstpelzmützen sitzen, die abgedeckten Fließbänder, welche die *Reise-Dokumente* vom ersten Kontrolleur zum zweiten Kontrolleur befördern, viele uniformierte Frauen, die um sieben Uhr früh nach der Nachtschicht ein Kontrollhäuschen abschließen, um über Fahrspuren zu einem DDR-Personalraum zu gehen.

Natürlich, die meisten DDR-Bürger sahen diese Grenzeinrichtungen ihres Staates nie. Schon Kilometer davor begann für sie das Sperrgebiet. Die kostspieligen Kontroll- und Abwehranlagen waren vom Harz bis zur Elbe die einzige durchgehend belebte, Tag und Nacht beleuchtete Baulichkeit, eine Art pervertierter Großstadtbetrieb, durch den, inmitten stiller Landschaft, Millionen von Menschen geschleust wurden.

Konnte man einen ursprünglichen, ängstlichen Haß auf alles Uniformierte entwickeln, dann hier. Hier, unter den Blechüberdachungen verspielte die DDR ihr mögliches Ansehen. Hier ließ sie Einreisende unvermittelt hoffen, daß auch Frankreichs *Force de Frappe* den Block der Volksarmeen hinter der Elbe halte. Hier empfand man deutschen Untertanengeist in allen Variationen. Bei den Menschen, die Reisende barsch heranwinkten, bei sich selbst, wenn man schon *vor* jeder Aufforderung den Paß hinhielt.

Die ersten Anfahrten auf Berlin verschwimmen vor meinem Auge. Mit Sicherheit trug ich kurze Hosen oder lange mit Bügelfalte, hatte ich einen Bürstenhaarschnitt, saß ich halb neugierig, halb eingeschüchtert sechs-, siebenjährig auf dem Beifahrersitz des *Ford 17 m* und sah, wie haßerfüllt mein Vater das Autoradio ausstellte, um durch die unbeschwerte Musik aus dem Funkhaus Hannover keinen Ostbeamten zu verschärfter Kontrolle zu reizen. All das: eine Umgebung, Verhaltensweisen, Rituale auf der annähernd niedrigsten Zivilisationsstufe.

Die Grenze gebar Westdeutsche, die hier zu ihrer popeligen Bundeshauptstadt am Rhein, auch zum belächelten Bundespräsidenten Lübke ein grundlegend bejahendes Verhältnis gewannen. Vielleicht bewirkte der unangenehme Grenzdienst bei den DDR-Besoldeten gleichfalls ein trotziges Bejahen ihres eigenen Staates. Sie mußten die reich gefüllten Westwagen passieren lassen, sie durften nur vergängliche Schwierigkeiten bereiten und mußten sich sicherlich ab irgendeinem Zeitpunkt daran klammern – wenn sie nicht ohnehin daran glaubten, daß irgend etwas Sinnvolles in ihrem Kontrolltun liege, daß sie dem komplizierten, aber umso wertvolleren Aufbau des Sozialismus dienten.

Die Grenze war ein Schlachtfeld und ein Ventil, das vielleicht andernorts aufgestaute Aggressionen herausließ, aber viel öfter erst feindsinnig machte. Die DDR-Grenzer konnten die anderen Deutschen zusammenstauchen. Der Westdeutsche hinter dem Steuer konnte hingegen einem Grenzer simpel den Tod wünschen. [...]

Haß ließ sich an der Grenze lernen. Es ließ sich üben, Gefühle, Taten und Worte zu unterdrücken. Im Namen der Macht, für die man funktionierte und die man als Westdeutscher oder Ostdeutscher eigentlich gar nicht besaß, war vor allem jemand anderer zu degradieren. Freundlichkeiten waren nur der Luxus, den man sich leistete, nicht die verordnete Basis für den Umgang miteinander.

„Die Ausweise bitte."

„Reich' sie mal rüber."

Zumeist lief der Marienborner Wechsel von einem politischen System ins andere wohl glimpflich ab.

Machtlose DDR-Bürger und auch nicht viel mächtigere Westdeutsche konnten die Formalitäten rein sachlich regeln.

Dann ging es in der Autoschlange im Schrittempo mit kurzem Halt am letzten Kontrollposten vorbei und bald mit einem Aufatmen vorbei an roten Spruchbändern und auf die Betonplatten der Autobahn.

Karl-Rudolf Korte

Spiegelbilder

Die DDR gehörte zum bundesrepublikanischen Deutschlandbild. Das spezifische Bildprofil bekommt dabei jedoch über die Teilungsthematik hinausgehende Komponenten.

Der Topos des ‚anderen' Deutschland bezieht sich dann weniger auf die geistige Möglichkeit, als vielmehr konkret auf die DDR. Mit der Vereinigung ging damit auch die Vergleichsmöglichkeit zum eigenen bundesrepublikanischen Standort verloren. Ein sozialpsychologisch bedingtes Vakuum bleibt zurück, folgt man der Argumentation der Autorin Irene Böhme: „Sie (die DDR; d. Verf.) hilft Identität zu finden, sie aktiviert beruflich und privat, sie befördert Träume und Sehnsüchte, macht wohlig gruseln, ist ein Stück vertraute Fremde, das wir (die Westdeutschen; d. Verf.) nicht missen können."

Die Brisanz des Identitätsthemas hängt somit auch unmittelbar mit der DDR zusammen und dem Bild, das wir in der Bundesrepublik von ihr haben. Zugespitzt taucht das Identitätsthema erst auf, als die Bundesrepublik zu Beginn der siebziger Jahre ein durch den Grundlagenvertrag kodifiziertes gleichberechtigtes Verhältnis zur DDR eingeht und den Alleinvertretungsanspruch aufgibt. Die DDR als negative Vergleichsgesellschaft für die Westdeutschen verliert so an Strahlkraft. Seit dieser Zeit ist das Gefühl gewachsen, daß es für das Selbstverständnis der Bundesrepublik Deutschland nicht ausreicht, wenn sie sich nur als Bundesrepublik begreift. Stärker als früher scheinen schließlich seit Anfang der achtziger Jahre beide Staaten in Deutschland bezogen auf jenes Deutschland, das sie beide nicht sind, aber ohne das beide auch nicht wären, was sie sind. Die Unruhe aus dem Innenleben der Republik, bei dem Versuch, sich selbst zu begreifen, ist in den Suchbewegungen literarisch nachvollziehbar. Die Neigung zur Binnenorientierung, die Rückkehr zu den eigenen, inneren Problemen förderte so seit der Tendenzwende auch die Attraktivität kultureller Immobilien wie Heimat, Nation, Geschichte. [. . .]

„Meine Kindheit fiel ins Kaiserreich, der Sportplatz in die Weimaraner, die Ehe auf Hitler und 's Alter in die DDR. Wohin mein Kopp?" Der Autor Einar Schleef verdeutlicht in seinem Roman *Gertrud* (1980) im Zeitraffer die Geschichte der Stadt Sangerhausen in diesem Jahrhundert. Er sucht fragend nach deutschen Antworten: Wo liegt Deutschland? Diese Leitfrage des Romans ist symptomatisch, und man müßte sie um eine entscheidende Nuance ergänzen: Wo liegt das echte, das eigentliche und ursprüngliche Deutschland? Denn die Frageformulierung durchzieht auch einige literarische Werke, die sich mit dem Sujet der deutschen Frage auseinandersetzen.

Seit Mitte der sechziger Jahre änderte sich das DDR-Bild der Westdeutschen. Eine scheinbar dokumentarische Bestandsaufnahme der DDR-Lebenswirklichkeit setzte ein. Untersuchungen zum DDR-Bild haben ergänzend für die siebziger Jahre analysiert, daß in dem Maße, wie sich das positiv affirmative Bild der Bundesrepublik auflöste, sich auch die Negativ-Darstellung der DDR wandelte. Die DDR-belastenden Faktoren traten zurück. Die Darstellung der DDR gewann an Raum und Breite. Die Urteile wurden differenzierter. Auch die literarische Beschäftigung mit der DDR hat quantitativ zugenommen. Wie sehen jedoch hier die Urteile und Darstellungsmuster über das ‚andere' Deutschland aus? Inwieweit ist hierbei die Bundesrepublik Kontrastfolie?

Noch Anfang der siebziger Jahre dominierte die nüchterne Beschreibung der DDR als fernes Land: „Die Ferne dieses fernen Landes drückt nicht mehr einen angestrengten ... Bezug aus ... sondern gar keinen ausdrücklichen Bezug." Die Berichterstattung malte nicht mehr nur Grau-in-grau-Skizzen über die DDR, aber die Reise-Impressionen vermittelten auch keine Hinweise auf kulturelle Gemeinsamkeiten. Eher im Gegenteil: „Dieser Staat DDR ist in über zwanzig Jahren in einem Maße anders und eigen geworden, daß man ihn mit den Augen bundesrepublikanischer Selbstsicherheit kaum noch erkennt", so der Schriftsteller Horst Krüger. Deutlich wird hierbei auch der Spiegelbildcharakter, der das DDR-Bild als abhängige Variante vom eigenen BRD-Bild zeigt.

Christoph Kleßmann/Georg Wagner

Der „Schwarze Kanal"

9. Dezember 1988. – „Tal der Ahnungslosen", so wird das Elbtal zwischen Meißen und Bad Schandau mit dem dazwischen liegenden Großraum Dresden im Volksmund genannt, weil man hier keine westlichen Fernsehprogramme empfangen kann. Im übertragenen Sinn bezeichnet man so aber auch alle Gebiete der DDR, die weiter östlich liegen und die ebenfalls auf das Westfernsehen verzichten müssen. Die einzigen sichtbaren Informationen aus der Bundesrepublik vermittelt den Bewohnern dieser Landesteile eine Sendung, die regelmäßig Montagabend um 21.30 Uhr im ersten Programm des Fernsehens der DDR unter dem Titel „Der schwarze Kanal – Eine Sendung von und mit Karl Eduard von Schnitzler" ausgestrahlt wird. Zusammengestellt unter einem gesellschaftspolitischen Thema, beeindrucken den Fernsehzuschauer 20 Minuten lang Ausschnitte aus Sendungen von ARD und ZDF, die irgendwann und irgendwo einmal gezeigt wurden in Situationen, die oft für den DDR-Bürger, der nicht über die BRD Bescheid weiß, undurchschaubar sind. Damit er sie richtig versteht, werden sie kommentiert. Es gibt Bürger, denen diese Sendung ihr Bild vom paradiesischen anderen Deutschland so sehr in Frage stellt, daß sie demonstrativ ihren Fernseher abschalten, wenn die Fernsehsprecherin diese Sendung ankündigt.

Für andere jedoch, und zu ihnen gehört Ludwig, hat diese Sendung eine Art Schaufensterfunktion. Ludwig hat zwar auch Vorbehalte – sicherlich wird da manches zu einseitig, zu schwarz-weiß dargestellt, aber trotzdem muß doch an dem, was gezeigt wird, etwas dran sein, denkt er, denn schließlich läßt Herr Schnitzler ja die eigenen Medienleute über ihr Land zu Wort kommen. Da er tagsüber keine Zeit und Gelegenheit hat, Radio zu hören – er könnte sich zum Beispiel vom Deutschlandfunk oder vom Rias zusätzlich informieren lassen – und in seiner freien Zeit lieber vor dem Fernseher sitzt, ist sein Bild von der Bundesrepublik hauptsächlich durch diese Montagabendsendung bestimmt. Das heißt, er weiß vom Westen, daß dort mehr als zwei Millionen Arbeitslose leben, davon allein in der Stadt Mainz, wo eine 75jährige Tante von ihm wohnt, 43000. Er kennt die Zahlen von 85000 Lehrern und 12000 Ärzten ohne Arbeitsplatz. Sieben Prozent der Jugendlichen lungern ohne Beschäftigung auf der Straße herum, ein großer Teil davon ist drogensüchtig, jeder zweite Haushalt steckt mit mehr als 15000 Mark bis über beide Ohren in Schulden, jede dritte Mark des Verdienstes schluckt die Miete. Mit Frauen empfindet er Mitleid, die ihren Ehering versetzen müssen und Blut spenden, um nicht zu verhungern oder sich eine Kinokarte leisten zu können. Ebenso bedauert er die Obdachlosen, die in Zelten hausen müssen oder unter Brücken. Haifischgesellschaft! Das „Ich" wird demontiert. Mit Geld bis du ein Drachen, ohne Geld ein Wurm – diese Worte nisten sich in Ludwigs Kopf ein, gehen ihm nach und lassen ihn über so manche Unzulänglichkeit in seinem Alltag hinwegsehen, hin zur Sicherheit und Geborgenheit, in der er in seinem Staat lebt.

Doch wie bekanntlich überall der böse Feind auf der Lauer liegt, so auch bei Ludwig in Gestalt seiner 74 Jahre alten Tante aus Mainz. Nicht ahnend, daß sie der Versucher als willfähriges Werkzeug ausersehen hat, schickt die alte Dame Ludwig eine Einladung, sie zu ihrem 75. Geburtstag zu besuchen. Ludwig, der dieses Land der „oberen Zehntausend", des „bösartigen Lächelns" schon lange einmal vor Ort kennenlernen wollte, weiß offenbar nicht, worauf er sich einläßt, als er die Besuchsreise beantragt und die Grenze in Richtung Mainz passiert. Woher sollte er auch. Unvorbereitet, beziehungsweise völlig falsch, wird er in den Kampf mit dem kapitalistischen Drachen geschickt. Wen wundert es, daß er nie zurückkehrt.

V. „Auferstanden aus Ruinen ...“: Wirtschaft und Arbeitsleben

Franz Josef Brüggemeier

Im Zeichen des Wiederaufbaus

Die Wachstumsraten des Wirtschaftswunders sind beeindruckend. Sie lagen teilweise über zehn Prozent im Jahr, und zwischen 1950 und 1960 hat sich das Sozialprodukt mehr als verdoppelt. In den folgenden Jahren war der Zuwachs prozentual etwas geringer, hielt insgesamt jedoch an, und mittlerweile hat sich das Bruttosozialprodukt gegenüber 1950 nahezu verfünffacht. Hierfür gibt es zahlreiche Gründe. Zum einen war die Industrie durch den Krieg bei weitem nicht so geschädigt, wie nach dessen Ende und lange Zeit danach angenommen wurde. Hinzu kamen die Mittel des Marshallplanes, eine qualifizierte Bevölkerung, der Zustrom von Arbeitskräften durch Vertriebene und Flüchtlinge und nicht zuletzt eine wachsende Exportorientierung. Die Nationalsozialisten hatten eine Autarkiepolitik betrieben, und die Beziehungen zum Ausland waren – nicht nur als Folge des Krieges – weitgehend gekappt worden. Erst 1960 lag deshalb der Anteil der Exporte mit siebzehn Prozent wieder so hoch wie am Vorabend des Ersten Weltkrieges. In der Folgezeit stieg er weiter an, und heute wird etwa ein Drittel aller in Deutschland erzeugten Produkte exportiert.

Dieses Wachstum, insbesondere die Orientierung auf den Export hatte weitreichende Konsequenzen. Seit den 1950er Jahren bestand weitgehend Einigkeit in Politik und Wirtschaft, daß die internationale Wettbewerbsfähigkeit der Bundesrepublik gesichert werden müßte. Dazu mußten mehrere Voraussetzungen geschaffen werden: ein Ausgleich zwischen den Tarifparteien, der in der Mitbestimmung seinen wichtigsten Ausdruck fand; eine ausgleichende Rolle des Staates und eine ausgebaute soziale Sicherung sowie schließlich ein großer Grundkonsens und politische Mitsprache der wichtigen gesellschaftlichen Gruppen. Vor allem jedoch war damit die Notwendigkeit gegeben, sich fortwährend anzupassen und Wirtschaft, Gesellschaft und Staat immer wieder zu modernisieren. Das ist weitgehend gelungen, wie etwa die anhaltend hohen Exporte trotz mehrfacher Aufwertung der DM anzeigen. Insgesamt scheint es, daß es wohl in keiner Phase der neueren deutschen Geschichte in Wirtschaft und Gesellschaft so tiefgreifende Veränderungen gab wie während der letzten vierzig Jahre in der Bundesrepublik.

In den fünfziger Jahren waren diese Veränderungen vielfach noch nicht deutlich zu sehen. Im westlichen Teil Deutschlands – wie in der DDR – galt es, die Folgen des Krieges zu überwinden, Vertriebene sowie Flüchtlinge zu integrieren, und bestimmend war der Wunsch, wieder „Normalität" herzustellen. Nicht zu Unrecht sprach Erich Kästner von der Zeit des motorisierten Biedermeier, doch die Änderungen waren unverkennbar: etwa der Übergang zur Massenmotorisierung, der zunehmende Konsum oder der allmähliche Gewinn an Freizeit. Für einzelne Bereiche wie die Landwirtschaft läßt sich sogar sagen, daß erst jetzt die Zeit der Moderne begann. Die Flurbereinigung, der weite Einsatz von Maschinen, das Vordringen des künstlichen Düngers und der Insektizide sowie vor allem der enorme Rückgang der dort Arbeitenden veränderten diesen Bereich grundlegend. Waren nach dem Krieg noch mehr als ein Viertel aller Erwerbstätigen in der Landwirtschaft beschäftigt, so liegt deren Anteil jetzt unter vier Prozent. Industrie und Handwerk behaupteten demgegenüber ihre Bedeutung, während der Dienstleistungssektor mittlerweile mehr als die Hälfte aller Beschäftigten zählt.

Im Gefolge dieser Veränderungen hat sich die Schichten- und Klassenstruktur allmählich aufgeweicht. Die für die fünfziger Jahre von Helmut Schelsky diagnostizierte „nivellierte Mittelstandgesellschaft" hat damals noch nicht bestanden, doch die These umschreibt eine für die folgenden Jahrzehnte charakteristische Entwicklung. In ihrem Verlauf wurden traditionelle Bindungen aufgeweicht und der Gegensatz von Stadt und Land weitgehend aufgehoben; der Einfluß der Kirchen ging zurück, ebenso die Kinderzahl sowie die Bevölkerung insgesamt, und der Bildungssektor wurde bedeutend ausgebaut, um nur einige Faktoren zu nennen. Im Bildungsbereich waren die Veränderungen besonders markant: Während 1950 lediglich etwas mehr als zehn Prozent der Jugendlichen zum Gymnasium gingen, liegt ihr Anteil heute bei etwa einem Drittel und ist damit genauso groß wie der Anteil der Hauptschüler. Da sich unter diesen zudem besonders viele Ausländer befinden, ist die tatsächliche Veränderung noch ausgeprägter. [. . .]

Die Entwicklung in der DDR verlief vielfach parallel. Auch hier gab es trotz der schlechten Ausgangsbedingungen bis in die sechziger Jahre hinein ein beachtliches wirtschaftliches Wachstum, so daß die DDR zeitweilig zu den zehn größten Industrienationen der Welt gehörte und innerhalb des Ostblocks das höchste Lebenshaltungsniveau aufwies. Dieses Wachstum verlief jedoch weniger dynamisch, war weniger außenorientiert und hat die Gesellschaft weniger grundlegend verändert. Deutlich wurde das insbesondere nach dem Ölschock und dem erheblichen Anstieg der Energiepreise in den siebziger Jahren. Im westlichen Teil Deutschlands wurde dadurch die Exportorientierung noch einmal verstärkt, während die DDR im Gegensatz dazu zu einer Autarkiepolitik überging und z.B. die heimische Energiereserve, die Braunkohle, stärker nutzte. Das war mit enormen Kosten verbunden und trug zu der zunehmenden ökonomischen Krise bei, durch die die bauliche, wirtschaftliche und infrastrukturelle Substanz in den letzten Jahren weitgehend aufgezehrt wurde. Generell wurden die überkommenen industriellen sowie gesellschaftlichen Strukturen eher verfestigt als reformiert, und in mehrfacher Hinsicht blieb die DDR eine traditionelle Industriegesellschaft. Sie war gekennzeichnet durch einen hohen Anteil von Arbeitern, ein Übergewicht der Schwer- und Rohstoffindustrie, eine ausgeprägte und zunehmende Zentralisierung in Politik und Wirtschaft, eine erdrückende Bürokratie sowie – um nur ein weiteres Beispiel herauszugreifen – einen sehr geringen Anteil von Ausländern, der 1989 bei etwa einem Prozent lag gegenüber acht bis neun Prozent im Westen.

Auch in der DDR gab es tiefgreifende Veränderungen: etwa ein vergleichbarer Bedeutungsverlust der Landwirtschaft, die zunehmende Freizeit oder die Explosion im Bildungssektor, die zeitlich sogar vorausging und anfangs noch stärker ausgeprägt war. In den fünfziger und sechziger Jahren mußten nämlich wegen der Flüchtlinge, die überwiegend dem Bürgertum entstammten, zahlreiche Leitungsfunktionen neu besetzt werden; hinzu kam eine gezielte Förderung von Arbeitern und ihren Kindern, so daß es besonders gute Aufstiegschancen gab. Später hat sich dieser Trend wieder umgekehrt. Die Studienchancen für Arbeiterkinder waren in der Endphase der DDR deutlich schlechter als im Westen. Auch scheint es, daß die damals aufgestiegenen Gruppierungen eine besondere Loyalität gegenüber der DDR zeigten, dadurch jedoch so stark mit den bestehenden Verhältnissen verknüpft waren, daß sie in den siebziger und achtziger Jahren Veränderungen eher behinderten. Ohnehin waren die spezifischen Aufstiegsmöglichkeiten mit dem Bau der Mauer entfallen, während zugleich die Wirtschaft langsamer wuchs als im Westen. Generell läßt sich sagen, daß die ökonomischen und gesellschaftlichen Entwicklungen in beiden deutschen Staaten in die gleiche Richtung wiesen, in der DDR aber verlangsamt verliefen und weniger ausgeprägt waren. Gegenläufige Trends dagegen sind weitgehend ausgeblieben.

Hiervon gibt es vor allem zwei Ausnahmen. Zum einen die höhere Berufstätigkeit und bessere Qualifikation der Frauen. Dadurch war eine wichtige Grundlage für ihre Emanzipation gelegt, die jedoch durch anhaltende Doppelbelastung in Familie und Beruf konterkariert wurde. Daneben das Fehlen von Arbeitslosigkeit. Bis zu ihrem Ende war die DDR eine Gesellschaft der Vollbeschäftigung, ja, es herrschte ein Mangel an Arbeitskräften, der allerdings – von heute aus betrachtet – nicht nur ein Zeichen des Erfolges, sondern auch der Ausdruck einer bedeutend geringeren Produktivität war. Nach der Einigung führte das zu der bedrückend hohen Arbeitslosigkeit und großen sozialen Belastungen, unter denen vor allem die Frauen leiden, die einen Großteil ihrer Errungenschaften wieder verloren haben.

Horst Johannes Tümmers

Erste Krisen

1959 erlebte der Kohlebergbau an der Ruhr seine erste Absatzkrise. Billige Importkohle machte ihm zu schaffen. Erdöl und Erdgas drängten ins Geschäft. Auch die Stahlkonjunktur flaute durch die Billigimporte aus Japan ab. Synthetische Produkte der Chemie wurden zu einer ernsten Konkurrenz für die Stahlkocher. Das Revier hatte viele Jahrzehnte erfolgreich Kohle und Stahl produziert, aber es hatte eine wirtschaftliche Monostruktur entwickelt. Als die Überproduktion von Kohle und Stahl auf dem Weltmarkt einen Preisverfall auslöste, geriet das Ruhrgebiet in eine Strukturkrise. Das Zechensterben begann. Ein Hochofen nach dem anderen erlosch; die Montanindustrie schrumpfte; immer mehr Arbeitsplätze gingen durch die Rezession verloren. In den achtziger Jahren war das Ruhrgebiet, das einst als Muster für Fortschrittlichkeit und wirtschaftliche Prosperität galt, zum Armenhaus der Nation geworden.

Die Emscher durchfloß eine veränderte Landschaft: Neben den gewohnten Abraumhalden entstanden Kohlehalden. Auf leeren Fabrikhöfen wuchs Gras. Die Räder auf den Fördertürmen standen still. Nur wenige Schornsteine qualmten noch. Das Ruhrgebiet hatte sich auf weiten Strecken in eine Industriebrache verwandelt. Landesregierung und Kommunen suchten neue Industrien ins Revier zu holen, Ansiedlungen zu fördern. Technologieprogramme sollten die krisengeschüttelte Wirtschaftsstruktur verändern und auf lange Sicht verbessern. Die heimische Schwerindustrie sollte allmählich durch Investitionsgüterindustrie ersetzt, die Produktionspalette des Ruhrgebiets bereichert und damit krisensicherer werden. Der Stadt Bochum gelang es, auf nicht mehr beanspruchtem Zechengelände ein Zweigwerk des Automobilkonzerns Opel anzusiedeln. Auch Rheinhausen hatte sich um die Ansiedlung bemüht. Aber Krupp weigerte sich, das erforderliche Grundstück herzugeben. Als die Ford-Werke 1960 in Herten gleichfalls einen Zweigbetrieb errichten wollten, legte sich der Unternehmensverband Ruhrkohle quer und verhinderte die Schaffung von immerhin 6000 neuen Arbeitsplätzen. In Essen hatte Ford ebenfalls angeklopft. Auch dort wußten die allmächtigen Bergbaukonzerne die Ansiedlung zu hintertreiben. Die Ford-Werke wichen nach Belgien aus. Kenner der Verhältnisse wissen: Gegen den Willen der Montanindustrie läuft im Ruhrgebiet nichts. Sie ist der größte Grundeigentümer. Die Kommunen haben mit ihrer Stadtplanung und Wirtschaftsförderung das Nachsehen. In Duisburg sitzen fünf Eigentümer auf 70 Prozent des Industriegeländes. Im Jahresbericht 1987 des „Grundstückfonds Ruhr" wurde beklagt, daß man es im Ruhrgebiet zwar mit einer großen Zahl für neue Industrieansiedlungen geeigneter Flächen, aber nur mit wenigen Eigentümern zu tun habe; das Ärgerlichste sei, daß das geltende Bodenrecht einen „Zwang zur Aktivierung von Brachflächen durch den jeweiligen Eigentümer" nicht hergebe. Angesichts der „Massierung von Industriebrachen im nördlichen Ruhrgebiet entlang der Emscherzone" könne man wohl davon sprechen, daß die Montanindustrie die regionale Entwicklung behindere – und das auf demselben Grund und Boden, den sie ausgebeutet hatte und der ihr eine wirtschaftliche und politische Machtposition verschafft hatte. Hinter diesem Machtmißbrauch der Montanindustrie steckte Methode. Die an der Ruhr allgegenwärtigen Großgrundbesitzer befürchten die Abwanderung von Fachkräften in Wachstumsbranchen und eine Störung des ihnen genehmen Lohnniveaus.

Dieses Verhalten behindert die Zukunft des Reviers, es drückt die schönen Hoffnungen, die seit 1989/90 die „IBA Emscherpark" eröffnet. Die IBA (Internationale Bauausstellung) Emscherpark versteht sich als eine „Werkstatt zur Erneuerung alter Industriegebiete". Träger der IBA Emscherpark sind das Land Nordrhein-Westfalen und 17 Städte der Emscher-Region. Zur Disposition steht ein etwa 60 Kilometer langer und 0,2 bis 15 Kilometer breiter Geländestreifen von Bergkamen bis an den Rhein bei Duisburg mit der Emscher in der Mitte. Ziel ist der Wiederaufbau dieser Landschaft, die Entwicklung einer grünen und zugleich wirtschaftlich gesunden Region als neuer Lebensgrundlage. Das setzt einen Leitbildwandel in den Köpfen voraus: Weg von der industriellen Nutzung der Landschaft und hin zu einer urbanen Kulturlandschaft, zur ökologischen, sozialen und ästhetischen Qualifizierung. Man will nicht träumen und schwadronieren, sondern konkret werden, Termine setzen: 1998/99 soll die Abschlußpräsentation im Emscherpark sein.

Michael Salewski

Grenzen des Wachstums

Der arabische Ölboykott im Gefolge des Yom-Kippur-Krieges konfrontierte 1973 die Masse der westdeutschen Bevölkerung dann zum ersten Mal mit zwei Phänomenen, die bis dahin nahezu unbekannt geblieben waren: dem

Mangel und der Solidarität. Natürlich gab es keinen echten Ölmangel, die Ölkrise war bloß eine Ölpreiskrise, dennoch sorgte das von der Bundesregierung verhängte Sonntagsfahrverbot für einen Denkanstoß, der Folgen haben sollte: Mit der unbedachten Verschwendung von Energie war es seitdem aus, von den autofreien Sonntagen zu einem ziemlich sensiblen Energiebewußtsein, das fast alle Bereiche der Wirtschaft und Gesellschaft erfaßte, führte eine gerade Linie. Auch diese war mit Problemen belastet, stand es doch außer Frage, daß die nun besonders favorisierte Atomstromenergie an einen anderen Angstkomplex aus der Vergangenheit gekoppelt war. Der Kampf um die Atomkraftwerke – Whyl und Brokdorf sollten dafür zum Symbol werden – verknüpfte sich rasch mit anderen gesellschaftlichen Konflikten, die Ende der siebziger, Anfang der achtziger Jahre zu einem großen psychologischen Krisenszenario zusammengemischt wurden.

Daß Ökonomie und Ökologie zusammengehörten wie Kette und Schuß: das war die eine große Lehre aus der Ölpreiskrise von 1973. Die andere bestand im Erstaunen darüber, daß das alte Europa tatsächlich noch in der Lage war, mit ungewöhnlichen Herausforderungen, die durchgehend als Unrecht empfunden wurden, geschickt fertig zu werden. Der Ölboykott wurde nämlich ein voller Schlag ins Wasser, von dem sich die mächtige OPEC nie mehr richtig erholte. Man besann sich in ganz Westeuropa seiner technologischen Fähigkeiten, binnen weniger Monate gelang die Prospektierung neuer Ölquellen, vor allem in der Nordsee und der Norwegensee, in Windeseile wurden Energiesparprogramme aufgelegt – und von den Verbrauchern willig akzeptiert, kurzum: die Europäer zeigten „den Arabern" die Zähne. Diese Erfahrungen sollten das Selbstbewußtsein Europas, auch den USA und Japan gegenüber, stärken; hatten kurze Zeit zuvor noch manche Experten vor der baldigen „Übernahme" Europas durch amerikanische Manager und japanische Konzerne gewarnt, so kam Europa wieder auf die eigenen Füße; die auch späterhin immer wieder beschworene „Eurosklerose" (Giersch) trat nie ein.

Wirtschaftliche Probleme gab es natürlich dennoch in Hülle und Fülle – so zumindest empfanden es die Bundesbürger, denen beim Anblick eines immer mächtiger anschwellenden Arbeitslosenheeres – die Quote betrug im Januar 1969 5,9 Prozent – ungute Erinnerungen kamen. Die SPD/FDP-Regierung war mit dem Anspruch eines tiefgreifenden sozialen Reformwillens angetreten, tatsächlich wurde die Masse der Steuerzahler entlastet, wurden neue Arbeitsprogramme aufgelegt, neue soziale Einrichtungen geschaffen, alte besser unterstützt, Schulen und Universitäten mit Geld fast überhäuft. Schon frühzeitig gab es unter den volkswirtschaftlichen Experten Warnungen vor einem Überborden der Wohltaten von Staats wegen, aber auch der spektakuläre Rücktritt des Wirtschafts- und Finanzministers Karl Schiller änderte an der Wirtschafts- und Finanzpolitik der Bundesregierung, genauer: der SPD-Fraktion nichts. Damals war zuerst vom „sozialen Netz" die Rede, das es enger zu knüpfen gelte, „Chancengleichheit" führte als Prinzip zu ständig neuen Reformbemühungen, die betriebliche „Mitbestimmung" oder das „Hochschulrahmengesetz" sollten den Umbau der Gesellschaft fördern – aber alles kostete Geld, dieses wurde zunehmend knapper, die Tage der überhitzten Hochkonjunktur waren vorbei, an sich hätte man den Gürtel enger schnallen müssen.

Dazu war die SPD strukturell unfähig, das kostete sie schließlich das Vertrauen des kleinen Koalitionspartners und leitete die erneute Wende ein. Dabei war gar nicht zu leugnen, daß zahlreiche Maßnahmen der Regierung auf dem Feld der Sozialpolitik überfällig waren, die Einführung der bruttolohnbezogenen Rente sollte die älteren Mitbürger besser als bisher an den wirtschaftlichen Erfolgen teilhaben lassen, diese aber wurden zweifellos überschätzt, wenn es mächtigen Gewerkschaften wie der ÖTV unter Kluncker gelang, zweistellige Lohnsteigerungsraten gegen den Willen der Regierung und die Vernunft der Ökonomie durchzusetzen. Und wenn dann noch unverantwortliches Gerede von „Austesten der Belastbarkeit der Wirtschaft“ hinzukam, schwand auch in der breiteren Öffentlichkeit das Zutrauen zur wirtschaftlichen Kompetenz der Regierung. Natürlich waren dann flugs wieder neunmalkluge Auguren zur Hand, die „den Sozis“ überhaupt die Fähigkeit absprachen, mit dem Geld der Bürger umgehen zu können – solche tief in der Geschichte verwurzelten Vorurteile halten sich zäh.

Horst Johannes Tümmers

Reaktorruine Kalkar

Ohne Wyhl ginge das Licht aus, hatte Hans Filbinger mit der Autorität eines baden-württembergischen Ministerpräsidenten gedroht. Aus dem Kernkraftwerk Wyhl ist nichts geworden, aber das Licht brennt dennoch. Auch aus den Kernkraftwerken in Schwörstadt und Kaiseraugst (CH), in Gambsheim (F), Wörth, Neupotz, Bad Breisig/Sinzig, Vahnum (NL), die alle einst als neue Standorte am Rhein im Gespräch waren, wurde nichts. Mülheim-Kärlich ist zwar gebaut worden, mußte aber stillgelegt werden. Und Kalkar, das gemeinsame europäische Unternehmen, wurde ein europäisches Trauerspiel. Das Licht brennt immer noch. Für welchen Bedarf ist hier geplant worden? Und warum [...] sollten die Kernkraftwerke alle am Rheinufer stehen?

Der Wasserbedarf der Schwerindustrie, der chemischen Industrie und auch der Unternehmen der Primärenergieversorgung ist groß, zusammengenommen ungleich größer als der privater Haushalte, obwohl Industrie und Kraftwerke das Wasser in geschlossenen Kreisläufen mehrfach nutzen. Die von den Branchen der Schwerindustrie und der chemischen Industrie für die Produktion und Kühlung unmittelbar benötigte Wassermenge wird um fast das Doppelte übertroffen von der Wassermenge, die Kraftwerke als Kühlwasser benötigen. Ein modernes Kohlekraftwerk mit 700 Megawatt Leistung und Durchlaufkühlung benötigt je Stunde rund 90000 Kubikmeter Frischwasser. Ein Kernkraftwerk mit einer Leistung von 1300 Megawatt braucht in jeder Betriebsstunde sogar 200000 Kubikmeter Wasser und mehr. Solche riesigen Wassermengen sind am einfachsten und billigsten von einem Fluß mit ganzjährig ausreichender Wasserführung zu bekommen. Der Rhein ist solch ein Fluß mit günstigem Wasserdargebot. An seinem Ufer wird angenehm kühles Wasser von der Natur ständig nachgeliefert. Und der Fluß nimmt das im Kraftwerksbetrieb anfallende, meist temperierte Abwasser auch wieder mit. Allerdings belastet das erwärmte Wasser den Fluß. Zusammen mit den anderen Industrieabwässern senkt es den Sauerstoffgehalt; es begünstigt Abbauprozesse, die nun ihrerseits noch mehr Sauerstoff verbrauchen. In der Folge entstehen Fäulnisprodukte, die zu Fischsterben, zu Geruchs- und Geschmacksbeeinträchtigungen führen. Überdies wird die Trinkwasseraufbereitung aus dem Uferfiltrat gestört. Eine den Flußlauf begleitende Reihe von Kraftwerken kann also – zusammen mit anderen Industrieableitern – zu einer erheblichen thermischen Belastung des Flusses und zu einer Bedrohung seines Ökosystems führen. Deshalb sind heute Kühltürme, die das aufgewärmte Kühlwasser in einem Frischluftstrom vor der Einleitung rückkühlen, für Kraftwerke obligatorisch, für Kernkraftwerke sowohl als auch für Wärmekraftwerke, die Energie aus fossilen Brennstoffen gewinnen.

Am Rheinufer sind folgende Kernkraftwerke in Betrieb: Leibstadt (CH), Fessenheim (F), Karlsruhe, Philippsburg, Biblis (alle D), Dodewaard (NL). Kaum eines darunter, das außer Energie nicht auch immer wieder einmal beunruhigende „Vorfälle“ produziert hätte. Fessenheim, Philippsburg, Biblis stehen voran. Alle aber wurden übertroffen von der Investitionsruine Kalkar, obwohl dieser Reaktor nie „ans Netz“ gegangen ist.

Das leitet zu der anderen, eingangs gestellten Frage zurück: Für welchen Bedarf sind diese Kraftwerkskapazitäten geplant und mit Milliardenbeträgen aufgebaut worden?

Ich besuche den Schnellen Brüter im Sommer 1991. Von einer der Buhnen am rechten Ufer aus gesehen, beim Stromkilometer 842, sieht er häßlich, aber harmlos aus. Die Anlagen des Kraftwerks füllen mein Blickfeld aus. Die Kirchtürme von Hönnepel, Wissel, von St. Nikolai in Kalkar sind verdeckt. Über dem hellgrauen Beton des Kraftwerks wölbt sich tiefblau und wolkenlos der weite Himmel des Niederrheins. Der Sommer ist trocken und beschert der Schifffahrt extremes Niedrigwasser; die Schiffe fahren dicht am jenseitigen Ufer entlang. Hinter mir, in einem der Kieslöcher, rasselt ein Eimerkettenbagger. Drüben aus dem Kraftwerk kommt kein Laut. Über dem Kühlturm fehlt die Fahne dichten weißen Dampfs. Die Anlage liegt still. Schwer zu begreifen. Denn der Reaktor, wenn er hätte in Betrieb gehen können, wäre ein technisches Wunderwerk gewesen, eine Art Perpetuum mobile. Er besaß die Fähigkeit, nicht nur aus dem spaltbaren Anteil des Natururans, dem Uran 235, Nutzenergie zu erzeugen, sondern gleichzeitig aus dem nicht spaltbaren Anteil des Natururans, dem Uran 238, neuen Spaltstoff, das Plutonium, zu erbrüten. Mit dieser Brennstoffökonomie des Brutreaktors wäre es möglich gewesen, das Energiepotential des natürlichen Urans vollständig zu nutzen. Im Reaktorkern ist die innere Spaltzone, die den größten Teil der thermischen Leistung erzeugt, von einem Brutmantel umgeben. Dieser liefert durch Kernumwandlung den neuen Brennstoff Plutonium. Der Schnelle Brüter hätte also seinen eigenen Brennstoff erbrütet! Und zwar in der Gesamtbetriebsdauer des Reaktors (ca. 30 Jahre) noch etwa 10 bis 30 Prozent mehr, als der Kalkarer Reaktor selbst verbrauchte! Aber wozu, fragten die Kritiker des Konzepts. Uran sei vorerst in ausreichenden Mengen vorhanden; die Trumpfkarte mit dem Plutonium sollte man in der Hinterhand behalten, bis der Energiebedarf tatsächlich die Produktion von Plutonium erforderlich erscheinen ließe. Denn die Brütertechnologie berge erhebliche Risiken, zum Beispiel durch das Natrium-Kühlsystem. Flüssiges Natrium reagiert explosiv, wenn es mit Wasser in Berührung kommt. Um diese Gefahr zu begrenzen, führten die Ingenieure einen zusätzlichen Zwischenkreislauf ein: Wenn im Dampferzeuger ein Leck entstünde, wäre daran nur das inaktive Natrium des Sekundärkreislaufs beteiligt, nicht aber das kontaminierte des Primärkreislaufs. Außerdem würden alle Räume des Containments mit Stickstoff gefüllt. Dann aber tauchte eine neue beunruhigende Frage auf: Könnte im Beton des Containments Feuchtigkeit stecken, das bei Erhitzung als Schwitzwasser austritt? Käme es mit dem Natrium in Berührung, wäre eine verheerende Katastrophe die Folge. Allein 1984 und 1985 waren drei Natrium-Brände bekannt geworden. Weitere Bedenken galten der Befürchtung, daß die Kettenreaktion im Schnellen Brüter offensichtlich schwieriger zu steuern war als in einem konventionellen Leichtwasserreaktor, daß also die Gefahr des „Durchgehens" bedacht werden mußte. Das Gefahrenpotential des Schnellen Brüters schien nicht unerheblich. Zusätzliche Sicherheitssysteme mußten eingebaut, immer neue Abschaltvorkehrungen getroffen und Verschlußmechanismen nachgeliefert werden.

1972 war der Grundstein gelegt worden; statt von 300 Millionen war jetzt von 1,5 Milliarden DM Kosten die Rede. Bei Fertigstellung 1986 waren es 6,5 Milliarden geworden. Nun hätte eigentlich nach der ersten Ladung der Probebetrieb anlaufen können. Aber es gab neue Sicherheitsbedenken. Außerdem lautete die neueste Erkenntnis: Eigentlich besteht für den Schnellen Brüter kein Bedarf. Die vielbeschworene Energielücke gab es nicht. 1979 war der Anstieg des Energieverbrauchs abgeflacht. Und billigen Strom würde der Schnelle Brüter auch nicht liefern. Der

Strom aus dem französischen 1200 Megawatt-Brüter Superphénix I war doppelt so teuer wie der Strom aus einem Leichtwasserreaktor. Einen Wert hätte der Brüter nur noch als Experiment, als Forschungsreaktor, und, für die Energiewirtschaft, als Demonstrationsobjekt. Fünf Jahre lang kümmerte die Forschungsruine am Niederrhein vor sich hin, bei monatlichen Pflegekosten von 15 Millionen DM. 1991, als das „Aus“ kam, hatten sich die Kosten auf 10 Milliarden summiert. Derzeit veranstaltet ein niederländischer Unternehmer Führungen durch die Reaktorruine. Er will sie zu einem Freizeitpark „Kernwasser Wunderland“ umbauen.

Der Rhein zieht seine Bahn am Kraftwerk Kalkar vorbei. In den Alpen, noch ein Bergbach, hat er bereits Kraftwerke getrieben, und hernach viele Laufwasserkraftwerke. Er hat Wärmekraftwerke und Kernkraftwerke mit seinem Wasser gekühlt. Das Monstrum in Kalkar ist ihm erspart geblieben.

Christoph Kleßmann/Georg Wagner

„Vergleichsweise trostlos“: Die DDR-Wirtschaft

Man muß es widerwillig zugeben: Da waren vor fünfundzwanzig Jahren ein Land und ein Volk, denen ging es so dreckig wie nie zuvor. Doch man überließ sie sich selbst und sagte: „Tut doch was, um euch zu helfen!“ Und die taten was! Schon nach einer Handvoll Jahren sprach man vom „Wunder“. Und das „Wunder“ wuchs und blieb. Jeder weiß: Das ist die Bundesrepublik. Eines der führenden Wirtschaftsländer der Welt. Mit international imponierenden Zahlen, was Produktion und Export betrifft, was sich über Volkseinkommen und Lohnsteigerungen sagen läßt, was über Kaufkraftzuwachs und Freizeitgewinn zu Buche schlägt. Was jeden einzelnen voranbringt und von der Generation vorher zum Guten abhebt. Was die Erklärung möglich macht: Hier hat ein „System“ seine Funktionsfähigkeit bewiesen, oder einfacher: Hier ist ein Laden, der läuft. Wie das wohl kommt? Weil jeder will, daß es ihm gut und besser geht. Weil alle arbeiten, wie es nur möglich ist und fleißig sind, wie es die Sache fordert. Weil Intelligenz, Pflichtbewußtsein und strebsames Bemühen die Menschen auszeichnen. Weil sie technisches Know-how die Menge haben, Erfindungsgeist und gute Tradition. Da ist was dran. Nur offenbar nicht alles. Das Wesentliche nämlich nicht.

Nichts nämlich von dem ist anders in der DDR. Aber alles ist anders, was das Ergebnis angeht. Man muß es gesehen, gerochen, gefühlt, geschmeckt haben. Vor nicht langer Zeit, damit die Erinnerung nicht in Nichtglaubenkönnen – oder Nichtglaubenwollen – untergeht. Denn es ist nicht vorstellbar. Es ist auch durch Zeitungsreportagen oder Fernsehfeatures nicht vorstellbar zu machen. Aus vielerlei Gründen. Aus mangelhaftem Willen zur Objektivität. Aus Voreingenommenheit oder fehlender Kenntnis. Vor allem aber, weil das Phänomen dieses Staates mit unseren Kategorien nicht zu fassen ist.

Was nützt die statistische Tatsache, daß die DDR im östlichen Wirtschaftsblock Tabellenführer ist, wenn man in einer ehemals reichen Landgemeinde dieser DDR nicht ein Gespräch führen kann ohne den Satz: „Wenn man doch wenigstens einen Sack Zement bekommen könnte!“ Was nützen billige Mieten, wenn sie nur mit staatlichen Subventionen zu halten sind und zugleich, mangels Kostendeckung für die Vermieter, den DDR-Witz hervorbringen, es gäbe überall „Warenhäuser“. Hier waren Häuser und da waren Häuser und dort waren Häuser. Tatsache ist, daß an den weitaus meisten Altbauten in der DDR zum letzten Mal in den 30er Jahren etwas getan worden ist. Was nützen preiswerte Grundnahrungsmittel, wenn alles, was über das biologische Existenzminimum hinausgeht, entweder überhaupt nichts oder nur zu praktisch unbezahlbaren Preisen zu haben ist. Einkommen – in der DDR das Niveau unserer frühen fünfziger Jahre. Und zwar durch alle Schichten gleich. Bis auf die paar Privilegierten der Neuen Klasse. Das ist sozialistische Wirtschaftspolitik: Es geht allen gleich, nämlich allen gleich schlechter. Natürlich gibt es Tariflöhne, aber das sind nicht, wie bei uns, Mindest-, sondern Höchstlöhne. Deren Höhe läßt sich ermessen, wenn man festhält: Ein Maurer bringt um 100 Mark in der Woche nach Hause, der stellvertretende Leiter einer Filialbank 700 im Monat, eine Wirtschaftsprüferin in gleicher Zeit 1300, von Rentnern ganz zu schweigen. Alles das hat den DDR-Alltag mit einer abgenutzten Schäbigkeit durchsetzt, die für den DDR-Bürger nur dadurch zu ertragen ist, daß er sie in ihrem ganzen Ausmaß nicht wahrnimmt, enthält man ihm doch alle Vergleichsmaßstäbe bewußt vor. [. . .]

Daß die Verhältnisse überhaupt noch so sind, verdankt die DDR dem verhaßten Kapitalismus. Das Faszinierende am Wirtschaftsleben dieses Staates ist, daß das, was an sich nicht funktionieren kann, in bescheidenem Maße durch das funktioniert, was nicht sein darf. Die DDR-Wirtschaft hat die „doppelte" Buchführung erfunden. Da ist die systemkonforme Buchführung für Staat und Partei, den neusten planwirtschaftlichen Erkenntnissen folgend. Und da ist die ängstlich gehütete Buchführung der betriebserhaltenden Geschäfte. Das sind die „Geschäfte" mit den geheimen Überschüssen, die hinter und neben den Planzielen auftauchen und den Betrieb überhaupt in Gang halten. Diese Überschüsse wandern von Firma zu Firma durch einen Wirtschaftskreislauf „kapitalistischen" Charakters. Hier regiert der Markt, Angebot und Nachfrage regulieren den Preis und der Preis ist hoch. Fliegt ein solches Geschäft auf, hat der Staat wieder einmal ein paar Schuldige an der Misere des Sozialismus: Verschwörer gegen die DDR. Dabei sollte man diesen Leuten den Vaterländischen Verdienstorden umhängen. Denn: Diese Wirtschaftspraktiker sind es, dieser graue „Kapitalismus" ist es, wodurch die Karre dennoch läuft. Auf solche Weise werden die großen und kleinen Wirtschaftsfunktionäre zu Teilzeit-Unternehmern. Nur: Risiko und Aufwand stehen in keinem Verhältnis zum Ertrag.

Immer wieder hat das kommunistische System für eine gewisse Zeit Anleihen beim Kapitalismus gemacht. Alles Versuche, den entscheidenden, fehlenden Teil in den DDR-Wirtschaftsmotor einzubauen: den Unternehmer. Und in der Tat: Jedesmal kam Fahrt auf, proportional dem unternehmerischen Salz, das man in die Suppe gestreut hatte. Und jedesmal kam bald auch ein Hauch von Freiheit auf. Und jedesmal bekam die DDR-Führung sehr bald Angst: Diese Entwicklung war nicht „systemimmanent", das war ein Sprengsatz für den Sozialismus. Die Versuche wurden abgeblockt und eingefroren. Der sozialistische Alltag war gerettet. [. . .]

Was es mit dem Staat DDR auf sich hat, mögen die Politiker und die Staatsrechtler miteinander ausmachen. Was es mit dem Wirtschaftsgebilde DDR auf sich hat, müssen die Menschen „drüben" mit sich ausmachen. Es ist damit nicht viel Staat zu machen. Darin liegt Tragik. Denn die Menschen in der DDR haben keine Möglichkeit, ihren jämmerlichen Zustand zu „verändern". Sie sind ausgeliefert. Wir müssen dem zusehen. Eine unerträgliche Situation, die ertragen werden muß. Eine Situation, die wir *er*kennen, aber nicht *an*erkennen können.

VI. Zu neuen Ufern: Gesellschaft und Kultur in Ost und West

Klaus J. Bade

Einheimische und Fremde

Bevölkerung, Wirtschaft und Gesellschaft Westdeutschlands wurden wie in keinem anderen Industriestaat der zweiten Hälfte dieses Jahrhunderts durch grenzüberschreitende Massenbewegungen geprägt. In Westdeutschland, wo am Vorabend der deutschen Vereinigung 59,3 Mio. Deutsche und 5,3 Mio. Ausländer lebten, waren seit dem Ende des Zweiten Weltkriegs rund 15 Millionen ‚Neubürger' zugewandert, vornehmlich über die östlichen Grenzen: Flüchtlinge und Vertriebene am Kriegsende und in den Nachkriegsjahren, Flüchtlinge aus der SBZ und DDR, Aussiedler aus Ost- und Südosteuropa. Es gab in der zweiten Hälfte des 20. Jahrhunderts unter den entwickelten Industriestaaten der westlichen Welt keine vergleichbaren Dimensionen. Seit 1987 schließlich nahm die Bundesrepublik jährlich mehr Zuwanderer auf als die beiden klassischen Einwanderungsländer Kanada und Australien zusammen.

Unterschiede und Gegensätze in der Erfahrung mit Wanderungen in den beiden deutschen Staaten gab es schon bei der Eingliederung der Flüchtlinge und Vertriebenen auf beiden Seiten. Im Westen wurden sie appellativ ‚Heimatvertriebene', im Osten schönfärberisch ‚Umsiedler' genannt. Was im Westen jahrzehntelang von einflußreichen Vertriebenenorganisationen öffentlich als ‚Recht auf Heimat' eingefordert wurde, blieb in der DDR als ‚Umsiedlerproblematik' tabuisiert mit Rücksicht auf die östlichen Nachbarn. Das gleiche galt dort, von der Rolle der einmarschierenden Sowjetarmee gegenüber der Zivilbevölkerung ganz abgesehen, für die öffentliche Beschäftigung mit den traumatischen Erfahrungen von Flucht und Vertreibung.

Im Westen überdauerte die Zuwanderung von ‚Aussiedlern' aus Ost- und Südosteuropa das Ende der Vertreibungen: Fast 1,6 Millionen passierten von 1951 bis Ende 1988 die Grenzdurchgangslager in der Bundesrepublik. Ihre Aufnahme erregte immer weniger Aufsehen, abgesehen von der öffentlichen Empörung über Ausreisebehinderungen oder finanzielle Gegenleistungen für die Gewährung der Ausreise, die z.B. im Falle Rumäniens den Charakter eines regelrechten, im Gesamtergebnis milliardenschweren Menschenhandels annahmen. Die Erfahrung der Aussiedlerintegration spielte im Osten Deutschlands ebensowenig eine Rolle wie die im Westen seit den frühen 80er Jahren stark anwachsende Zuwanderung von asylsuchenden Flüchtlingen [. . .].

Jenseits der Integration der Flüchtlinge und Vertriebenen (,Umsiedler') dominierten in der DDR bis zum Bau der Mauer 1961, und in abnehmendem Umfang auch danach, nicht Zuwanderung und Eingliederung, sondern Abwanderung und Ausgliederung durch Flucht, und, in der Agonie des Systems zuletzt zunehmend, legale ,Übersiedlung' in den Westen. Was dort wegen des Bekenntnischarakters der ,Flucht aus dem kommunistischen Machtbereich' als Abstimmung mit den Füßen zwischen den im Kalten Krieg konkurrierenden Systemen politisch gern akzeptiert und als Arbeitskräftezufluß begrüßt wurde, war in der DDR als ,Republikflucht' ein Straftatbestand und wurde in der öffentlichen Diskussion nach Möglichkeit ebenso totgeschwiegen wie seit Anfang der 50er Jahre die ,Umsiedlerproblematik'. Viele mit Zuwanderung und Eingliederung, mit Ausgliederung und Abwanderung zusammenhängende Fragen fielen in der DDR mithin öffentlicher Verdrängung anheim. Damit zusammenhängende allgemeine Probleme und individuelle Erfahrungen konnten nicht politisch artikuliert oder gar in öffentlicher Auseinandersetzung ausgelebt werden.

Der Mauerbau im Osten aber beschleunigte im Westen nur den Weg zum Einwanderungsland wider Willen: In der Bundesrepublik hatte der deutsch-italienische Vertrag von 1955 den ersten Auftakt zur amtlich organisierten Anwerbung ausländischer Arbeitskräfte ins Land des ,Wirtschaftswunders‘ gegeben. Die unter staatlicher Mitwirkung begonnene Anwerbung ausländischer Arbeitskräfte wurde nach dem Ende des Zustroms aus der DDR 1961 um so mehr forciert. Im Gegensatz zu den ‚ausländischen Wanderarbeitern‘ des Kaiserreichs und insbesondere zu den ‚Fremdarbeitern‘ im nationalsozialistischen Deutschland wurden die ausländischen Arbeitskräfte in der öffentlichen Diskussion der Bundesrepublik ‚Gastarbeiter‘ genannt. Gast aber ist nur, wer nicht auf Dauer bleibt.

Die ‚Gastarbeiterperiode‘ in der Bundesrepublik endete mit dem ‚Anwerbestop‘ in der Wirtschaftskrise von 1973. Die Maßnahme wirkte als Bumerang. Der ‚Anwerbestop‘ senkte nur kurzfristig die Ausländerzahlen, drosselte aber auf Dauer die transnationale Fluktuation der ausländischen Arbeitswanderer und verstärkte um so mehr die ohnehin wachsende Tendenz zum Daueraufenthalt: denn seither standen ausländische Arbeitskräfte, die nicht auf Dauer von ihren Familien im Herkunftsland getrennt leben wollten, vor der Alternative: endgültige Rückkehr in die Heimat ohne Chance auf Wiederkehr oder Familiennachzug in die Bundesrepublik. Die meisten blieben und zogen ihre Familien nach. [. . .]

Auch in der DDR gab es, in geringem Umfange, Ausländerbeschäftigung auf der Grundlage zwischenstaatlicher Vereinbarungen. Sie wurde – insbesondere gegenüber der als moderne Form der „Fremdarbeiterpolitik des Imperialismus“ attackierten Ausländerbeschäftigung in der Bundesrepublik – offiziell totgeschwiegen, ‚dementiert‘ oder als Ausbildungswanderung verharmlost. Von den sowjetischen Armeeangehörigen und ihren Familien abgesehen, stellten von den 1989 noch ca. 190000 Ausländern in der DDR die Arbeitnehmer in DDR-Betrieben die bei weitem stärkste Gruppe, unter ihnen 1989 noch ca. 59000 Vietnamesen und ca. 15000 Mosambikaner. Den über Regierungsabkommen mit befristeten Arbeitsverträgen ins Land geholten ‚ausländischen Werktätigen‘ gegenüber gab es in der DDR, anders als in der Bundesrepublik, weniger soziale Integration als staatlich verordnete Segregation und sogar räumliche Ghettoisierung. Sie wurden in separaten Gemeinschaftsunterkünften einquartiert und damit auch sozial auf Distanz gehalten. Nähere Kontakte waren genehmigungs- und berichtspflichtig. In dem durch die verordnete Ausgrenzung der Fremden und durch die öffentliche Tabuisierung ihrer Existenz geschaffenen sozialen Vakuum siedelten in dem eingemauerten zweiten deutschen Staat Gerüchte und Argwohn, wucherten Mißtrauen, Angst und Haß. Es kam zu einer Art ostdeutschen „eigenen Form der Apartheid" (W. Thierse) bzw. „Xenophobie hinter verschlossenen Türen" (C. Schmalz-Jacobsen). [. . .]

Insgesamt kann man seit dem Zweiten Weltkrieg in Deutschland drei verschiedene große Eingliederungsprozesse unterscheiden: Am Anfang stand die ‚Integration' von Flüchtlingen und Vertriebenen im Westen (‚Heimatvertriebene') und Osten (‚Umsiedler'). Im Westen folgte, als zweiter großer Eingliederungsprozeß, die Entwicklung von der Ausländeranwerbung über die ‚Gastarbeiterfrage' zum echten Einwanderungsproblem. Anfang der 90er Jahre stand das vereinigte Deutschland vor einer sehr komplexen dritten Eingliederungserfahrung. Einheimische Ausländer und fremde Deutsche begegneten sich in dieser neuen Einwanderungssituation, die vielgestaltiger und unübersichtlicher ist als die beiden vorausgegangenen großen Eingliederungsprozesse.

Hans-Georg Stümke

„Die gesunde Familie": Moralvorstellungen der 50er Jahre

„Familienpolitik" hieß jetzt die neue „freiheitlich-demokratische" Devise. „Totalitäre Regime", so der erste Familienminister der Bundesrepublik Franz-Josef Wuermeling (1953–1962), „betreiben Bevölkerungspolitik", demokratische hätten sich nach anderen Regeln zu verhalten: „Wenn ein demokratischer Staat ‚Familienpolitik' betreibt, muß das etwas grundsätzlich anderes sein, als die ‚Bevölkerungspolitik' etwa des Nationalsozialismus [. . .]." Vor allem gegen das quantitative Moment der NS-Bevölkerungspolitik wandte Wuermeling ein: „Wir haben dieser totalitären Schau die klare These entgegenzusetzen: Unsere Kinder sind nicht Kinder des Staates, sondern Kinder der Familie! [. . .] Wenn sich staatliche Familienpolitik um Familien mit Kindern kümmert, hat das seinen Grund also letztlich nicht darin, daß der Staat mehr Kinder braucht. Dieser hat gar kein Recht, von den Familien mehr oder weniger Kinder zu fordern. Mit solchen Forderungen würde er seine Grenzen eindeutig überschreiten und in den Intimbereich von Ehe und Familie eindringen." Bevölkerungspolitik erniedrige „den Menschen und die Familie zu Funktionären des Kollektivs" und „entweihe" zugleich den „heiligen Bereich der Ehe und Familie zu menschenunwürdigem Funktionärtum".

Nur scheinbar befand sich der Familienminister mit derlei Erklärungen im Widerspruch zu den familienpolitischen Richtlinien, die Konrad Adenauer qua Kanzler-Kompetenz in seiner Regierungserklärung vom 20. Oktober 1952 setzte: Er forderte eine „konstante Zunahme der Geburten" sowie „Stärkung der Familie und dadurch Stärkung des Willens zum Kind". Entsprechend konzentrierte sich auch das Familienministerium aus genuin bevölkerungspolitischen Gründen auf die „Mehr-Kinder-Familie", denn, so Wuermeling: „Nach den Erkenntnissen der Bevölkerungswissenschaft wird der zahlenmäßige Bestand der Elterngeneration erst dann im gleichen Umfang ersetzt, wenn jede überhaupt fruchtbare Ehe drei Kinder hat." Angesichts vieler kinderloser Ehen konnte diese politische Forderung nur dann erreicht werden, wenn ein weitgefächertes familienpolitisches Instrumentarium im Sinne „eines Willens zum Kinde" forciert angewendet wurde. Wuermeling und sein Nachfolger Bruno Heck (1962–1968) erreichten neben der Anwendung der klassischen bevölkerungspolitischen Rahmenmaßnahmen vor allem durch ein differenziertes System finanzieller Entlastungen und Anreize, daß die Familienberichte der Bundesregierungen in den fünfziger und sechziger Jahren „einen deutlichen Rückgang der kinderlosen und Ein-Kind-Familien, ein mäßiges Ansteigen der Zahl der Zwei-Kind-Familien und eine starke Zunahme der Familien mit drei und mehr Kindern" (D. Haensch) vermelden konnten. Vor allem das qualitative Moment einer als Familienpolitik durchgeführten Bevölkerungspolitik sprach Wuermeling an, als er im Jahre 1953 äußerte: „Millionen innerlich gesunder Familien mit rechtschaffen erzogenen Kindern sind als Sicherung gegen die kinderreichen Völker des Ostens mindestens so wichtig wie alle militärischen Sicherungen." [. . .]

Die „gesunde Familie", die als „Urquelle" und „wichtigste Ordnungszelle des Staates" zugleich auch durch Artikel 6 des Grundgesetzes besonderen verfassungsrechtlichen Schutz genoß, erhielt unter den christlichen Familienministern der Adenauer-Ära noch eine weitere spezifische Bindung, „die ethische Bindung an das Sittengesetz" (Wuermeling).

Kurt Nowak

Kirche in der Nachkriegszeit

Das Christentum stieg 1945 aus den Katakomben zu neuer gesellschaftlicher Bedeutung auf. [. . .]

Nicht die sich erst allmählich restituierenden und neu zugelassenen Parteien und Gewerkschaften, sondern die Kirchenführer waren die ersten Ansprechpartner der Besatzungsmächte. Von ihnen bezogen sie wichtige Informationen über die geistige Verfassung der Nation, über das Image der Alliierten in der Bevölkerung, über die Chancen und Strategien der „Entnazifizierung" sowie „Umerziehung" und vieles andere mehr. [. . .]

Eine erste Konferenz der protestantischen Kirchenführer in Treysa/Hessen vom 27. bis 31. August 1945 führte nicht nur zur notwendigen Schaffung einer einheitlichen Interessenvertretung der Kirchen den Besatzungsbehörden gegenüber, zum Rat der EKD unter Vorsitz von Landesbischof D. Wurm. Sie bedeutete zugleich einen weiten Vorstoß des protestantischen Christentums in das Gebiet der Politik. Das Basisdokument war eine „Kundgebung zur Verantwortung der Kirche für das öffentliche Leben". Als Hauptverfasser gilt der Freiburger Historiker Gerhard Ritter in Verbindung mit Hans Lilje und Theodor Steltzer. Nicht nur einzelne Christen, so der Tenor, vielmehr die Kirche als ganze hätten sich politisch zu engagieren: zwecks „Wahrung christlicher Lebensordnung in allen Bereichen des öffentlichen Lebens". Kein Bereich sollte davon ausgenommen sein, weder die nationale noch die internationale Politik, weder die Schule noch das Pressewesen oder die Universitäten. Gerhard Ritter arbeitete den Ratsstellen der EKD von Dezember 1945 bis in das Jahr 1949 unter Mitwirkung seines Schülers Dr. Michael Freund mit z.T. recht umfangreichen politischen Lageberichten und Gutachten zu, die derzeit noch in den Archiven schlummern. Die Kundgebung von Treysa über das Öffentlichkeitsmandat der Kirche durchzieht wie ein Cantus firmus die Geschichte des deutschen Nachkriegsprotestantismus. Sie verstand sich als Konsequenz der politischen und moralischen Versäumnisse von Kirchen und Christen in den Jahren der NS-Diktatur.

Einige katholische Kirchenführer unternahmen ähnlich weitgesteckte Versuche. Der Bischof von Münster, von Galen, war keineswegs bereit, sich lediglich auf die Reorganisation des kirchlichen Lebens zu beschränken. Im Juni 1945 entwarf er ein Parteiprogramm auf naturrechtlicher

Basis, „12 Grundforderungen zum Wiederaufbau und zur Neuordnung unseres deutschen Vaterlandes und unserer Heimat", einen Katalog von Grundsätzen einer Wirtschafts- und Sozialordnung aus christlichem Geist. Gestützt auf die päpstlichen Sozialenzykliken „Rerum novarum" von 1891 und „Quadragesimo anno" von 1931, forderte der Bischof unter anderem eine Neuordnung der Eigentumsverhältnisse und eine Politik des staatlichen Eingriffs in wirtschaftliche Großunternehmen. Er suchte Kontakt zu dem zunächst noch geheim wirkenden Münsteraner Gründungskreis der CDU, ursprünglich Christlich-Demokratische Partei (CDP), und schlug von sich aus als Parteinahmen „Christlich-Soziale Partei" vor. Solche politischen Starthilfen für die neu entstehenden Parteien gab es auch sonst. Mancher Kirchenmann verstand sich damals im Neben- und Zweitberuf als Politiker. [. . .]

Zukunftsweisend für die Neuordnung der Gesellschaft auf dem Boden des Christentums war die Aktivierung der Laien, vor allem von gesellschaftlichen Funktionseliten wie Juristen, Ökonomen, Medizinern, Hochschullehrern. Die wichtigsten dafür geschaffenen Institutionen waren die konfessionellen „Akademien". [. . .]

Doch welche Sachkompetenz und vor allem auch welche politischen Instrumente besaßen die Kirchen und die auf ihrem Boden gruppierten Scharen der aktiven Laien? [. . .]

Christentum in der Sowjetischen Besatzungszone

„Ein halbes Jahr ist erst vergangen, seit in der Schlacht um Berlin die letzten Schüsse abgefeuert wurden und die russische Invasion Ostdeutschlands beendet war. Innerhalb dieser kurzen Periode hat sich die gesamte soziale und wirtschaftliche Situation Ostdeutschlands bis zur Unkenntlichkeit verändert. Deutschlands Ostgrenze ist nach Westen vorgeschoben worden: und Berlin liegt jetzt fast in Reichweite der polnischen Artillerie an der Oder. Es ist, als ob die Entfernung zwischen dem Ural und dem Baikalsee und der Spree und Elbe plötzlich zusammengeschrumpft wären, als ob ein phantastischer Erdrutsch Leipzig und Dresden in die nächste Nähe von Charkow und Tscheljabinsk geworfen hätte." Aus sowjetischer Sicht nahm sich die hier beschriebene Perspektive der Ostverlagerung gerade umgekehrt aus. Ostdeutschland war das am weitesten in den Westen hineinragende Territorium unter UdSSR-Hoheit. Es scheint, als seien die Führung in Moskau und die regionale Militäradministration in Berlin bestrebt gewesen, dieser Tatsache durch einen dem Westen angenäherten politischen Stil Rechnung zu tragen. Jedenfalls gilt das für die Religionspolitik. Der große und unerbittliche Zusammenprall zwischen dem atheistischen Kommunismus und dem Christentum, den so viele Zeitgenossen befürchtet hatten, fand auf dem Boden der Sowjetischen Zone nicht statt. Die freundliche Linie der Sowjetischen Militäradministration in Deutschland (SMAD) entsprach der frühen Politik der UdSSR nach ihrem Einmarsch in die Länder Osteuropas generell. Stalin vermied es in der unmittelbaren Nachkriegszeit, zwischen Kirche und Kommunismus einen Kampf zu eröffnen. Im Unterschied zu den osteuropäischen Ländern, in denen es dennoch bald zu Kirchenverfolgungen kam, hielt die UdSSR ihren freundlichen Kurs in der Sowjetischen Zone Deutschlands im wesentlichen durch. Das schloß Konflikte nicht aus.

Christoph Kleßmann

Eine neue Gesellschaft

Keine Revolution hat die politischen, sozialen und ökonomischen Verhältnisse jemals so schnell und vollkommen umgestalten können, wie es den Zielsetzungen der Revolutionäre entsprach. Die schrittweise realisierte „sozialistische Revolution" in der SBZ/DDR zeigt hier im Vergleich zu den osteuropäischen Nachbarstaaten einige ausgeprägte Besonderheiten. Der aus verschiedenen Motiven gespeiste evolutionäre Übergang von der „antifaschistisch-demokratischen Umwälzung" zum stalinistischen Umbau der DDR in den frühen 50er Jahren trug trotz aller repressiven Züge immer noch deutliche Spuren von Rücksichtnahme auf die Gegner von gestern. Die offene Grenze und der Bedarf an Spezialisten erzwangen – sollte schneller Wiederaufbau nicht leere Propaganda bleiben – immer wieder eine langsamere Gangart beim „Aufbau des Sozialismus". Diese relative Rücksichtnahme konservierte bis zu einem gewissen Grade alte Strukturen und gesellschaftliche Zusammenhänge. Die Frage nach der Fortdauer und Resistenz traditioneller sozialer und kultureller Milieus kann hier ansetzen. [. . .]

In ihren Umrissen deutlich faßbar, wenn auch in ihrer Intensität noch schwer abschätzbar, ist Milieuresistenz in der Frühphase der DDR in der „führenden Klasse", der Arbeiterschaft. [. . .] Neben der anfänglich noch praktizierten Parität zwischen ehemaligen Sozialdemokraten und Kommunisten bezog sich solche relative Eigenständigkeit auf lockere Gruppierungen im Vorfeld der Partei, die ähnlich wie im „Dritten Reich" das „Stammtischmodell" an der Aufrechterhaltung eines sozialdemokratischen Milieus orientiert waren. [. . .]

Daß weit über das Datum der Fusion hinaus längerfristige Traditionsbezüge wirksam blieben, zeigte der 17. Juni 1953. Neuere Forschungen haben hier über die spektakulären Vorgänge in Berlin und auf den Straßen anderer Großstädte hinaus auf die beträchtliche Verbreitung von Resistenz der Arbeiterbewegung im betrieblichen Rahmen hingewiesen. Es spricht vieles dafür, daß die hartnäckige Verweigerung der geforderten Anpassung und der Preisgabe der „Rädelsführer" dort am stärksten war, wo Großbetriebe eine „alte" Belegschaft aufwiesen. [...]

Das Scheitern des Aufstandes, die dadurch ausgelöste Resignation und die in den folgenden Jahren verbesserte Präventivstrategie des SED (u.a. Aufbau von Betriebskampfgruppen) haben dazu geführt, daß die Arbeiterschaft in allen späteren Krisensituationen der DDR bis zur Revolution von 1989 keine aktive Rolle mehr spielte. Träger von politischer Opposition und ideologischer Dissidenz waren und blieben von nun an Angehörige der sozialen Gruppe, die 1953 ganz am Rande gestanden hatte: die Intellektuellen.

Diese in der Sozialstatistik der DDR der „Intelligenz" zuzurechnende, aber nicht in ihr aufgehende Gruppe war außerordentlich diffus und nie einheitlich. In ihr steckten „alte" bürgerliche Traditionen und Wertorientierungen ebenso wie Tendenzen kommunistischer innerparteilicher Dissidenz. [...]

Bürgerlich geprägte Resistenz läßt sich dagegen am ehesten im Rahmen der Kirchen und in der Frühphase der DDR auch in den Oberschulen erkennen. Die aufschlußreichsten, freilich für die Schullandschaft insgesamt keineswegs typischen Beispiele sind humanistische und kirchlich bestimmte Traditionsschulen. [...]

Ein anderes, für die Bundesrepublik in jüngster Zeit erstmals intensiver erforschtes Feld bieten dörfliche und kleinstädtische Milieus, die nach 1945 mit dem Strom von Flüchtlingen und „Umsiedlern" (so die offizielle DDR-Bezeichnung) konfrontiert wurden und Ende der 50er Jahre die erzwungene Kollektivierung der Landwirtschaft erlebten. Wie stark und wie lange manche Dörfer aufgrund der ökonomischen und technischen Rückständigkeit der Landwirtschaft, die sich erst nach der Kollektivierung gründlich veränderte, ihren relativ geschlossenen Charakter im Hinblick auf Wohnweisen, Kommunikationsformen und Traditionsbindungen beibehielten, ist bislang weitgehend offen. [...]

Auch der Mitte der 60er Jahre auf dem Höhepunkt befindliche Konflikt der Partei mit der Beat-Jugend, gegen die das berüchtigte II. ZK-Plenum 1965 ähnlich scharf vorging wie gegen die unbotmäßigen Schriftsteller, war ein Indiz für sich entfaltende renitente Jugendkulturen, die sich dem biederen FDJ-Sozialismus verweigerten und vor denen die SED-Führung erst seit den 70er Jahren mehr oder minder stillschweigend kapitulierte. Bislang hat diese Konfliktlinie ganz im Schatten der Auseinandersetzung mit den Künstlern gestanden.

Daß die DDR trotz angestrengter Modernisierungsbemühungen in ihrem Erscheinungsbild insgesamt in vieler Hinsicht antiquierter und „deutscher" als die Bundesrepublik war, hat nicht erst Günter Gaus betont. Nach einer Reise durch die DDR gab Theo Sommer 1964 seinen Eindruck von diesem Teil Deutschlands als „eine Art Freilichtmuseum deutscher Vergangenheit" wieder: „Das Deutschland von Anno dazumal ist dort konserviert, das Zeitalter der Fußgänger und Bierkutscher noch nicht zuende." Diese altertümlichen Züge aufgrund der ökonomischen und technischen Rückständigkeit trugen dazu bei, daß sich zumindest punktuell auch traditionsbestimmte Milieus noch lange hielten und dem politischen Druck des Stalinismus widerstanden.

Hans Pleschinski

Die Wirtschaftswundergesellschaft

Bewegt war es bei uns zu Hause. Großeltern, Kinder, Enkel lebten unter einem Dach. Hinzu kamen noch zwei, drei Gesellen, die in einer Bodenkammer untergebracht waren. Da Bauernkundschaft und Verwandte gerne auch zum Mittagessen und zum Kaffeetrinken blieben, waren wir nicht selten zu zehnt und zu zwölft am Küchentisch. Das ließ sich auch bewältigen, denn es gab noch Hausschlachtung, und im Keller, bei der Räucherkammer und am Pökeltrog, hingen die Schinken und Würste von der Decke.

Das alles ist nicht mehr so.

Diese Opulenz, dies laute Leben mit vielen Gästen, ein Dauerdurchlauf durch das Haus, das Schnapsausschenken zu jeder Stunde, waren die Nachwehen einer alten Zeit.

Ab irgendwann wurde jeder motorisiert; die Gesellen räumten die Kammern in den Häusern der Meister; ab irgendwann hatte jeder Geld, in Urlaub zu fahren, die gemeinsamen Wege trennten sich. Ab irgendwann wurden viele Selbständige zu Angestellten; die Arbeitszeit wurde exakt kalkuliert und die Freizeit kostbar; man teilte sich mit zunehmendem Wohlstand das Leben genauer ein und ging nicht mehr auf eine Tasse Kaffee zu einer verschrobenen Tante, sondern zum Tennis. Aus kleinen Handwerksbetrieben, in denen eine jüngere Generation sich nicht länger bis zum Lebensabend abrackern wollte, wurde Filialen von überregionalen Ladenketten; auf den umliegenden Bauernhöfen mit ihren riesigen Küchen, mit Knechten und Mägden, siegte das Denken und Rechnen der Hauswirtschaftsschulen, die Betriebe wurden modernisiert, Mähdrescher und automatische Melkanlagen machten alte Hilfskräfte überflüssig, die Bauernküchen wurden verkleinert, die schwarzgekleideten Großmütter, die vormals ihren Lebensabend vor den Töpfen auf dem Herdfeuer zubrachten, wurden ins neu gebaute Altersheim gebracht. Die jungen Bauersfrauen, die in den 60er Jahren zu walten begannen, kauften bald selbst in Supermärkten ein, weil die eigene Schweine- oder Rinderzucht, die Selbstversorgung aus den eigenen Gärten sich nicht mehr rentierten. Kühlschränke mit handelsüblichen Lebensmitteln, Milch und Joghurts von *Lünebest,* traten an die Stelle der kühlen Vorratskeller mit hausgemachtem Sauerrahm und eingelegten Heringen. Ein neuangeschaffter Elektroherd war nicht mehr vier Meter lang wie die großen Kachelherde, vor denen ich noch gestanden hatte, meine Nase gerade in Höhe der alten, bald ausrangierten Eisenpfannen. Ade, du Ländlichkeit. [. . .]

Ich weiß nicht exakt, warum ich das Gefühl hatte, daß mit dem Übergang der 60er Jahre in die 70er Jahre die Zeiten definitiv *modern* wurden. Die Bastel- und ABC-Schützen-Stimmung der Volksschule wich dem größeren *brainstorming* des Gymnasiums mit Mathematik statt Rechnen, mit der Geographie Asiens anstelle der Heimatkunde und dem Auswendiglernen der Bäche, die in die Ise münden. Letzte Kopfstein-Straßen wurden in Überlandpisten, von denen das Schild DREIGETEILT – NIEMALS verschwand. Der Drang, sich den Osten bis zu Warthe und Memel wieder einzuverleiben, war aus dem Wohlstandsstaat gemeinhin verschwunden. Einige Reisen erster Vorhut-Touristen sogar in die USA öffneten den Blick auf anderes. Die Provence, Rhodos wurden zugänglich und unvergleichlich gastlicher als der Ost-Harz, nur hundert Kilometer vor dem eigenen Haus. Nach meinem Empfinden wandelten sich die Menschen gut dreißig Jahre nach der Gründung der Bundesrepublik von rackernden Nachkriegsmenschen in einem Staatsprovisorium zu Westeuropäern, zumindest zu zunehmend weltläufiger wirkenden Bundesbürgern. Der Weststaat entwickelte sich von der Erfindung der Siegermächte und der Parlamentarier zu einer neuartigen, stabilen Heimat. *Demokratie bürgerte* sich ein. Die Bundesrepublik, Ergebnis alliierter Beschlüsse und verfassungsgebender Versammlungen, wurde im großen und ganzen kein Gebiet für Befehlsgeber und Befehlsempfänger; ich glaube, es geschah sogar zur stillen Verwunderung der Deutschen, daß sie gewahrten, wie erfolgreich, lebenswerter als anderes, wie dynamisch eine doch eher als diffus geltende Demokratie gegenüber betagten Vorstellungen vom Ordnungsstaat war. Was für eine Überraschung! Dies bisher fremde Kind – Demokratie in Deutschland – stand recht zügig besser, achtbarer, lebensfreundlicher da in der Welt als das frühere Kaiserreich oder als die nationalistische Kraftmeier-Anstalt mit Reichskanzler und Führer. Überstieg das Bruttosozialprodukt der verdächtig pluralistischen Gemeinschaft, mit Zentrale im äußerlich kargen Bonn, nicht schon 1960 das Bruttosozialprodukt der großdeutschen Nazi-Zwangsanstalt um Etliches? Lebte es sich mit den Plenarsaal-Debatten der BRD nicht längst viel angenehmer, offener, menschlicher als zu Zeiten der großspurigen Lebensbescheide via Volksempfänger? War dies längliche Westland, das plötzlich aus der Taufe gehoben worden war, in allem nicht viel brauchbarer, ja charmanter als die von Marschtritt widerhallenden Super-Reiche zuvor?

Mitschüler von mir und ich selber auch, wir fühlten uns – falls ein Gespräch dies streifte – durchaus als von viel, sehr viel Glück bedachte Bundesbürger, die ab der 10. Klasse, von einem Tag auf den anderen, als potentiell lebensmündige Menschen von den Lehrern gesiezt wurden. Welche Generation – und wo auch immer – war jemals in solche unautoritäre Wohlfahrt hineingeboren worden? Ja, die Bundesrepublik, mit ihrem leicht provinziellen Einschlag mangels einer Metropole, mangels sicherer Traditionen, dies weiterhin irgendwie besetzte, leicht amerikanisierte Territorium sagte mir zu. Am geradezu bedenklich wohlversorgten, keinesfalls schläfrigen Ortsrand Westeuropas fühlten wir uns beheimatet und gut verbunden mit Gleichaltrigen anderer westeuropäischer, angenehm fremder, doch wesensverwandter Regionen: Französische Schüler trafen zum Austausch in der Heide ein, englische Lehrer wurden im Handumdrehen im Wacholdergebiet sogar seßhaft, holländische Soldaten mit Haarnetzen für die Protestmähnen der frühen 70er Jahre kampierten als freundliche Landesnachbarn am Straßenrand, um womöglich die Lüneburger Heide zu schützen.

Das war alles sehr leger.

Hans Pleschinski

Die andere deutsche Gesellschaft

Die DDR hatte etwas unfreiwillig Groteskes. Je mehr ich im Laufe der Jahre vom Leben kennenlernte, desto grotesker muteten die Signale aus dem Staat mit den klaren, offiziellen Rezepten für das Glück der Menschheit an. Als ich achtzehnjährig mit einer Billigfahrkarte übernächtigt aus Paris in die Lüneburger Heide zurückkam, um sofort zum morgendlichen Zivildienst in einem Altersheim anzutreten, Betten zu machen, Rollstühle zurechtzurücken, erschien mir nichts komischer und abgeschmackter als, abends, die DDR-Sendung *Der Schwarze Kanal*, in der ein dicker, häßlicher, bequem sitzender Mann – Karl Eduard von Schnitzler – mir Gelegenheitszuschauer erklärte, daß allein die Nationale Volksarmee das Wirkungsfeld erfüllter deutscher junger Männer sei. Karl Eduard von Schnitzler prophezeite jedes Jahr den Kollaps des Kapitalismus auch in Paris, an der Seine; ich war gerade dort gewesen und hatte ihn genossen.

Die DDR war grotesk: Leistung war stets wichtiger als Muße. Exotisch wirkte die DDR immer auf mich. Sie war in allem das Fremdere als etwa Hessen. Sie hatte ihre Rituale und Wirklichkeiten, die es in Deutschland an keinem Platz sonst gab. Sie war das reinere, das ältere deutsche Grau. Die Kopfsteinpflaster-Chausseen in der Altmark, im Vogtland, das Rumpelnde der Republik vermittelten mir den Eindruck von einem betagten Deutschland, knorriger, dümpelnder, ab zehn Uhr abends stiller als der flugschneisenhafte Westen.

Die DDR war und ist bedenkenswert. Über die innerdeutsche Grenze hinweg erinnerte sie, allein durch ihre Existenz, an radikale Sozialreformer, an Marx, an Rosa Luxemburg, die einen unbeschränkten Kapitalismus sinnvoll in Frage stellten. Kommunistische Ideale mochten sich im Westen, also in Hörweite, als sozialer Fortschritt zeigen, das

Survival-of-the-Fittest dämpfen. Vielleicht gab die DDR mit ihren klassenlosen Krankenhäusern, mit der Idee vom *Volkseigentum,* ihren Reden von Frieden und *Anti-Faschismus,* mit ihrem beständigen Lob der *Werktätigen* hin und wieder etwas vor, worauf man im dicht benachbarten Westen schlecht mit gesellschaftlich abgestufter Krankenbehandlung, völliger Verschonung der Nazis, Unterdrükkung der Arbeiterschaft reagieren konnte.

Die Bundesrepublik war und bleibt immer verbesserungswürdig. Die DDR sank, summa summarum, zu einem Horror-Gebilde herab. Vielleicht kam ihr moralisches Ende mit der Eröffnung des ersten *Intershops.* Wo nur Besitzer von Westgeld begehrte Westwaren kaufen konnten, war nicht mehr daran zu glauben, daß man als Ostdeutscher mit Ostgeld der glücklichere Mensch sei.

Wolfgang Sachs

„Freie Fahrt für freie Bürger"

„Wir haben es geschafft: Das neue Auto steht vor der Tür. Alle Nachbarn liegen im Fenster und können sehen, wie wir für eine kleine Wochenendfahrt rüsten. Jawohl, wir leisten uns etwas, wir wollen etwas haben vom Leben, dafür arbeiten wir schließlich alle beide." So las sich 1955 die Bildunterschrift zu einer Werbung für den Ford Taunus; im Vordergrund zeigt der Familienvater – in Nyltesthemd und Krawatte –, wie er einen Koffer in den Gepäckraum legt, während sich im Hintergrund die Köpfe der Nachbarn aus den Fenstern des schmucklosen Neubaublocks recken. Die geheimen Wünsche der zwanziger Jahre, unter Hitler zur amtlichen Verheißung erhoben, machten sich nun im Wirtschaftswunder der fünfziger Jahre als Nachfrage geltend, um dann später in unverzichtbare Ansprüche umzuschlagen. „Wohlstand für alle“ versprach Ludwig Erhard mit seinem Buchtitel 1957, und mit steigender Kaufkraft rückte die Gleichheit vor der Ware in erreichbare Nähe. Was Hitler dem Volksgenossen nur vorgegaukelt hatte, das wollte Erhard für den Massenkonsumenten zur handfesten Realität werden lassen: das Auto vor der Tür.

Nirgendwo sonst rollte die Kleinwagenwelle so heftig wie in Deutschland, sichtbarer Ausdruck für die massenhaften Wünsche, jeden ersparten Groschen gleich in ein Auto anzulegen, selbst wenn es nur zu einem Lloyd, einem Goggomobil oder gar nur einem Kabinenroller reichte. Doch 1952 waren immerhin 27,3% der Haushalte motorisiert und konnten sich – unter den Augen der neidischen Nachbarn – „eine kleine Wochenendfahrt“ leisten. Überhaupt: Auto und Ausflug! Die Utopie vom Volksauto war seit langem schon eng mit dem Reisevergnügen verbunden, einfach ins Blaue fahren, umhergondeln, vielleicht zelten. Mit dem Auto verbreitete sich der touristische Blick auf die Welt, mit dem Auto kamen massenweise Urlaubs- und Wochenendfahrten in Mode. Der touristische Blick läßt die Natur, die früher bedrohliche, zur Augenweide werden und verleiht der Landschaft ebenso wie ihren Bewohnern den Charakter eines Genußartikels. Und mit Urlaubsfahrten werden ganze Regionen in Erholungsgebiete umgedeutet, neue Verhaltensleitbilder – Camping, Skifahren, Surfen – werden populär. Neue Maßstäbe wachsen zu lassen, was im Leben schön, wichtig und erstrebenswert ist, das kann man als den entscheidenden Effekt einer Technologie wie dem Auto betrachten. Ist ein technisches Produkt aber Teil des gesellschaftlich normalen Lebensentwurfs geworden, dann ist seine Produktion der materielle Vollzug einer Kultur. Der Aufstieg der Automobilindustrie ist dems materielle Korrelat eines Lebensentwurfs, der sich über Jahrzehnte in die Gemüter der Menschen eingesenkt hatte.

Es war wie ein Dammbruch, als vor erst 25 Jahren die Motorisierung begann: In den dreizehn Jahren zwischen

1960 und 1973 vervierfachte sich die Zahl der Pkw, verdreifachte sich die Zahl der gefahrenen Autokilometer und verdoppelte sich die Streckenlänge der Bundesautobahnen. Während jedoch früher Hühner und Fuhrwerke dem Autofahrer die Zornesröte ins Gesicht getrieben hatten, machte sich jetzt in Massen ein neuer Störenfried auf den Straßen breit: der andere Autofahrer. Es rollte die Motorisierungswelle, doch sie kam im Stau bald zum Stillstand: „Überfüllte Straßen" und „verstopfte Städte" drohten die neu gewonnene Freiheit zur Makulatur werden zu lassen. Die Massenmotorisierung fordert den Massendurchlaß; daher war zwischen 1962 und 1978 die Verstraßung der Bundesrepublik angesagt.

Um Durchlaß zu schaffen, ging es im ersten Schritt darum, den Verkehr auf der Straße zu sortieren und dem Auto freie Bahn zu geben: also Schutzzonen für Fußgänger, Radwege für Fahrradfahrer, gesonderte Gleiskörper für die Straßenbahn und Fahrspuren für Abbieger. Im nächsten Schritt stand die Erweiterung der Hauptstraßen zu mehrbahnigen, durch grüne Wellen gesteuerten Schnellstraßen auf dem Programm, die dann durch Tunnel- und Brükkenbauten auch noch vom lästigen Querverkehr befreit wurden. Um den „Blutkreislauf" der Stadt nicht durch „gefährliche Thrombosen" zum Kollabieren zu bringen, wurden Radialen durch Vorstädte geschlagen, die das Zentrum mit der Region verbanden, und Tangentialstraßen durch die Innenstadtrandgebiete gebrochen, die den einströmenden Verkehr großflächig verteilen sollten. Den Generalverkehrsplänen in den Städten entsprach das Bundesraumordnungsgesetz (1965) und der Bundesfernstraßenplan für das Land. Kein Dorf sollte zu fern, kein Bürger zu abgeschieden sein, als daß er nicht, gemäß dem berühmten Wort von Verkehrsminister Leber, im Umkreis von höchstens 25 km eine Autobahnauffahrt finden könnte. Das durchschlagende Werk der Planer legte es darauf an, den Raum in wichtigere und weniger wichtige Gebiete zu hierarchisieren und zwischen den wichtigen Gebieten eine stockungsfreie Zirkulation sicherzustellen. Dabei lebt der Zugriff des Planers von der Arroganz gegenüber den Zwischenräumen – den Zwischenräumen, wo Leute schlafen, Kinder spielen oder Tiere wohnen. Dort kann man abreißen, asphaltieren und begradigen; wichtig ist allein die flinke Erreichbarkeit der Ferne, ihr ist die Nähe untergeordnet. Heimat verfiel zur Durchgangsstrecke.

Ursula A. J. Becher
Die Freßwelle

Mit der Aufhebung der Lebensmittelrationierung füllten sich die Regale der Geschäfte rasch. Die erzwungene Uniformität des Essens fand damit ein Ende. Die geringen Einkommen der meisten Haushalte setzten dem ungehinderten Konsum zunächst noch enge Grenzen. Dennoch änderten sich die Ernährungsgewohnheiten bald. Nach den Entbehrungen der frühen Nachkriegszeit, den traumatischen Erfahrungen des Hungers, wurde das Essen zur Lieblingsbeschäftigung: Die sogenannte „Freßwelle“ bestimmte die fünfziger Jahre. „Freilich darf man im Bundesbürger jener Jahre keinen Feinschmecker, sondern allenfalls einen Vielfraß sehen.“ Die Folgen dieses Verhaltens stellte man ohne Scheu zur Schau: Aus „Otto Normalverbraucher“ war eine rundliche, dicke, übergewichtige Figur geworden, die weithin dokumentierte, wie weit man es doch wieder gebracht hatte. Ludwig Erhard, als Vater des Wirtschaftswunders apostrophiert, verkörperte mit seiner Leibesfülle sehr anschaulich das Lebensgefühl der noch einmal Davongekommenen, die nun auf den schnell errungenen materiellen Erfolg um so stolzer waren, als ihnen an anderen Werten nicht viel geblieben war.

Mit grenzenloser Aufnahmebereitschaft und Anpassungsbegierde nahm man fremde Speisen und Gewürze in die heimischen Mahlzeiten auf. Das ist nur zu verständlich nach den Entbehrungen der jüngsten Vergangenheit und der Abschottung von den Einflüssen der westlichen Welt, die während der nationalsozialistischen Herrschaft weitgehend gegolten hatte. Statt des heimischen Schweineschmalzes zog die Hausfrau nun Kokosfett, Palmin und ähnliche Produkte vor. Zum Würzen wählte sie Ketchup, Mixed Pickles und scharfe Saucen, die in der deutschen Küche bisher unbekannt gewesen waren. Südfrüchte, die so lange entbehrt wurden, waren nun besonders begehrt. Selbst Beigaben erhielten ein neues Gewicht: „Eine besondere Delikatesse wird die Kondensmilch. Man schüttet sie nicht nur in den Kaffee, sondern trinkt sie, vor allem unter Kindern, auch direkt aus der angestochenen Dose." Mit der Übernahme von Coca-Cola als Erfrischungsgetränk ging eine gewollte und erwünschte Assimilation mit einer amerikanischen Lebensweise einher, so wie man sie verstand und durch dieses Getränk mit den von der Werbung assoziierten Bildern von Freiheit und Lebensfreude symbolisiert fand. Moderner Lebensstil – das hieß nun weitgehend amerikanischer Lebensstil, und man verstand darunter ein von drückenden Sorgen, von Not und Unfreiheit entlastetes Leben.

Karl-Rudolf Korte

Der restaurative Charakter der Epoche

Es ist dieser „Abschied vom Pathos" im „Land ohne Träume", der sich auch empirisch als Entpolitisierungsprozeß der fünfziger Jahre darstellen läßt und der die politisch-kulturelle Stimmung ausmachte. „Der ideologiefeindliche Pragmatismus, mit dem die überwältigende Mehrheit sich auf den Wiederaufbau der materiellen Existenz, für die eigene Familie konzentrierte [...], entsprang dem Umfang der Zerstörung und der Not." Walter Dirks gab dazu das Stichwort der fünfziger Jahre in den „Frankfurter Heften": Der restaurative Charakter der Epoche. Der unterbliebene Neubeginn, die hektische Konsumbegeisterung, fehlende Vergangenheitsbewältigung, Wiederaufrüstung und Westintegration, diese Einschätzungen führen dazu, daß sich viele Intellektuelle in der Adenauerzeit resignierend in die selbstgewählte Isolation zurückziehen. Exemplarisch verdeutlicht diese Zeitatmosphäre und die Kritik an der Restauration der Zeitroman *Treibhaus* (1953) von Wolfgang Koeppen. „Die Schelte der Intellektuellen", so schildert Hans-Peter Schwarz das damals vorherrschende Zeitgefühl zutreffend, „hat die ganze Adenauer-Ära begleitet wie mißtönendes Möwenkrächzen die Fahrt eines großen Schiffes", eine treffende Metapher für den Pluralismus jener Jahre. Die Schriftsteller haben sich den politischen Themen der Adenauerzeit zunächst jedoch engagiert gestellt. Sie protestierten gegen vordergründigen Antikommunismus, gegen Wiederaufrüstung, Parteienverbot, Nato-Mitgliedschaft. Hans Henny Jahnn, Reinhold Schneider, Ilse Aichinger, Peter Rühmkorf – um nur einige Namen zu nennen – bildeten mit ihren Manifesten, Reden, Artikeln eine Protestbewegung, die schließlich auch mit zur Bewegung der Ostermärsche führte. [...]

Wie intensiv diese Wirtschaftswunder-Mentalität andere politische Ideale überlagerte, deutet Dolf Sternberger in den fünfziger Jahren an, ein Zitat, das auch in der aktuellen Diskussion über die Einheit der Deutschen Nachdenklichkeit hinterläßt:

„So wenig heroisch ist (des Volkes; d. Verf.) Laune heutzutage, daß manch einer sich sogar vorwerfen lassen muß, er denke nicht oft und nicht stark genug an die Teilung des Vaterlandes, an den Freiheitsanspruch seiner Verwandten und Landsleute in der Zone. Er denke vielleicht am Ende überhaupt zu wenig an die Freiheit – an die der anderen wie an seine eigene – und etwas zu viel und etwas zu innig an Kraftwagen, Fernsehgeräte, Lebensstandard, Pension und Rente."

Rolf Schneider

Blauhemden im bunten Berlin: Weltjugendfestspiele 1951

Die Weltjugendfestspiele sind ein Kind des Nachkriegs. Gezeugt wurden sie 1946 im Februar, geboren aber wurden sie im August 1947. Die beiden Eltern heißen ‚Weltbund der Demokratischen Jugend', abgekürzt WBDJ, und ‚Internationaler Studentenbund', Kürzel ISB. Auch die sind beide wieder Nachkriegsgeschöpfe; der WBDJ wurde im November 1945 gegründet, und zwar in London, durch Delegierte aus 63 Ländern, repräsentierend, so sagt meine Auskunftei, damals über 30 Millionen organisierte Jugendliche; inzwischen gehören ihm Organisationen aus 103 Ländern an, die für 100 Millionen junger Menschen stehen. [. . .]

Die ersten Weltfestspiele fanden vom 20. Juli bis zum 17. August 1947 in Prag statt. Die zweiten Weltjugendfestspiele gab es dann in Budapest, vom 14. bis 28. August 1949. Der Abstand der beiden Ereignisse, die Frist von zwei Jahren, sollte für eine Weile verbindlich bleiben; in diesem Rhythmus würden jedenfalls die nächsten Festivals ausgerichtet werden. [. . .]

Zwei der Festivals fanden [. . .] in jenem Lande statt, in dem ich wohne, also der DDR. Einmal, 1951, war ich dabei ein delegierter Teilnehmer. Es lohnt, davon zu erzählen, obschon, mit Friedrich Dürrenmatt zu sprechen, die Wahrheit manchmal wie eine Sage klingen mag.

Ich lebte damals in einer kleinen Stadt hart an der deutsch-deutschen Grenze zu Niedersachsen. Berlin war weit fort, ein Mythos, ich war erst ein einziges Mal in Berlin gewesen, und die Aussicht, dorthin zu gelangen, war für mich durchaus stimulierend. Zwischen meinem Abitur und dem Beginn meines Universitätsstudiums hatte ich ein Jahr lang arbeiten müssen, in einem volkseigenen Industriebetrieb; dies galt als eine Art von sozialpädagogischer Maßnahme, damit man keine Intellektuellen-Arroganz entwickle, vielmehr durch persönliche Teilnahme der Sphäre des Proletariats und der materiellen Produktion verbunden bleibe. Ich war Hilfsarbeiter in einer Gießerei, die Gehäuse für Elektromotoren herstellte. Dies war eine körperlich strapaziöse und im übrigen vollkommen stupide Tätigkeit. Nunmehr, die Zulassung zur Universität schon in der Tasche und das Ende meiner Hilfsarbeit vor Augen, sollte ich nach Berlin fahren, zu den Weltfestspielen. Ich sollte nicht allein fahren. Ich hatte die Verantwortung für eine Gruppe von Lehrlingen, die entscheidende Jahre jünger waren als ich und – im Unterschied zu mir – Berlin bloß dem Namen nach kannten. [. . .]

Wir stiegen am Bahnhof unserer kleinen Stadt in einen von mehreren Sonderwagen der Deutschen Reichsbahn und fuhren davon. Wir trugen die Blauhemden der staatlichen Jugendorganisation FDJ und besaßen jeder einen Festival-Ausweis, der uns zu diesem und jenem berechtigen sollte: Benutzung öffentlicher Verkehrsmittel. Zugang zu allerlei Veranstaltungen. Man hatte uns einen Verpflegungsbeutel ausgehändigt. Er enthielt Brot, Kekse und ein Stück harte Wurst: alles damals sehr begehrenswerte Dinge; Kriegsende und Mangelwirtschaft lagen eben erst hinter uns, man kaufte in der DDR Lebensmittel immer noch auf Marken. Der Versorgungsbeutel zum Festival erschien wie eine Gebärde des materiellen Übermuts, ein Vorgriff auf das Paradies des Kommunismus, und außer einer profanen Versorgungsfunktion sollte er dem wohl auch dienen, als Köder.

Wir fuhren. Die Weltjugendfestspiele waren schon Wochen vor ihrem eigentlichen Beginn in der Publizistik des

Landes propagandistisch eingetrommelt worden derart, daß es einem bereits ein wenig zum Halse heraushing. Zu den propagandistischen Vorbereitungen gehörten allerlei Literarica, gereimte Verse zum Beispiel, zu denen es auch Kompositionen gab. Die gereimten Verse erhielten wir auf gedruckten Blättchen. Für einen Festivalteilnehmer gehörte es sich, daß er das auswendig wußte. Zum Lernen benutzten wir die Eisenbahnfahrt, und die dauerte lange. Die direkte Strecke von unserer kleinen Stadt nach Berlin führte über Magdeburg und Potsdam. Nach Magdeburg gelangten wir wohl, nach Potsdam gelangten wir niemals. Unser Wagen wurde abgekoppelt, an neue Züge gehängt, hin und her geschoben oder auch vielfach dem Stillstand überlassen. Viele Stunden ging das so. Wir kannten die gereimten Verse inzwischen auswendig.

[. . .] Unser Ziel, das uns niemals zuvor präzise mitgeteilt worden war, erreichten wir kurz vor Einbrechen der Dunkelheit. Das Ziel erwies sich als ein Ort namens Fürstenwalde. Wir wurden in die riesige Scheune eines Bauern eingewiesen. Wir nagten an unseren Wurststücken und warfen uns ins Stroh.

Am nächsten Morgen strebten wir zum Bahnhof. Überall quollen jugendliche Blauhemdträger aus Bauernhöfen und Bürgerhäusern. Auf dem Bahnhof war hemdenblaues Gewühl. Ich ermahnte meine Lehrlinge zu Vernunft und Achtsamkeit, auch politischer, dann entließ ich sie. Jeder sollte das tun, wonach ihm zumut war, so besagte es die Anweisung. [. . .] Ich fuhr, erinnere ich mich, bis zur Station Alexanderplatz, stieg dort aus und überließ mich dem Treiben.

Berlin, muß man wissen, war damals noch eine weitgehend ungeteilte Stadt, jedenfalls verkehrstechnisch. Zwar gab es schon zwei Verwaltungen, eine im Bezirk Mitte, eine in Schöneberg, wie es auch schon zwei deutsche Staaten gab; der eine, östliche, richtete eben jetzt das große Fest. Es gab zwei Währungen, und es gab den Kalten Krieg, der auch dadurch, daß in Korea, wo Kim war, ein heißer Krieg tobte, zu einem heißen Krieg insgesamt zu werden drohte. Das Wort Frieden war keine junge beliebige Polit-Vokabel. Es knisterte auch sonst noch in der Welt. [. . .]

Der Kalte Krieg war eine Periode idiotischer Handlungsweisen, auf beiden Seiten. Ein Jahr vor den Weltjugendfestspielen hatte es in Ost-Berlin schon einmal ein Massenaufgebot junger Leute gegeben; das hieß ‚Deutschlandtreffen', war eine Art Generalprobe auf das weltweite Festival und ein Politikum ersten Ranges. Auch dafür hatte man Lieder gedichtet; eines, das bekannteste, ging auf die Kehrreimzeile „Die Freie Deutsche Jugend stürmt Berlin", und da es das ausdrückliche Ziel des ‚Deutschlandtreffens' war, auch West-Berlin mit einzubeziehen, entstand bei der durch Stalins politische Sticheleien geplagten Bevölkerung der Halbstadt tatsächlich die Furcht, die Freie Deutsche Jugend wolle Berlin ernsthaft stürmen, im Sinne eines veritablen Bürgerkriegs. Also wurden die Sektorengrenzen bewacht, und die Blauhemdträger, die dort auftauchten, wurden unsanft angehalten und zurückgeschickt.

Jetzt, ein Jahr später, war alles umgekehrt. West-Berlin lud die jungen Leute aus der DDR zu allerlei Gratis-Vergnügungen ein, aber damit war die DDR nicht einverstanden. Wieder trat Polizei auf den Plan, diesmal die östliche, und fischte Blauhemden aus den grenzüberschreitenden Verkehrsmitteln. Ich unternahm erst gar nicht den Versuch. Nicht Furcht oder Feigheit war dabei mein Motiv; als Kind aus einer altkommunistischen Familie war ich den Anweisungen meines Jugendverbandes bedingungslos hörig; etwelche Zweifel und Einwände verstopfte ich wortlos in meiner Brust.

Ich stieg also am Alexanderplatz aus, das jugendbewegte Ost-Berlin umfing mich. Die kleine Stadt, aus der ich kam, war im letzten Krieg verschont worden; Berlin, das wußte ich von meinem ersten Besuch her, war voller Zerstörungen. Davon war das allermeiste noch vorhanden, aber seltsam, man sah es in diesen Tagen nicht. Die Straßen waren mit lärmenden, lachenden, drängenden jungen Menschen angefüllt. [. . .]

Es gab Ausstellungen, Begegnungen, Konzerte, Theatervorstellungen, es gab viel Sport. [. . .]

In unser ärmliches, ausgepowertes Land war ein wenig Welt eingekehrt, für zwei Wochen. Man redete in vielen Sprachen, und zu allem leuchtete penetrant die Sonne. [. . .]

Am letzten Abend dann stand ich eingekeilt Unter den Linden in der Nacht. Es gab eine öffentliche Ehrung. Damals lebte noch der sowjetische Staatsmann Josef Wissarionowitsch Stalin, allgemein gerühmt als weiser Führer aller Werktätigen. Zu seinen Ehren war während des Jahres 1951 in der DDR eine Art Wettbewerb erfolgt. Der fand nun seinen feierlichen Abschluß, die Sieger im Stalin-Aufgebot wurden geehrt, und sie wurden geehrt womit? Sie wurden geehrt mit einer riesigen roten Fahne, der ein Profil-Bildnis des schnurrbärtigen Georgiers appliziert war. Scheinwerfer stachen in die Dunkelheit und zeigten die flatternden Fahnen. Ein scharfer Wind wehte, der auch die großen Lautsprechersäulen Unter den Linden und Mikrofone am Lustgarten heimsuchte. Jemand redete laut an gegen den Wind, mit heller Stimme. „Und überreiche ich ein Banner mit dem Bildnis des großen Stalin", hörte ich die helle Stimme rufen, dann nahm der Wind sie fort, bloß die Bewegung des erwähnten Banners nahm ich optisch wahr. Die helle Stimme gehörte dem damaligen Vorsitzenden der FDJ, Erich Honecker, der heute mein Staatschef ist. Neben ihm stand ein schmaler, etwas hochmütig wirkender Mensch südländischer Herkunft. Er hieß Enrico Berlinguer, war Vorsitzer des WBDJ und würde später Italiens KP dem Eurokommunismus zuführen.

Ich übernachtete ein letztes Mal auf dem Stroh von Fürstenwalde, und dann sammelte ich, den nächsten Morgen, meine Schäflein zum Zwecke der Heimkehr. Sie waren allesamt in West-Berlin gewesen, hatten dort Coca Cola getrunken, Wildwest-Filme gesehen und waren darüber der Begeisterung voll. Ich hörte nicht hin. Immerhin waren wir vollständig. Andere Gruppen traten die Rückreise durchaus gerupft an, da manche der Festival-Teilnehmer im Anblick der westlichen Fleischtöpfe beschlossen hatten, augenblicklich das Vaterland zu wechseln. [. . .]

Genau 22 Jahre später wurde Ost-Berlin abermals der Ort eines Weltjugendfestivals. Die Aktivisten von '51 waren derweil gesetzte Damen und Herren, ihre wichtigste Verbindung zu diesem Fest war die Teilnahme ihrer Kinder. Ich, inzwischen am Rande von Berlin ansässig, würde in diesen zwei Wochen die Stadt, in der kein Vorwärtskommen war, tunlichst meiden; so viel konnte ich immerhin wahrnehmen: alles geschah sehr viel perfekter, satter, aufwendiger als damals vor 22 Jahren, die rührende Armseligkeit des Nachkrieges war dahin, aber was sollte man darüber greinen, wahrscheinlich greinte man bloß dem unwiederbringlichen Verlust der jungen Jahre hinterdrein.

Walter Grasskamp

The Swinging Sixties: Jugendkultur der 60er Jahre

In den sechziger Jahren ist das kulturelle Gefüge Westdeutschlands auf eindrucksvolle Weise aus dem noch relativ frischen Leim gegangen. Die ästhetischen Nachkriegsrezepte verloren schneller an Gültigkeit, als man es in der Zeit des Wiederaufbaus hätte ahnen können. Was die restaurativen Parolen („Saubere Leinwand") anging, so konnte ihr Untergang kaum überraschen. Erstaunlich war jedoch, daß auch die zaghaften Experimente, die durch eine breite Rehabilitierung der modernen Kunst ermuntert worden waren, zügig ihr Ansehen einbüßten. In jenen Jahren nahm sich manche Programmschrift der Avantgarde bereits bei Erscheinen wie ein Nachruf aus, und mancher endlich herbeiprovozierte Höhepunkt der Anerkennung war schon der Schlußapplaus. [. . .]

Bis ins Straßenbild hinein dementierten die Studentenbewegten sowie die hierzulande Gammler geheißenen Hippies und das Fußvolk der Generationsopportunisten das Erscheinungsbild der Nachkriegszeit. Hatte in den fünfziger Jahren selbst ein ungelernter Arbeiter zur kleinbürgerlichen Generalimitation beigetragen, indem er seinen Henkelmann in einer Aktentasche in die Fabrik expedierte, so breitete sich nun ein klassenübergreifender, lässiger Trödelstil aus, wie ihn Sonny und Cher im Partnerlook vorlümmelten. Der neue Stil der Stillosigkeit unterlief die kleingeblümten Erziehungsideale der Eltern und ignorierte die diskriminierenden Werbekampagnen der Bekleidungsindustrie („Krawattenmuffel", „Man geht nicht mehr ohne Hut"); der Konformitätsdruck der grauen Nachkriegszivilisation löste sich auf in der bunten Euphorie einer Protestgeneration, die zugleich als Avantgarde der Kulturrevolution auftrumpfte.

Rückblickend hat man allerdings Grund, an diesem Selbstverständnis zu zweifeln. Denn es stellt sich die Frage, ob die Revolte der Motor oder nur eine besonders pittoreske Begleiterscheinung des kulturellen Wandels gewesen ist, der hierzulande in den sechziger Jahren zweifellos stattgefunden hat. Damals ist der genuin bürgerliche Versuch, Hochkultur wieder als Korrektiv von Ökonomie und Politik zu installieren, gescheitert, obwohl er unter dem moralischen Druck einer „Vergangenheitsbewältigung" unternommen worden war. Unklar bleibt, ob diese Kapitulation die Folge einer ästhetischen Revision, der Politisierung der Kultur oder nicht vielmehr eines Großangriffs der Kulturindustrie gewesen ist, ob sie ein Ergebnis der Studentenbewegung oder ob diese nur der besonders medienwirksame Ausdruck einer allgemeinen Liberalisierung war, der die Kulturindustrie unter den verführerischen Konsumimperativen der Popkultur bereits vorgearbeitet hatte. [. . .]

Die *Kernfusion von Woodstock.* Im nachhinein eine unorthodoxe Symbiose aus Protest, Gegenkultur und Kulturindustrie zu vermuten ist keine allzu üble Nachrede, denn gerade die erklärten Gegner der Kulturindustrie erwiesen sich als deren interessanteste Kunden. Dieser Widerspruch konnte ihnen damals kaum auffallen, weil sich die Kulturindustrie gerade erst als Lieferant für eine Identitätsmaskerade zu formieren begann, die erst später als *Life style* firmieren sollte. Für diese Entwicklung war der Jugendmarkt der fünfziger und sechziger Jahre jedoch ein Pioniermarkt, und die Umstürzler waren seine markantesten Protagonisten. Das war in den USA früher virulent als in der BRD, aber die Kulturkolonie holte gerade in den Jahren der Revolte zügig auf. [...]

Als Ausdruck eines politisch noch unspezifischen Jugendprotests verbanden Film und Rockmusik seit den fünfziger Jahren das Selbstdarstellungsbedürfnis der Heranwachsenden mit den Absatzinteressen der Kulturindustrie. Die Konvergenz von Protestgeneration und Popkultur, die dann den „Kindern von Marx und Coca-Cola" (Jean-Luc Godard) ein Jahrzehnt später als besonders glückliche Fügung des Zeitgeistes erscheinen mußte, war in Wirklichkeit Indiz für einen zuvor eingeleiteten und bis heute nachwirkenden Strukturwandel der Kulturindustrie, die ihr Marketing an den bis dahin lange vernachlässigten Jugendlichen orientierte. Diese verfügten über ein ansehnlich und stetig wachsendes Taschengeld sowie über höhere Einstiegslöhne; sie wurden nicht mehr im Zeichen der abwartenden Askese erzogen, sondern schon ziemlich verwöhnt; sie hatten überdies viel Zeit für den Konsum, waren erfahrungshungrig und nicht zuletzt süchtig nach Identifikation. Jugendkultur entwickelte sich daher zu einem Investitionsschwerpunkt der Kulturindustrie, wobei die Marktsegmente lernten, sich synchron als Subkulturen und diachron als Generationen zu verstehen, denn ihre wichtigsten Identifikationserlebnisse erwarben sie nicht durch Arbeit oder Krieg, Religion oder Politik, sondern im Konsum.

Amerikanisierung. Während der Anti-Amerikanismus im Protest gegen den Vietnamkrieg politisch eskalierte, spielte er in der Kultur kaum eine Rolle. Im Gegenteil, die Studentenbewegung hätte den Status der Bundesrepublik als einer Kulturkolonie der USA vermutlich selbst dann unangetastet gelassen, wenn er ihr aufgefallen wäre, denn sie folgte längst den amerikanisierten Konsum- und Medienträumen ihrer Eltern, wenn auch natürlich an ganz anderen Warenständen und auf anderen Sendekanälen. Als die westdeutsche Schlagerindustrie Mitte der sechziger Jahre dankenswerterweise darauf verzichtete, angelsächsische Titel noch in einer eingedeutschten Version, auf den Markt zu bringen, lag darin das Eingeständnis, nunmehr in *allen* Sparten der Massenkultur ein kulturelles Importland geworden zu sein – wozu nicht zuletzt der Plattenkonsum der Protestgeneration beigetragen hatte, die geschmäcklerisch nach dem angelsächsischen Original verlangte. Als „Easy Rider", ein veritables „*joint* venture" der Kulturindustrie mit der Gegenkultur, kaum fünfzehn Jahre nach „Rebel without a cause" die deutsche Provinz erreichte, war die Westorientierung der Bundesrepublik auch in der Subkultur durchgesetzt.

Der politische Anti-Amerikanismus der westdeutschen Studentenbewegung war ohnehin einer der Enttäuschung, denn er florierte auf der Basis jener Re-education, welche die Besatzungsmacht zuvor über die Westdeutschen verhängt hatte: Die USA wurden an genau dem Anspruch demokratischer Moral gemessen, den sie den Deutschen gerade erst nahegebracht hatten, das große angelsächsische Vorbild kehrte sich gegen sie selbst. Denn natürlich war die „Amerikanisierung", gegen die deutsche Intellektuelle, nicht nur im Umfeld des Nationalsozialismus, im 20. Jahrhundert Front gemacht hatten, in den Nachkriegsjahren zunächst einmal ein Segen gewesen. Die Kultur- und Pressepolitik der Amerikaner, unterstützt von deutschen Emigranten, die in amerikanischer Uniform zurückkehrten, war, wie Zeitgenossen hervorheben, eine beeindruckende demokratische Alphabetisierungskampagne für das Intellektuellen-Milieu. Der perfekt inszenierte Auftritt John F. Kennedys in Berlin bildete dann den Höhepunkt eines von Care-Paketen und Rosinenbombern, Konsumträumen und Kulturimporten grundierten Amerikanismus. Wie viele von denen, die später Steine auf das Amerikahaus warfen, mögen noch wenige Jahre zuvor in ihren „Jugendzimmern" jene Farbfotografie Kennedys an die Wand gepinnt haben, die nach der Ermordung des gewieften Berufspolitikers in den Illustrierten zirkulierte, das bigotte Porträt eines mit beinahe betenden Händen beinahe zum Himmel aufschauenden Beinahe-Visionärs? Noch im Widerstand folgte die Revolte dem nunmehr verhaßten Vorbild, denn von der amerikanischen Bürgerrechtsbewegung lieh man sich die Manifestationsformen der *Sit-ins* und *Teach-ins* aus, und vom *Slapstick* die der Satire: Die Planer des Mehl- und Pudding-Attentats auf Hubert Humphrey erwiesen sich als späte, aber gelehrige Schüler der Stummfilme Hollywoods.

Die *lingua franca* der Revolte stiftete ohnehin bereits die Pop-Musik. Sie richtete sich, anders als Rock n' Roll, auch an die Kinder des Bürgertums, die Oberschüler und Studenten, die des Englischen mächtig waren und sich die fremde Kultur nicht nur symbolisch, sondern auch auf der Höhe ihrer Aussagen aneignen konnten. Hatte der Rock n' Roll sein hiesiges Publikum vornehmlich in den unteren Schichten besessen, so eroberte die Popkultur jenen Nachwuchs, der auf den höheren Bildungsanstalten eigentlich für die Fortsetzung der bürgerlichen Kultur herangezogen werden sollte.

Lustgewinne. Als einer der wenigen Erfolge der Kulturrevolution gilt bis heute die sexuelle Liberalisierung. [. . .]

In der Tat ließe sich darüber streiten, ob letztlich der Befreiungsimpuls der Revolte oder der Modernisierungsdruck der Kulturindustrie ausschlaggebend waren für die sexuelle Liberalisierung. Bestimmte Voraussetzungen der sexuellen

Liberalisierung wirkten zuerst im Studentenmilieu, ohne von diesem geschaffen worden zu sein, zunächst einmal die Pille, die es überhaupt erlaubte, an eine sexuelle Liberalisierung zu denken. Auch der materielle Wohlstand trug dazu bei, in Form eines von den Kriegszerstörungen erholten Wohnungsmarktes, der den Auszug aus der räumlichen und oft auch seelischen Enge des Elternhauses förderte, ohne daß dieser bereits in einer weiteren Kleinfamilienwohnung endete; schließlich auch die Alimentierung der juvenilen Lebensexperimente nach dem „Honnefer Modell". [. . .]

Mit der sexuellen Liberalisierung verknüpften die Protestler freilich andere Hoffnungen als die Kulturindustrie, nämlich die auf ein Ende der intimen und für beinahe jeden schicksalhaften Sozialisationsmühle der Familie. [. . .]

Für das Schicksal der einzigen auf Dauer angelegten Lebensgemeinschaft, die den sozialen Kahlschlag der Modernisierung überlebt hatte, kann man die Studentenbewegung freilich nur schuldig sprechen, wenn man ihre groteske Selbstüberschätzung teilt. Denn sie war nur Teil einer allgemeinen Abwertung der sozialen Verbindlichkeit von Sexualität, *vulgo* Familie. Wie vieles, das die Revolte glaubte, heroisch umstürzen zu müssen, war die Familie schon längst dabei zu zerfallen und brauchte nur noch einen Stoß, der sichtbar werden ließ, daß die Erosion schon an die Substanz gegangen war. Sie hatte bis dahin nur um den Preis einer Schrumpfung auf die unerläßlichen genetischen Konstanten überlebt und gestand schon in ihrem Namen diese Niederlage ein, die jedem Sozialwohnungsgrundriß des Wiederaufbaus eingeschrieben war: Als Kleinfamilie bot sie der endgültigen Auflösung nur noch den hinhaltenden Widerstand ihrer massenhaften Verbreitung. [. . .]

Das neue Jugendverständnis stand in der Entwicklungslinie der Moderne. Denn es war ihre Tendenz, Traditionen zu ächten und außer Kraft zu setzen, als deren genereller Nenner das Alter galt, das sich gegen das glorifizierte Neue nicht halten konnte. Wie die Avantgarde in der Kunst und die Innovation in der Technik lernte die Jugend sich als prinzipielle Verbesserung des sozialen Inventars zu verstehen, statt, wie in der Romantik, nur als der angenehmste Aggregatzustand des Menschseins. Aber trotz der Stigmatisierung des kulturell und technisch Alten basierte auch die modernisierte Gesellschaft weiterhin auf Autoritäten und Hierarchien, die mit dem biologischen Alter konvergierten. Diese Bastion des Alters hat erst die antiautoritäre Bewegung geschleift; es war ihr ebenso erfolgreicher wie problematischer Beitrag zur Modernisierung der Gesellschaft.

Denn der traditionelle Generationskonflikt ist in den sechziger Jahren entscheidend verschärft worden. „The Who" favorisierten in „My Generation" die Aussicht „Hope I die before I get old", und wie damals die Grenze zwischen jung und alt rabiat nach unten verlegt wurde, ist jedem innerlich, der noch das Grundgesetz der international vermarkteten Jugendkultur in den Ohren hat, keinem über dreißig zu trauen.

Helmut Gollwitzer
1968 und der deutsche Herbst

Der Theologe und Patenonkel Helmut Gollwitzer berichtet seinem Patensohn Lukas Ohnesorg in diesem Geburtstagsbrief, wie es weiterging nach jenem 2. Juni 1967, an dem der Vater von Lukas, Benno Ohnesorg, beim Berlin-Besuch des Schah von einem Polizisten erschossen wurde; ein Brief an die Nachgeborenen. Denen die Ereignisse jener Monate zu erklären, bemüht sich immer wieder der damalige Berliner Regierende Bürgermeister Heinrich Albertz, der am 26. September 1967 zurücktrat. In einem Zeitungsartikel reflektierte er über die Vorkommnisse und bemerkte, daß die Studenten „letztlich aus einem einzigen Grund rebellierten: der

Unglaubwürdigkeit der Mächtigen, dem Widerspruch zwischen Gesagtem und Getanem, dem Zerfall aller Wertvorstellungen in einer Gesellschaft, in der Freiheit vor allem die Freiheit der Ellbogen des Stärkeren bedeutete. Nichts oder fast nichts ist geschehen, um die Lücken dieser Widersprüche zu schließen. Kein oder fast kein Beispiel wurde gegeben, um die Zielvorstellung einer freien und gerechten Gesellschaft auf Zukunft deutlich zu machen. Wir lebten weiter über unsere Verhältnisse, wir vergeuden die knapper werdenden Energiequellen, wir zerstören systematisch die Schöpfung Gottes, wir beuten die Völker der Dritten und Vierten Welt rücksichtslos aus, wir rüsten uns zu Tode."

20. 9. 1977

Mein lieber Lukas!
Heute vor zehn Jahren schauten wir dem 12. November 1967 entgegen, dem Tag, an dem Du mit Deinem ersten Schrei Dich auf dieser Erde zu Wort meldetest. Du konntest nicht ahnen, daß Du für uns ein Hoffnungskind warst: ein Kind, mit dem wir die Hoffnung verbanden, die in jenen Jahren – oft genug in der Form von lärmenden Protestanten, aber immer doch als Hoffnungen erkennbar – von den Hochschulen auf die Straßen getragen wurden. Der Tod Deines Vaters durch die Polizeikugel hatte dem Schrei von Protest und Hoffnung eine solche Unwiderstehlichkeit gegeben, daß die Kehlen ihn nicht mehr zurückhalten konnten. Es mag Dir später vielleicht manchmal lästig sein, wenn Du merkst, daß wir Dich und Deinen Vater wie Symbolfiguren anschauen. Wir wollen's taktvoll tun, aber doch nicht unterlassen, Dir zu erzählen von dem, was damals war und was daraus wurde, um dann Dich zu beteiligen an der Frage, wie's weitergehen wird.

Da haben sich von Berkeley über Tokio bis nach Berlin junge Leute, vor allem Studenten, in kurzer Zeit gegenseitig angesteckt mit einer ungewohnten Empfindlichkeit für die Unmenschlichkeit um sie her, für die Verarmungen und

Entartungen, in die sie das Leben unzähliger Menschen und auch ihr eigenes Leben hineingezwungen sahen. Das Morden in Vietnam, das Hungern und Foltern in Lateinamerika, ebenso die Zustände im nächsten Knast und in der nächsten Fabrik – nichts konnten sie mehr von sich fernhalten, alles rückte ihnen auf die Haut und fragte sie: Muß das so sein? Muß das so bleiben? Was tust Du dazu, daß es so bleibt – oder dazu, daß es geändert wird?

Mit Lärm und Spott gaben die Jungen diese Fragen an die Älteren, an die Etablierten, weiter und klagten die guten Dinge ein, die im Grundgesetz unseres Staates versprochen und zur Verwirklichung befohlen sind: Unantastbarkeit der Menschenwürde, freie Entfaltung der Persönlichkeit, Chancengleichheit und Gleichberechtigung aller bei der Gestaltung des Gemeinschaftslebens. Sie drückten es, wie in unserem Lande üblich, in Fremdworten aus: Emanzipation, Demokratisierung, zusammengefaßt: Sozialismus. Sie sahen: Es ist dringend nötig, die Welt in dieser Richtung zu verändern, und es muß doch auch möglich sein, und sie schlugen dazu so auf den Putz, daß die Etablierten das Fracksausen bekamen und sich beeilten, das Reformzeitalter einzuläuten. Eine kurze Zeit durften die Demonstrationen von der herrlichen Erwartung getragen sein: Es geht voran!

Die Rache kam bald. Das Grundgesetz so auszulegen, sei viel zu radikal – und radikal sein (das wirst Du noch merken) gilt in unserem Lande immer als gemeingefährlich. So wurde, wer allzu radikal für die Verwirklichung der Grundrechte des Grundgesetzes stritt, in den Verdacht gebracht, ein Verfassungsfeind zu sein. Mit den Reformen, besonders mit den zunächst abgetrotzten Demokratisierungen ging's zurück. Die Wirtschaftskrise sorgte dafür, daß nicht mehr genug Geld für beides da war: für die Reformen *und* fürs nichtreformierte Staats- und Wirtschaftsleben. Die Reformverhinderer erklärten sich für die wahren Verfassungshüter und aus Grundgesetz, Demokratie, Freiheit und Rechtsstaat wurden Worte, die man nur noch affirmativ gebrauchen darf, das heißt als Bezeichnungen für einen Besitz, den wir angeblich schon haben, nicht mehr kritisch für Aufgaben, denen wir uns annähern sollen.

Einige von den Jungen drehten durch und schlugen mit Gewaltaktionen zurück, wie sie es für eine Illusion hielten, durch Reformen diese Gesellschaft verändern zu wollen. Sie imitierten die südamerikanischen „Stadtguerilla", schlugen alle Warnungen in den Wind, verschlimmerten das Unheil, und noch im Scheitern produzierten sie Nachfolger, die mit jenem Aufbruch von Hoffnungen nichts mehr gemein haben und in Wut, Ekel, Zynismus und Verzweiflung sich ins Morden stürzen wie andere in die Drogen.

Das nun gab denen, die die Veränderungsforderungen niederschlagen wollten, die große Gelegenheit. Einer von ihnen hatte in Sonthofen schon den Terrorvorsatz verkündet, die linken Ratten in ihre Löcher zurückzutreiben, und viele von ihnen konnten ihre Zustimmung zum schrecklichen Militärputsch in Chile nicht verbergen. Das schadete ihnen aber nichts in unserer Öffentlichkeit, und daran konnte man sehen, wie die liberalen Vorsätze, mit denen diese Republik gegründet worden war, im Abbröckeln waren. Jetzt, da der Wahnsinn der Terroristen einen Höhepunkt erreicht hat, schiebt man die Schuld daran Protest- und Hoffnungsbewegung zu und bläst zur Jagd gegen alle, die die Notwendigkeit und die Möglichkeit grundlegender Veränderungen erkannt haben. Die Angst der Bürger vor Veränderungen wird mit der Angst vor den Terroristen angeheizt, und alles wird in einen Topf hineinidentifiziert: die Terroristen mit den Linksradikalen, die Linksradikalen mit den JUNON, die JUNON mit der SPD und die SPD mit Emanzipation und kritischer Aufklärung und mit dem „Sittenverfall" dazu. Und die arme SPD, in einen so schrecklichen Topf geworfen, strampelt mit Selbstverteidigung, beteuert ihre Unschuld und Ungefährlichkeit, will auch nicht mehr „mehr Demokratie wagen", wie sie damals angekündigt hatte und wird doch keine Gnade finden, solange sie sich nicht des letzten gefährlichen Streichholzes von Emanzipation und Sozialismus entledigt hat, das noch in ihrem Programm zu finden ist. Es könnte aber für sie diese Stunde auch die Stunde der Erkenntnis werden, daß ein demokratischer Rechtsstaat immer nur offensiv verteidigt und das Ziel des demokratischen Sozialismus nur offensiv verfochten werden kann.

Wenn Du diesen Brief in einigen Jahren liest, dann wirst Du wissen, was wir heute noch nicht wissen: wie's weitergegangen ist und wer sich schließlich durchgesetzt hat. Ein französischer Beobachter, der Professor Alfred Grosser, hat soeben gesagt, dies sei „die erste große Probe der Bundesrepublik", die Probe auf die Haltbarkeit und Entwicklungsfähigkeit des zweiten Versuchs einer deutschen Demokratie. Für Dein Leben wird entscheidend sein, wie es jetzt bei uns weitergeht. Ich will dafür keine Voraussagen wagen, sondern Dir nur das sagen, worauf es jetzt für uns und eines Tages ebenso für Dich ankommt:

Zum ersten: Man darf nie resignieren. Drum spiro, spero – das heißt, solange ich atme, hoffe ich. Und hoffen heißt natürlich nicht nur, ein paar Wünsche heimlich im Busen hegen, sondern hoffend dafür tätig sein. Solange diese zweite deutsche Demokratie noch einigermaßen vorhanden ist, wollen wir uns einsetzen für ihre Erhaltung und ihre Entwicklung, und zwar für die Entwicklung nach vorn und nicht nach rückwärts. Und sollte sie uns genommen werden durch das Zusammenwirken von Reaktion und Terrorismus, dann werden wir neu, wie vor einigen Jahrzehnten schon, für ihre Wiedergewinnung kämpfen müssen.

Und zweitens: Die Umstände und die Propaganda und die zurückentwickelten Erziehungseinrichtungen werden Dir alle predigen: Kümmere Dich um nichts als um Deine eigene Haut und Dein eigenes Fortkommen! Wenn aber Dein Leben reich und sinnvoll werden soll, dann mußt Du das Gegenteil tun: Dich kümmern um die anderen, die

Verkümmerten und Benachteiligten, und Dich kümmern ums Ganze, um das, was wir die gesellschaftlichen Verhältnisse nennen: daß diese Erde bewohnbar bleibt für Menschen und Tiere und Pflanzen und daß durch die Verhältnisse das Entstehen von freien, aufrechten und gemeinschaftlichen Menschen nicht verhindert, sondern gefördert wird.

Es ist ein riskanter Weg, auf den ich Dich verlocken möchte – das wirst Du in diesem Lande gründlich zu spüren bekommen. Aber es ist der einzige Weg, der sich lohnt. Deine Mutter und wir haben, als Du Säugling warst, bewußt unterlassen, Dich zu taufen. Worum es aber bei der Taufe, beim Christsein geht, das hängt eng mit diesem Weg zusammen: mit der Inspiration, mit dem langen Atem und mit der Zufuhr von Kraft, höchst nötig, um Freiheit und Resignation auszutreiben, höchst nötig, wie Du vielleicht entdecken wirst, für einen so riskanten Weg.

Deine klugen Augen schauen mich mit vertrauensvoller Zuneigung an. Ich denke auch an Dich bei unserem heutigen Kampf um diese zweite deutsche Demokratie.

Dein Helmut Gollwitzer

Karl-Rudolf Korte

Innere Sicherheit oder Überwachungsstaat?

Die Auseinandersetzung mit dem Terrorismus – vor allem mit seinen Ursachen – kreisen zum Teil um den Begriff des Sympathisanten. Die Terroranschläge im Frühjahr 1972 und die Verhaftung aller Mitglieder der Baader-Meinhof-Gruppierung sind begleitet von einer heftigen Pressekampagne. Spezifischer Auslöser der Sympathisanten-Kampagne war schließlich die Attacke Heinrich Bölls im „Spiegel“ vom 10. Januar 1972, in dem er sich ausführlich mit dem Vorwurf, er sympathisiere mit den Terroristen, auseinandersetzt. Spezifische Bilder der Bundesrepublik werden in seiner Argumentationsweise deutlich, wenn er die Verfolgung der Terroristen bei der Verfolgung von Regimegegnern in der Zeit des Nationalsozialismus gleichsetzt. Der Vorwurf faschistoider Terroristenjagd und sein Appell für Gnade oder freies Geleit für Ulrike Meinhof provozieren heftige Gegenreaktionen in allen Medien. Böll hat selbst die Dimension dieser Auseinandersetzung in seinem Buch *Freies Geleit für Ulrike Meinhof – Ein Artikel und seine Folgen* (1972) anschaulich dokumentiert. Die entflammte Kampagne enthält eine Vielzahl von überpointierten Zerrbildern dieser Republik. Das Bild des „Überwachungsstaates", des vorverurteilenden, repressiven Polizeistaates durchzieht seither das Deutschlandbild der eher linksorientierten Intellektuellen.

Das Thema, ‚innere Sicherheit' verursacht offenbar neue geistige Polarisierungen in den siebziger Jahren, die wesentlich von dem politischen Umbruch durch die studentische Protestbewegung herrühren. Es war die Stimmung des kritischen Unbehagens über eine zwar ungeliebte, aber doch als relativ frei empfundene Republik, aus der eine so radikal kritische Einstellung vieler Intellektueller erwuchs. Dieses Unbehagen manifestierte sich am geistig-politischen Standort der Bundesrepublik Deutschland als Frage nach der Beschaffenheit der inneren Staatsräson: „Die Frage der inneren Staatsräson der Bundesrepublik Deutschland ist eine Frage ihrer Fähigkeit, einen ruhigen Weg zwischen dem Ruhe- und Ordnungs-Fanatismus der einen und den anarchistischen Träumen der anderen zu steuern", wie es Ralf Dahrendorf 1976 umschrieb. Die Kritik zielt unmittelbar auf die Verfaßtheit des politischen Systems und der westdeutschen Gesellschaft.

Der Schweizer Autor Max Frisch übte 1976 in einer vielbeachteten Rede Kritik an der politischen Entwicklung der Bundesrepublik. Er registrierte in der westdeutschen Demokratie ein Klima des Ressentiments gegen die Linke und warnte vor der Tendenz, die Intellektuellen in ihrer Gesamtheit pauschal in Mißkredit zu bringen.

Namhafte Schriftsteller engagieren sich verstärkt in der öffentlichen Diskussion im Kontext der terroristischen Gewaltakte des Jahres 1977. Die Polarisierungen lösen Solidarisierungseffekte aus. Radikalenerlaß, Sympathisanten-Kampagne und Terrorismus bilden die Kulisse, vor der insbesondere die Schriftsteller ihre kritischen Standortbeschreibungen der Bundesrepublik abgeben. Es sind jedoch vornehmlich diese meist literarisch engagierten Intellektuellen, die im Kreuzfeuer der öffentlichen Kritik stehen. Vor allem Heinrich Böll hat mit seinen Büchern *Die verlorene Ehre der Katharina Blum* (1974), *Berichte zur Gesinnungslage der Nation* (1975), *Fürsorgliche Belagerung* (1979) literarisch diese Auseinandersetzung und Position zur inneren Sicherheit erarbeitet.

Günther Anders

Die Mondlandung

Da hing also die Erdkugel vor unseren Augen – nicht der Weltraum, nicht der Mond, *sie* war das große Erlebnis des Fluges. Sie und die Tatsache, daß wir (die wir uns physisch von der Erde ja gar nicht entfernt hatten) es fertig gebracht hatten, sie von außen zu sehen, also nicht als unsere Erde, sondern als einen, keinem Eigentümer gehörenden, Himmelskörper, als Strandgut des Universums. Und daß das ein Zeugnis der Größe unserer technischen Leistungen ist, wer könnte das bestreiten?

Und trotzdem. Obwohl die Leistung so groß ist und unsere, des Menschen, Größe bezeugt – *als* groß haben wir uns, als wir die Erde im Nichts schweben sahen, nicht erfahren. Im Gegenteil. Als winzig. Sogar als so erschreckend winzig, wie wir uns nie zuvor erfahren hatten.

Der Gegenstand dieses unseres Schocks war nicht neu. Denn wir sind über dieselbe Tatsache erschrocken, über die die Avantgardisten unter unseren Vorfahren vor vierundeinhalb Jahrhunderten erschrocken waren, als ihnen durch die neue Astronomie die Exzentrizität und Belanglosigkeit ihrer Erde im Universum klar wurde.

Klaus Maag

„Paradise Lost" – Leben mit Aids

Auf Brunos Beerdigung betet der Pfarrer das Vaterunser für Bruno und für „den nächsten, der ihm folgen wird". Manche der Trauergäste sind über die Worte des Pfarrers so erschrokken, daß sie vor dem offenen Grab zurückweichen. Jede Beerdigung ist eine Erinnerung an die eigene Vergänglichkeit.

Aids polarisiert. Helmut, der mir seine Freundschaft „aufgekündigt" hatte und nach Jahren den Dialog mit mir wieder aufnahm, drückte es so aus: „Mein Freund und ich infiziert – die anderen nicht, das fand ich ungerecht, damit kam ich nicht klar."

Aids hat eine Dimension des Wahnsinns. Keine andere tödliche Krankheit vereint derart weitreichende moralische, religiöse, soziale und psychologische Komponenten, kein anderes Leiden erzeugt so niederschmetternde Gefühle von Schuldig-sein, Wertlos-sein, Opfer-sein, Täter-sein (Ansteckung), Zum Tode-verurteilt-sein, und vor allem: nicht mehr dazuzugehören. „Was soll ich noch in der Szene?" fragte sich Peter. „Da werde ich doch bloß jedesmal daran erinnert, daß ich krank bin."

Helmut (gestorben 1992, 37) sah ich zum letzten Mal beim Einkaufen im Supermarkt. In seinem Narzißmus war ihm Kunstlicht sowieso lieber als Tageslicht. Dem eitlen Helmut folgte der noch eitlere Claus (gestorben 1992, 35). Über Arnolds Tod in Kopenhagen wird nie etwas Genaues zu erfahren sein; damit muß sein Freund leben.

Marcel sei wenige Tage nach dem Tod seines Freundes an Herzversagen gestorben. Der Bucklige wiederum sei an einem nicht erkannten Diabetes gestorben. In einer Gazette las ich die Todesanzeige vom Taubstummen, diesem schönen, strahlenden Stern.

Ikarus räumt in der Kneipe keine Gläser mehr weg. Wie eine Ikone schaut er jetzt von den Plakaten der Aids-Hilfe auf die Schwulen herab. Aus London kam die Nachricht, daß Jürgen, der dort gelebt hatte, verstorben ist. Thomas fand die Berliner arrogant und unnahbar; dennoch hat er wie viele andere auch kurz vor seinem Ende das kalte München hinter sich gelassen. Sterbetourismus ins wärmere Berlin?

Dieter und Bernhard verschwanden einfach; bis ich nach Jahren von ihrem Tod hörte.

Steven starb in den USA. Leistungsdruck ließ seiner Familie keine Zeit zur Pflege. Berliner Freunde richteten einen nordatlantischen Pflegeservice ein.

Monate vor seinem Tod ließ sich der Fernsehreporter bei seinen Interviews nicht mehr im Bild zeigen.

James, meine süße Maus. Dieses grauenhafte Wissen – um die Krankheit und ihren Verlauf. „Ja, ich will leben, ich will alt werden, und es macht mich panisch, nicht mal 30 zu werden“, schrieb er mir im Sommer 1992. Dann dieses Wissen, dieses quälende Warten auf die Todesnachricht. Im November 1993, kurz vor seinem 30. Geburtstag, fand ich sie in meinem Briefkasten. Mit unbekanntem Absender, aus den USA.

Für den Fotografen Jürgen Baldiga (gestorben 1993, 35) war sein Beruf eine Möglichkeit, „gegen den Tod zu arbeiten, sich von der Trägheit zu befreien“. Günter hatte seine

Krankheit den Mitbewohnern, so lange es ging, verschwiegen. Mit welcher Diät erklärte man sich seinen Gewichtsverlust?

Volker hatte Hoffnung, wieder als Barkeeper hinter dem Tresen zu stehen. Barmann Wolfgang verstarb nach mehreren Jahren Leben mit dem Vollbild Aids. Kreuze hinter den Tresen?

Beim Sonntagsfrühstück lese ich im *Tagesspiegel:* „Kai (gestorben 1994, 33) verstarb jung, friedlich und gefaßt an den Folgen seiner Immunschwäche."

„Bestatten ohne Routine. Eine alternative Trauerfeier" – ein Fernsehbericht in der Sendung „Kirchplatz" auf B 1. So erfahre ich von Werners Tod. Nach langer Zeit treffe ich Martin. „Wenn ich ihn jetzt nach seinem Freund frage [. . .]", schießt es mir durch den Kopf. Ich frage doch, und Martin sagte mir, daß sein Freund Carlos vor einem Jahr gestorben ist.

In der *Siegessäule,* einer Schwulenzeitschrift, lese ich die Todesanzeige von Andreas (gestorben 1994, 32), der in der Nachbarschaft lebte. Noch vor drei Monaten war er mir fröhlich lachend auf der Straße begegnet.

Ich vermisse euch. Mein träges Hirn kommt mit dem schnellen und häufigen Sterben nicht mit. Schneller ficken, schneller wohnen, schneller sterben. Schnelle Jugend, schnelle Drogen, schneller Sex und schneller Tod. Allmählich dämmert es: Was wäre das Leben ohne den Tod! Stirb, bevor du stirbst!

Trauer? Vor der Trauer kommt die Wut. Eine Wut, die kein Ziel hat und unbegreiflich ist. „Selber schuld, wer sich heute noch ansteckt", höre ich manche sagen. Martins Mutter rutscht es raus, nachdem sein Freund gestorben ist: „Selber schuld."

„Warum mußte ich so viel rumficken?" fragte sich James. Die Frage nach Schuld, ein sinnloses Unterfangen, das nicht mehr Änderbare anders haben zu wollen, oder auch ein Versuch, der Trauer auszuweichen? Wolfgang im Wartezimmer beim Arzt: „Ich habe alles gehabt. Drogen, Männer, Geld. Ich bereue nichts.“ Selbstbetrug angesichts des Todes oder selbstbewußter Ausdruck eines Lebens? Steht es mir zu, ein Urteil zu fällen?

Das Schlimme am Sterben der Freunde ist, wie man immer wieder auf sich selbst zurückgeworfen wird. Da gab es Gemeinsamkeit – und damit meine ich nicht Sex –, es gab ein Einfühlen in andere, das Teilen mit anderen, ein Mitschwingen.

Nun sind sie fast alle tot, und das Sterben nimmt kein Ende.

Ursula W.

Kinder, Küche, Kombinat: Frauen in der DDR

35 Jahre alt, verheiratet, 4 Kinder – Maschinenschlosserin, Gewerkschaftsvertreterin, Studentin:

Meine Entwicklung begann eigentlich 1950, als ich die Grundschule verlassen hatte. Ich lernte Maschinenschlosser im Stahlwerk, bin als Schlosser auf die Werft gekommen und habe nach Abschluß der Lehre ein halbes Jahr als Schlossergeselle gearbeitet im Schiffbau und mich qualifiziert zum Materialwirtschaftler. Ich habe dann geheiratet, inzwischen sind aus unserer Ehe vier Kinder hervorgegangen, das Jüngste ist 2, die Älteste ist 16. Zur Zeit bin ich in der Neptun-Werft als hauptamtliche Mitarbeiterin der Gewerkschaft und kümmere mich vorwiegend um die Qualifizierung und den Einsatz unserer Frauen. Wir haben 1200 Frauen im Betrieb. Ich studiere allerdings außerdem an der Fachschule in Wismar mit dem Ziel, als Ingenieur-Ökonom abzuschließen, und habe die Absicht, dann noch ein vierjähriges Hochschulstudium anzuhängen und so eben meine Entwicklung zu vervollkommnen.

Mein Mann ist in der Seewirtschaft tätig, er ist Schiffsingenieur. Er ist allerdings viel auf Reisen, auch sehr viel im Ausland, so daß dann natürlich die Zeit für mich besonders schwer wird. Aber ansonsten kann ich das sehr gut schaffen, ich habe mich noch nie über Zeitmangel beklagt. Für Handarbeiten und für Wochenendfahrten bleibt immer was.

Die Dinge klappen allerdings nur mit einer strengen Einteilung. Ich habe eine sehr fleißige, lobenswerte Tochter im Alter von 16 Jahren, wenn die aus der Schule kommt, ist das erste: Schularbeiten, und dann macht sie mir die Wirtschaft, also das, was ein Mädchen von 16 Jahren machen kann: abwaschen, staubsaugen, Schlafzimmer undsoweiter. Das gründliche Saubermachen wird der Mutter zum Wochenende überlassen. Der Junge ist in der Schule sehr gut, Schularbeiten erledigt er so nebenbei, und der hilft mir sehr mit dem Einkaufen. Viel Arbeit bleibt natürlich am Feierabend mit den beiden Kleinen, die sind 2 und 4 Jahre, da muß die Mutter sich drum kümmern. Aber ich teile mir gern die Arbeit mit meinem Mann, so daß das unbedingt zu schaffen ist.

Es gibt für meinen Mann nichts, was er nicht mit erledigt, ich kenne das einfach nicht. Er hat gewollt, daß ich studiere, also hat er auch den Willen gehabt, mir zu helfen. Und er tut es, wo er kann. Morgen haben wir Bergfest, das heißt, ich habe die ersten zwei, zweieinhalb Jahre meines Studiums hinter mir. Und in der gesamten Zeit, wenn ich mich auf irgendwelche Klausuren oder Abschlüsse vorbereitet habe, ich konnte das ganze Wochenende sitzen und konnte dann beruhigt zum Unterricht gehen, mit gutem Gewissen und gut vorbereitet. Mein Mann hat sich um die Kinder gekümmert, wenn es sein muß, macht er die Wäsche, kocht er das Essen, er geht einkaufen, also, wie er es eben ermöglichen kann. Natürlich, die Kinder müssen mit ran, das ist klar. Und ich bemühe mich selbstverständlich, ihn in dieser Arbeit nicht allein zu lassen. Was ich selber machen kann und schaffen kann, das tue ich sowieso.

Wir Frauen haben nicht mehr soviel Zeit, uns völlig unserem Mann zu widmen. Mancher verlangt vielleicht, daß man jede Woche zu ihm kommt, für mich wäre das unmöglich, mir reicht alle 14 Tage. Und es wirkt sich wohl eher auf den Mann aus, wenn eine Frau berufstätig ist und obendrein studiert, als daß es sich auf die Kinder auswirkt. Für die Kinder hat man immer Zeit. Ich will damit sagen, daß sich das Verhältnis zwischen Mann und Frau verändert hat, der Mann selber will nicht mehr unbedingt eine Frau haben, die ausschließlich sexy ist, sondern er legt Wert auf eine kluge Frau. Insofern hat sich das Verhältnis doch zu Gunsten der Ehe verschoben. Die Liebe ist eben anders geworden, ich würde sagen, sie ist schöner geworden. Durch das steigende Selbstbewußtsein der Frau, durch ihre Qualifizierung, dadurch, daß sich Mann und Frau gegenseitig besprechen und ihre Probleme bringen, der Mann die aus seinem Betrieb, die Frau welche aus ihrem Betrieb, auch gesellschaftliche Probleme oder im Zusammenhang mit der Erziehung der Kinder, alles wird gemeinsam behandelt. Dadurch ist eine größere Harmonie in der Ehe zu verspüren. Und so etwas wächst auch, das macht sich bemerkbar im Verhältnis zueinander.

Unsere Kleinen sind tagsüber hier in Rostock in der Kinderkrippe bzw. eine in der Krippe und eine im Kindergarten. Die sind sehr gut versorgt, es gefällt ihnen, sie gehen gern hin, keine schreit. Sie freuen sich natürlich auch, wenn sie pünktlich abgeholt werden, das ist selbstverständlich. Aber soviel kann man den Kindern zu Haus gar nicht geben, wie sie im Kindergarten bekommen. Die Kleine war gerade mal 2 Jahre, da konnte sie Gedichte aufsagen, Lieder singen und alles. Ich sehe das bei uns im Block, da sind einige Frauen zu Hause, deren Kinder waren alle nicht soweit. Die Vorschulerziehung ist wirklich sehr gut. Mit den Horten gibt es allerdings noch Schwierigkeiten, da müßte einiges verbessert werden.

Ich muß ehrlich sagen, unsere größeren zwei Kinder waren gewollt, die letzten zwei waren ungewollt. [. . .]

Ich hoffe, daß wir uns inzwischen auf diesem Gebiet so weit qualifiziert haben, daß nicht noch ein Kind dazukommt. Es würde auch gar nicht zum Studium passen. [. . .]

Es gibt ja generell die Möglichkeit, daß die Frau zwei Arbeitstage in der Woche für's Studium frei bekommt. Trotzdem fühle ich mich manchmal erschöpft, und zwar dann, wenn es zum Wochenende geht, oder jetzt kurz vor den Semesterferien. Wir sehnen alle die Zeit herbei, wo wir nicht mehr so intensiv studieren müssen und uns 8 Wochen erholen können. Aber die Erschöpfung ist meistens, möchte ich sagen, sonnabends schon vorüber. Wenn man sich morgens im Haushalt richtig ausgetobt hat, ist man abends doch wieder frisch, fernsehen, sonntags geht's an den Strand, und montags ist man wieder fit.

Unbekannte Verfasserin
Frauenalltag in der Bundesrepublik

Akkordarbeiterin:

„Halb fünf steh' ich auf und koche Kaffee, dann gehe ich ins Badezimmer und mach' mich fertig, in der Zeit ist der Kaffee durchgelaufen. Na ja, und denn mach' ich den Frühstückstisch fertig, weil mein Mann ißt morgens richtig Frühstück, ne [. . .] und wenn ich das fertig habe, dann weck' ich mein' Mann, dann steht der auf und frühstückt [. . .] ja, denn mach' ich die Flasche fertig für mein' Jungen, und denn isses auch schon so weit, daß mein Mann fertig ist, daß ich den Tisch abräume – ich kann das nämlich nicht haben, wenn ich nachmittags nach Hause komme, und der Tisch steht noch voll. Denn krieg ich gleich zu viel. Und na ja, denn muß ich den Jungen wecken, wenn er nicht schon wach is, das kommt selten vor, meistens muß ich ihn wekken, ja, denn will der die Flasche haben, dann trinkt er die erst, und wenn er die ausgetrunken hat, dann muß ich ihn anziehn. Und dann gehn wir aus'm Haus. Ich kann morgens so früh noch nichts essen. Na ja, und denn bringen wir den Jungen zu den Schwiegereltern, jedenfalls mein Mann, denn geh' ich zu Fuß weiter, bis zur Haltestelle, wo der Bus ist [...] tja der Bus, manchmal wird geschlafen, manchmal ist auch viel los, wenn mal so'n Gesprächsthema is [...]. Ja, und ungefähr um viertel nach sechs, zehn vor halb sieben, sind wir bei der Firma [...] fünf vor sieben, denn bimmelt es da, denn müssen wir ran [...]. Zehn nach halb, also zwanzig vor vier is Feierabend [...] und denn geht's zurück in'n Bus [...]. Ungefähr viertel nach vier sind wir denn hier, also 16.15 Uhr sind wir hier. Denn geh' ich meistens einkaufen, so nachmittags zum Kaffee, weil ich Gott sei Dank Essen nicht mehr machen muß, früher mußt' ich noch Essen kochen, wenn ich nach Hause kam [...]. Ja denn komm ich nach Hause, zieh' mich aus, koche Kaffee, in der Zeit kommt denn auch mein Mann mit dem Jungen, er hat eher Feierabend, aber weil der Junge immer nach der Oma muß, holt er den, und ich geh' denn, wenn ich eingekauft habe, durch hierher, koch' schon Kaffee, daß der fix und fertig ist. Ja, und dann geht's ran, denn heißt es: aufräumen [...]. Ich muß meine Betten, die schlag' ich ja nur drüber, dafür mach' ich das Fenster denn auf, manchen Morgen, wenn ich später aufgestanden bin, bleibt ja alles so liegen, wie's is [...]. Das muß ich denn aufräumen und der Junge sein Zimmer [...]. Mein Mann, der saugt denn schon, das macht er ja, ja und die Stube. Die muß ich auch denn lüften, so aufräumen [...]. und was so anfällt. Das ist eigentlich der eine Tag. Bis abends um sieben, da gibt's Abendbrot, dann kommt der Junge ins Bett, wenn Sie dann Glück haben, schläft er. Jaa, und dann kucken wir meistens noch'n bißchen Fernsehen, ich stopfe, oder irgendwie mach' ich denn noch was [. . .]. Wenn's gar nichts Gescheites gibt im Fernsehen, dann hol' ich meine Nähmaschine her und nähe. Und um neune herum geh' ich meistens ins Bett. Weil ich ja abends – wenn Sie das gemacht haben; es ist immer eine Hetze!"

Inga Markovits

Ein Bürger in der DDR

Ein Interview mit Klaus Petzoldt, Zivilrichter am Stadtgericht, 31 Jahre alt. Anders als die meisten Richter, die ich bis jetzt in diesem Hause getroffen habe, kommt er nicht aus einer Arbeiterfamilie. Beide Eltern sind Juristen: Die Mutter ist Staatsanwältin, der Vater – jetzt pensioniert – war Militärrichter. Herr Petzoldt hat den gelassenen Charme eines Menschen, dem die Dinge immer leicht gefallen sind.

Wie wurde man Richter in der DDR? Man brauchte gute Zensuren und eine einwandfreie (oft auch nur unauffällige) politische Abstammung. Aber daß nur eine dieser beiden Vorbedingungen erfüllt war, genügte meistens nicht. Ein oder zwei Jahre vor dem Abitur bewarb man sich um die Zulassung zum Studium. Natürlich hatte kaum ein Schüler zu diesem Zeitpunkt eine realistische Vorstellung vom Recht. [. . .]

Studenten, die Richter oder Rechtsanwalt werden wollten, wurden an der Humboldt-Universität in Berlin ausgebildet (zukünftige Wirtschaftsjuristen gingen nach Halle oder Leipzig, zukünftige Staatsanwälte nach Jena). Aber das Justizministerium kontrollierte den Zulassungsprozeß. Oberschüler bewarben sich beim Kreisgericht und wurden, wenn alles seinen Lauf gegangen war, von einem Angehörigen des Ministeriums interviewt, dem es vor allem auf die politische Loyalität eines Bewerbers anzukommen schien. Keiner der Richter, die ich danach befragte, scheint dieses Gespräch heikel oder bedrohlich gefunden zu haben; jeder sah es als einen simplen Test seiner Fähigkeit, offenbar erwünschte Antworten identifizieren und glaubwürdig artikulieren zu können. Keiner fand das Verfahren peinlich.

Bevor er mit dem Studium begann, war Herr Petzoldt drei Jahre beim Militär. Weibliche Studenten arbeiteten im Büro oder in der Produktion. Man mußte proletarische Solidarität bewiesen haben, bevor man sich intellektuellen Zielen zuwenden durfte. Das Studium der Rechtswissenschaft dauerte vier Jahre. Es war weitgehend durchgeplant; Studenten eines Jahrganges besuchten die meisten Vorlesungen zusammen. Im Unterricht standen allgemeintheoretische Fragen im Vordergrund; praktische Übungen und Fallbesprechungen waren seltener. Etwa ein Drittel der Lehrstunden befaßten sich mit dialektischem Materialismus, der Geschichte der Arbeiterbewegung und ähnlichen Vergnügungen. In der Regel vermieden Professoren peinliche Themen. Die stalinistische Unterdrückung und Rechtsbeugung in den schlimmen fünfziger und sechziger Jahren in der DDR wurden nie erwähnt. Außer über Grenzdelikte wurde auch über politisches Strafrecht kaum gesprochen. Die meisten Jurastudenten waren schon beim Studienbeginn in der Partei. Die übrigen wurden irgendwann im Laufe ihrer Studienjahre Mitglied. Für alle zukünftigen Juristen schien der Eintritt in die Partei eine so natürliche und unvermeidbare Entscheidung, daß weder Herr Petzoldt noch sonst einer meiner Gesprächspartner sich an irgendwelchen äußeren Druck oder inneren Aufruhr in diesem Zusammenhang erinnern kann.

Im dritten Studienjahr wurden Studenten auf ihre zukünftige Spezialisierung – Richter oder Rechtsanwalt – „gelenkt“. Viele Studenten an der Humboldt-Universität wären lieber Anwalt geworden: Rechtsanwälte verdienten mehr Geld als Richter, genossen größere Unabhängigkeit und waren nicht wie Richter in einem Beruf gefangen, aus dem der Staat sie nur bei drastischem Fehlverhalten wieder herauslassen würde. Aber in einem Land mit 592 privaten Anwälten und keinen Aussichten, daß die Regierung ihre Zahl entscheidend erhöhen würde, konnten die Anwaltskollegien wählerisch sein, wenn sie sich ihre neuen Mitglieder aussuchten. Sie nahmen nur Studenten mit guten Beziehungen oder den allerbesten Zensuren (und mehr Männer als Frauen). Für Klaus Petzoldt brauchte das alles nicht wichtig zu sein: Er wollte ohnehin Richter werden.

Warum gerade Richter? Weil er dazu erzogen wurde, Gerechtigkeit zu lieben. Und was versteht er unter Gerechtigkeit? Wenn in einem Staat „alles seine gesetzliche Ordnung hat“. Herr Petzoldt zögert einen Augenblick. „Und jeder das bekommt, was ihm zusteht“, fügt er hinzu. „Aber nicht auf Kosten anderer.“ Eine Mischung aus alt und neu: sozialistische Rechtsdisziplin und der bürgerliche Respekt vor dem einzelnen. Aber die Reihenfolge seiner Antworten sagt etwas über Herrn Petzoldts richterliches Selbstverständnis. Er sieht sich vor allem als Ordnungshüter, als Wächter über den gesellschaftlichen Frieden und erst in zweiter Linie als Verteidiger individueller Interessen.

Robert Havemann
„Freiheit der Andersdenkenden“

Robert Havemann an Erich Honecker

Diesem Brief an den Staatsratsvorsitzenden folgte im November des gleichen Jahres ein zweiter, in dem Robert Havemann sich dafür bedankte, daß Siegmar Faust auf seinen Brief hin sogleich aus der Haft entlassen wurde. Gleichzeitig bat er ihn, die Ausbürgerung von Wolf Biermann rückgängig zu machen, der für die jungen Menschen in der DDR in „zwiespältiger Weise eine Art letzter großer Hoffnung auf einen Sozialismus verkörpert, von dem sie schon aufgehört hatten zu träumen". Havemanns Kritik an der Funktionärsherrschaft der DDR war nicht nur wegen seiner Widerstandstätigkeit unter den Nazis so effizient, sie war es auch, weil er sich stets leidenschaftlich gegen die „verkommene Welt des Kapitalismus" und für einen gerechten und humanen Sozialismus eingesetzt hatte.

16. 3. 1976

Lieber Kamerad und Genosse Erich Honecker!
Ich wende mich an Dich in Deiner verantwortungsvollen Stellung als Kamerad der antifaschistischen Widerstandsbewegung und als Dein Knast-Kamerad im Zuchthaus Brandenburg-Görden. Ich wende mich an Dich mit der Bitte um Rettung des Schriftstellers Siegmar Faust, der als politischer Gefangener in Cottbus im Gefängnis sitzt. Er ist zu einer Strafe von viereinhalb Jahren verurteilt, von denen er schon über zwei Jahre abgesessen hat. Er ist mit einer lebenslustigen jungen Frau verheiratet und hat ein kleines Töchterchen. Beide sind in tiefes Unglück gestürzt. Ich glaube nicht, daß seine Verurteilung gerecht war. Er gehört zu denjenigen, die an unseren Zuständen gerade darum scharfe Kritik üben, weil sie leidenschaftliche Streiter für den Sozialismus sind. Ich wende mich an Dich, weil ich fürchte, daß er die schweren Bedingungen seiner Haft womöglich nicht lebend übersteht. Ich habe erfahren, daß sich auch der Bonner Vertreter Herr Gaus bereits um seine Freilassung bemüht hat, aber wohl vergebens. Ich bitte dich, auch im Interesse unseres Staates, dem Siegmar Faust Gerechtigkeit zu gewähren und seine sofortige Freilassung zu veranlassen.

Vor einer Woche sandte Siegmar Faust einen Kassiber an seine Frau, den ich Dir hier mitteilen will:

Tina! Wenn mich nicht bald etwas rettet, kratze ich ab. Ich möchte mit jedem Polit-Häftling Chiles oder Spaniens tauschen. Terror, Folterungen, Repressalien, Schikanen werden immer schlimmer. Warum läßt sich hier keine UNO-Kommission sehen? Laßt alle Glocken läuten? Ich friere, muß hungern, habe Seh-, Herz-, Kreislauf- und Schlafstörungen und verblöde langsam aber sicher. Habe ja nun schon über 23 Monate Einzelhaft und 63 Tage Folterarrest kennengelernt. Was noch? Wofür? Wenn Ihr mir wenigstens Mut machen könntet! [. . .] Informationen von Wolf! Tina, es geht um mein Leben und um unsere Zukunft. Haltet alle zusammen und entreißt mich diesen Meuchelmördern. Euer Faustus

Solch ein Brief macht mich für uns alle traurig. Lieber Kamerad, denke daran, wie schwer es manche von uns hatten, damals in der Nazizeit, und daran, wieviel schwerer es ist, bei den eigenen Freunden und Genossen eingesperrt zu sein. Mit kameradschaftlichem Gruß

Jay Rosellini

„Das geht sein' sozialistischen Gang". Die Biermann-Ausbürgerung

Ich halt mich fest hier, bis mich kalt
Dieser verhaßte Vogel krallt
und zerrt mich übern Rand.

In den „Anmerkungen" zur Spanien-Platte erwähnt Biermann das Buch *Spanien nach Franco* von Santiago Carrillo, dem Generalsekretär der spanischen KP. Nach der Lektüre wisse er, „daß die Position der KPSp in allen wichtigen Fragen der internationalen Arbeiterbewegung so gut wie identisch“ mit seinen Auffassungen sei. In diesem Zusammenhang spricht er auch von den französischen und italienischen Kommunisten, und er betont, daß die „Genossen“ in den drei Parteien dafür einträten, „daß nach einer Revolution dem Volk kein Maulkorb verpaßt wird“. Bei einem Fernsehgespräch („Tagesthemen“) über das Thema „30 Jahre SED“ im April 1976 stellte er fest, Carrillos Buch habe er „mit Erstaunen und großer Freude“ gelesen; es enthalte Ideen, „für die man in der DDR noch immer zwei bis fünf Jahre Knast kriegen würde“. Das Phänomen, das hier beschrieben wird, ist der sog. „Eurokommunismus“, der in der Mitte der 70er Jahre viel Aufmerksamkeit beanspruchte. Obwohl sich die drei ‚romanischen‘ KPs nie auf eine gemeinsame Politik auf allen Gebieten einigten, gab es einige grundlegende Stellungnahmen, die die (mehr oder weniger heimlichen) Reformkommunisten in Osteuropa, also auch in der DDR, aufhorchen ließen. Dazu gehörten u.a. die Kritik am verknöcherten Marxismus-Leninismus, die Ablehnung der absoluten Führungsrolle der KPdSU zugunsten eines Polyzentrismus, die Verbindung von Sozialismus und Demokratie und die Suche nach einem ‚dritten Weg‘ zwischen dem real existierenden Sozialismus und der westeuropäischen Sozialdemokratie. Dies alles war zwar nicht neu, aber es fiel in der Periode der Breschnewschen Stagnation auf fruchtbaren Boden. Im Juni 1976 fand die (Ost-) Berliner Konferenz der kommunistischen Parteien statt, und das *Neue Deutschland* mußte die Reden von Berlinguer, Carrillo und Marchais abdrucken. Auf diese Weise fanden die eurokommunistischen Vorstellungen weite Verbreitung in der DDR. Diese Entwicklung verfolgte Biermann mit großem Interesse, und in einem Brief an seine Mutter, den der *Spiegel* unter dem Titel „Es gibt ein Leben vor dem Tod“ (Nr. 39, 1976) veröffentlichte, äußerte er sich zuversichtlich wie schon lange nicht mehr: „Vielleicht kommt nun doch einiges in Bewegung. Die Berliner Konferenz hat vielleicht doch manche alten Genossen nachdenklich gemacht.“

Der Brief, aus dem diese Sätze stammen, dreht sich um Biermanns ersten öffentlichen Auftritt in der DDR seit 1965. Die evangelische Kirchengemeinde in Prenzlau (Ukkermark) hatte ihn eingeladen, an einem Gottesdienst teilzunehmen, und im September tat er das auch, ohne daß Polizei oder Stasi einschritten. Die weder genehmigte noch verbotene Veranstaltung empfand der Sänger als ein „ermutigendes Zeichen", und er hielt – auf seine Weise – eine „Predigt gegen die Republikflucht". Rückblickend erscheint es, als hätten die führenden Genossen das Treffen in der Nikolaikirche vor allem deshalb erlaubt, um beim Verbotenen die Hoffnung auf eine günstige Wende in der Behandlung seines Falles zu erwecken, ohne daß er zu Kreuze kriechen müßte. Bereits im Mai hatte sich in Bochum die Initiative „Freiheit der Meinung, Freiheit der Reise für Wolf Biermann, Wolf Biermann nach Bochum" gebildet, die sich um die Erteilung eines Visums bemühte, damit Biermann in der BRD singen könnte. Nach einem Besuch in der Chausseestraße wurde im Juni die Einladung abgeschickt; Biermann sagte zu, und zur allgemeinen Verwunderung erhielt er tatsächlich das West-Visum, das ihm 1974 und 1975 verweigert worden war. Am 13. November trat er in Köln auf, und drei Tage später erfuhr er – aus dem Autoradio –, daß die „zuständigen Behörden" ihn gerade ausgebürgert hatten. [. . .]

Das *Neue Deutschland* brachte am 17. 11. eine Kurzmeldung über die Ausbürgerung – mit der danach oft wiederholten Behauptung, Biermann sei selbst daran schuld – und einen langen Kommentar von „Dr. K.", d.i. Günter Kertzscher, dessen einstige Mitgliedschaft in der NSDAP westlichen Kolumnisten nicht entging. Kertzscher warf dem Sänger im Hinblick auf das Kölner Konzert „Haß", „Verleumdungen", „Beleidigungen" und „massive Angriffe" gegen die DDR vor und bemerkte empört, dieser habe „über zehn Jahre" in der DDR gelebt, „ohne zu arbeiten" (!) und habe seine „Treuepflicht gegenüber dem Staat" verletzt. Gleichzeitig versuchte er, den ganzen Fall als eine bloße Fußnote in der Geschichte der DDR hinzustellen: „Er verschwindet in der dunklen Masse der antikommunistischen Krakeeler." Zwei Tage später hatte Biermann in der ARD die Gelegenheit, auf diese Vorwürfe zu reagieren, und er bezeichnete seine Äußerungen in der Kölner Sporthalle als „kritische Solidarität mit dem Sozialismus in der DDR, mit den Menschen, die dort leben". Bald mußte er jedoch einsehen, daß seine Erklärungen auf taube Ohren trafen, da das Politbüro keine Neigung zur Revision seines Beschlusses verriet. Dafür tauchte unerwarteterweise eine andere Erklärung auf, die einen großen Wirbel verursachte. Prominente DDR-Kulturschaffende, darunter Stephan Hermlin, Stefan Heym und Christa Wolf, appellierten am 17. 11. an die SED-Führung, „die beschlossenen Maßnahmen zu überdenken". Die Petition, die bis zum 21. 11. über 100 Unterzeichner fand, war kein flammender Aufruf, sondern eher eine diplomatische Note (man protestierte zwar gegen die Ausbürgerung, aber auch gegen die Versuche, „die Vorgänge um Biermann gegen die DDR zu mißbrauchen"). Trotzdem war die Tatsache an sich, daß eine Gruppe von DDR-Bürgern – die meisten auch SED-Mitglieder – in der Öffentlichkeit Kritik an einer Entscheidung des höchsten Parteigremiums übte, eine Sensation. Eine derartige Herausforderung hatte es seit fast zwei Jahrzehnten nicht mehr gegeben, und dies passierte keine sechs Monate nach den Reden der Eurokommunisten in Berlin. Gegen die Petenten wandte die SED-Führung eine ganze Palette von Maßnahmen an, vom Parteiausschluß bis zur einfachen Rüge. Die differenzierte Behandlung, die bis 1989 fortgesetzt wurde, sorgte für Unruhe und Uneinigkeit und unterminierte die aufkeimende Solidarität. Im Westen eher unbekannte Gestalten wie Jürgen Fuchs, Gerulf Pannach und Christian Kunert kamen ins Gefängnis und wurden später in den Westen abgeschoben, und Robert Havemann wurde unter Hausarrest gestellt. Nicht lange danach begann ein regelrechter Exodus von Autoren in den Westen mit polemischer Begleitmusik von beiden Seiten. Es gingen weg: Günter Kunert, Sarah Kirsch, Reiner Kunze, Hans Joachim Schädlich, Jurek Becker, Erich Loest, Bettina Wegner, Klaus Schlesinger, Thomas Brasch u.v.m. Manche hatten ein Visum in der Tasche, das ein Pendeln zwischen Ost und West ermöglichte, einige durften nicht zurück, und wieder andere wollten mit der DDR nichts mehr zu tun haben. Die Illusion eines Bündnisses zwischen ‚Arbeiterklasse' und (literarischer) Intelligenz war endgültig zerbrochen.

Es fehlte freilich nicht an Versuchen, diese Illusion wieder aufzurichten. Die SED ‚bat' zahlreiche Schriftsteller und Künstler um öffentliche Statements zum ‚Fall Biermann', und Hunderte davon wurden im *Neuen Deutschland* abgedruckt. Bei der Lektüre dieser endlosen Ergebenheitsadressen kann einem – jenseits von wissenschaftlicher Objektivität – übel werden. Die Tatsache, daß die meisten Texte nicht von kritischen Intellektuellen stammten, mindert den Ekel nur unwesentlich. Der künftige Vorsitzende des Schriftstellerverbandes, Hermann Kant, bot die kaltschnäuzige Schnoddrigkeit, die seit eh und je für ihn typisch war: Er habe Biermann „ganz gut ausgehalten", sei aber besorgt, weil sich seine Kollegen „kapitalistischer Übermittlungs- und Verstärkeranlagen" bedienten. Dabei verschwieg er, daß die „Biermann-Petition" kaum der französischen Nachrichtenagentur AFP übergeben worden wäre, wenn es in der DDR selbst eine funktionierende Öffentlichkeit gegeben hätte. [. . .] Ausgerechnet die Kollegen vom Kabarett „Die Distel", wo Biermann früher auftreten durfte, sahen ihn nun im „Heer der Verleumder". [. . .] Daß DDR-Intellektuelle aus Opportunismus mitmachten oder sich wegen mangelnder Zivilcourage mißbrauchen ließen (einige Verfasser, z.B. Anna Seghers oder Ruth Berghaus, flüchteten allerdings ins Unentzifferbare), ist schlimm genug; daß der westdeutsche Liedermacher Franz Josef Degenhardt auch in den Spalten des *Neuen Deutschland* den Ausgebürgerten belehrte, war und bleibt unentschuldbar und markiert einen geistigen Tiefpunkt. Vergleichbar und besonders widerlich war der Entschluß des realsozialistischen Klassizisten Peter Hacks, in der *Weltbühne,* dem Blatt Jacobsohns, von Ossietzkys und Tucholskys also, Biermann auf vermeintlich elegante Weise fertigzumachen. Da ist die Rede von einem „Knabe(n)", der ganz nette kleine Lieder gemacht habe, ehe ihn „ein fehlerhafter Ehrgeiz" dazu betrieben habe, „sich an Heines Philosophie und Villons Weltgefühl zu messen". Fazit: „Er wurde, was er ist: der Eduard Bernstein des Tingeltangel." [...]

Im Osten war man davon überzeugt, daß das gefürchtete Eindringen des Eurokommunismus durch das Abbrechen der „Speerspitze" Biermann ein für allemal erledigt war. [...] Im Westen nahm man die Gelegenheit wahr, die Kritik an der Ausbürgerung in eine Verdammung nicht nur der Praxis, sondern auch der Idee des Sozialismus umzufunktionieren. Eine Zielscheibe war die westdeutsche DKP, die die Ausbürgerung mit vorbereitete und nachträglich begrüßte, wodurch sie ihre Glaubwürdigkeit im Kampf gegen die Berufsverbote in der BRD verlor. [...]

In seinem *Zeit*-Artikel sah der Linksliberale Dieter E. Zimmer die Ausbürgerung als eine fatale Fortsetzung der Praktiken der Nazis, die Heinrich Mann, Ernst Toller und vielen anderen die Staatsbürgerschaft aberkannten (er fügte hinzu, daß das Grundgesetz der BRD diesen Schritt nicht zuläßt). Besonders schlimm fand Zimmer die Maßnahme im Falle Biermann, weil dieser „ein sozialistischer Patriot", ja sogar „einer der letzten Gesamtdeutschen" sei. Zimmer konnte sich aber nicht vorstellen, daß die Ausbürgerung rückgängig gemacht werden würde, und deshalb legte er Biermann die Notwendigkeit des Neubeginns nahe: „All die Gedichte und Lieder über die DDR, für die DDR: eine Sache der Vergangenheit. [...] Noch zwei, drei Lieder über den widersinnigen Zustand seines Exils: dann muß Biermann von vorn anfangen." [...] Das Schreiben ist für Biermann bis zu einem gewissen Grad immer eine Trauerarbeit, bei der die schmerzlichen Erfahrungen sowohl früherer Generationen als auch der eigenen zu dichterischen Gebilden werden. Eigentlich hat er bis heute (1991) nicht endgültig von der DDR Abschied genommen (anders als etwa Sarah Kirsch, Günter Kunert oder Reiner Kunze); es ist vielmehr so, daß sein Werk neue Dimensionen aufweist, während die alten weitergepflegt werden. 1976 prophezeite Zimmer übrigens auch, daß „Deutschlands politischster Schriftsteller" vor der „großen Kraftprobe seines Lebens" stünde, und zwar in dem Sinn, daß Biermann, der so lange Isolierte, „sich nun ins Getümmel begeben" müßte.

Jürgen Fuchs
Der Stasi-Staat

Ich möchte an dieser Stelle erinnern [. . .], und ich kann es nicht nicht tun, weil ich in der Humboldt-Uni bin [. . .], welchen Beitrag Wissenschaftler dieser Universität als Bürger der DDR geleistet haben zur Aufklärung von schweren Staatsverbrechen. Zum Beispiel, um das schwere Staatsverbrechen „Staatsfeindliche Hetze", das war der Paragraph 106 des Strafgesetzbuches, aufzuklären. Begangen wurde das Verbrechen z.B. von einem Schriftsteller, der Gedichte und Prosa schreibt und der jetzt, hoffentlich unscheinbar, in diesem Zusammenhang nur als einer unter einigen, denen es so erging, vor Ihnen steht und etwas mitteilt, etwas bezeugt. Ein kleiner Auszug:

„Berlin, den 5. 4. 1977

GUTACHTEN über die Texte von Jürgen Fuchs" (18 Seiten)

Auszug: „Dem Gutachten liegen 63 literarische Texte zugrunde, die in der Anlage im einzelnen enthalten sind. Die

Texte wurden fortlaufend numeriert, was bei der Anführung von Textstellen Berücksichtigung fand. Für die Gutachter war einzuschätzen, inwieweit in diesen Texten unter dem Deckmantel der Literatur Auffassungen und Konzeptionen vertreten werden, die gegen die Staats- und Gesellschaftsordnung der DDR gerichtet sind. Die Schriften von Jürgen Fuchs sind zum großen Teil inhaltlich offen, recht oft demagogisch verbrämt, gelegentlich weniger deutlich erkennbar – weil nichtig in der Aussage – gegen die sozialistische Staats- und Gesellschaftsordnung in der DDR gerichtet. Die Art der Niederschrift läßt erkennen, daß der systematische Aufbau einer Gegenposition vorausgegangen sein muß [. . .]. Sein Ausgangspunkt ist die totale Negation der bestehenden gesellschaftlichen Organisationsformen der DDR [. . .]. *Die* Bürokraten, *der* Apparat, *die* Funktionäre – das sind die immer wiederkehrenden Worte, die in Verbindung mit Bezeichnungen wie Seelenlosigkeit, Unmenschlichkeit, Heuchelei, Brutalität usw. zur Diffamierung der gesellschaftlichen und staatlichen Organe dienen [. . .].“ Das Gutachten unterteilt in drei Kategorien. Eine, bei der es gerade noch so geht, bei der man nicht gleich anzeigen muß. Die zweite ist äußerst bedenklich, auch strafrechtlich relevant. „Eine weitere Gruppe von Texten“, ich zitiere wieder aus dem Gutachten, „wird im folgenden wegen deutlich zutage tretender Besonderheit im Bezug auf die Aussagefähigkeit der Fuchs’schen Position genannt.“ Jetzt werden Prosatexte angeführt, durchweg lyrische Kurzprosa aus dem Manuskript, das später bei Rowohlt kam, „Gedächtnisprotokolle“, also zum Beispiel „Die Vorladung“, „Der Unterricht“, „An der Universität“, „Die Lüge“ [. . .]. Und es heißt dann wörtlich: „Die dritte Gruppe von Texten hat schwerwiegende, im wesentlichen auf Verleumdung und Diffamierung bzw. Aufwiegelung zum Widerstand gegen den Staat und gegen gesellschaftliche Organe ideelle Grundlagen.“ Mehr kann man einem Autor, der jung ist und seine ersten Sachen vorgezeigt hat bei Lesungen im kleinen Kreis, in der Jungen Gemeinde Jena zum Beispiel, nicht vorwerfen. Das heißt dann ab, verschwinde, Riegel vor, gesiebte Luft atmen. Inhaltlich bereits ein Langzeiturteil, die juristischen Begründungen werden von der Staatsanwaltschaft kommen, das Gericht wird brav folgen, die Stasi-Haupt-Abteilung IX verhört, drückt, setzt ihre Zellen-IMS ein, bringt an den Rand des Zusammenbruchs, dann nach dem Westen raus oder lange nach Bautzen. So ging ja das Spiel, ich kann Namen nennen. Bei mir hieß es nach fast einem Jahr harter U-Haft: Entweder sofort nach Westberlin oder Prozeß, Verurteilung, längere Haft. Ich ging dann raus, nannte es Erpressung, die Staatsbürgerschaft war weg. Der Grund waren eigene literarische Arbeiten, zum Beispiel ein Gedicht, das auch in die schlimme dritte Kategorie des Gutachtens einsortiert wurde: „IHR BLUMEN/In den Schießbuden/Verwelkt nicht/Sonst/Werden auf den blühenden Wiesen/Die lebenden/Abgeschossen." Das war dann staatsfeindliche Hetze. Sie verstehen diesen Vorgang, es ging um Knast, Verlust des Zuhauses, Trennung der Familie, sich im Westen anschließende jahrelange Nerverei durch das MfS, „weil der keine Ruhe gibt". Und wer hat das Gutachten verfaßt mit Datum und Unterschrift? Prof. Max Walter Schulz, Direktor des Instituts für Literatur „Johannes R. Becher". Ruth Glatzer, Cheflektorin des Aufbau-Verlages Berlin und Weimar. Und Frau Prof. Dr. Anneliese Löffler, Sektion Germanistik/Literaturwissenschaft der Humboldt-Universität.

Vielleicht sind welche im Raum, die in dieser Zeit Gedichte schrieben. Also stellen Sie sich das bitte vor: Ihre Briefe mit wertvoller Beigabe an die NDL, an „Sinn und Form", an Verlage, die landen dann beim MfS, werden durch die Postkontrolle, die „M"-Kontrolle aussortiert. Oder man liefert bei Nachfrage den ganzen Briefwechsel aus. Bei mir geschehen am 31. 3. 1977, der Generaldirektor der Akademie der Künste, Heinz Schnabel, und der stellvertretende Chefredakteur Dr. Armin Zeißler schreiben an das MfS, was sie von mir wissen und, Zitat, „fügen wir in der

Abschrift den Schriftwechsel bei". Die NDL erklärte sich am 18. 3. 77, unterzeichnet von Walter Nowojski, Chefredakteur und Gerhard Henniger, 1. Sekretär. Ich habe am Anfang von Gefühlen gesprochen, von der Möglichkeit, daß ich die gewünschte „Sachlichkeit" nicht immer durchhalten kann unter Umständen. Hier fällt es mir schon sehr schwer, nicht aggressiv zu werden. Das ist das völlige Ausliefern. Kein Schutz, keine Solidarität von dieser Welt des Geistes. Kleine, folgenreiche Dienstleistungen für das MfS. Wie gewichtig, bis heute, der Anspruch. Große Gesten, von der Weltliteratur wird gesprochen mit bedeutungsschwangerer Stimme. Ich bin enttäuscht und desillusioniert. Nie wieder werde ich in „Sinn und Form" oder der „NDL" einen Satz veröffentlichen. Bis heute, ganz nebenbei, nicht eine Zeile der Entschuldigung. Nur dieses harte, vorwurfsvolle Schweigen. In meiner Sicht das Fortsetzen der kollaborierenden Tat.

Das alles kommt zutage durch die Akteneinsicht, die ich sehr wichtig finde. Natürlich ist all das traurig und empörend, aber wie gut tun die Fakten, das Belichten des anderen Films. Daß dieses elende Geheimnis um ihre heimtückischen Machereien weg ist, das finde ich gut, erleichternd. Viele sehen ja jetzt rein, das Informationsverbrechen wird beendet, die informationelle Selbstbestimmung der Menschen wird wieder hergestellt. Ein Vorgang von großer Bedeutung auch für die Demokratie. Ach so, ich wollte noch die „Gebührenrechnung" vorlesen, die ich unter „Aktenzeichen 761.709 fand: „*1.* Lohnkosten für Gutachter 3324,–M. *2.* Lohnkosten für wissenschaftliches Personal 808,– M. *3.* Gemeinkosten (300%) 12396,– M. *4.* Schreibgebühren 30,– M. Kosten der Expertise: 16558,– M. Ministerrat der DDR." ich weiß nicht ganz genau, worauf genau sich diese Rechnung bezieht. Auf jeden Fall auf Gutachten im Ermittlungsverfahren gegen mich. Solche Gutachten wie das von Schulz/Glatzer/Löffler finden sich viele. Gegen Wolf Biermann haben sie angeschrieben, er war der Schlimmste in ihren Augen. Kunze, Schädlich [...], diese Gutachter-Kollegen standen bereit. Und, das darf man nicht vergessen, auch die Institutionen, in denen sie beschäftigt waren. Sie unterzeichneten ja mit ihren Namen und mit „Sektion Germanistik der Humboldt-Universität" oder „Aufbau-Verlag". Ich sage das ausdrücklich an diesem Ort, es gibt ja Zuständigkeiten und so etwas wie Verantwortung.

Noch ein anderes Beispiel. Es gab in der DDR eine sehr interessante Zeitschrift der Berliner Bürgerrechtsszene, ein „Informationsblatt", wie es hier genannt wird, „Grenzfall". Es haben Freunde wie Ralf Hirsch, Bärbel Bohley, Michael Kukutz mitgearbeitet. Es gab 1987/88 Hausdurchsuchungen. Auch das Wegschaffen von Druckmaschinen aus kirchlichen Räumen, Zionskirche. Unabhängige eigene Zeitschriften, „Samisdat", das wollte man schon auch in der DDR. In Ungarn, der Sowjetunion, in der Tschechoslowakei gab es das lange. Im Deutschen gab es immer die Westverlage und die Medien, kein schlechter Umstand, oft eine Hilfe. Aber wie entsteht das Eigene, das war die Frage. Bis heute interessant, eine Herausforderung. Geht die Forderung, der Wunsch nach „dem Eigenen", ins Leere? Ich meine jetzt nicht das Separierte, Abgeschottete. Das auf keinen Fall. Nun, „Grenzfall" versuchte, dort anzuknüpfen. Mit Erfolg. Leser wurden erreicht. Die Stasi wurde sofort hektisch. Ich zitiere jetzt: „15. 1. 88. Gutachten über das Informationsblatt ‚Grenzfall'. Die Generalstaatsanwaltschaft der DDR beauftragte die Gutachter Prof. Dr. jur. T. Luther, Prof. Dr. phil. A. Seidel, Prof. Dr. phil. habil G. Söder im Ermittlungsverfahren wegen Straftaten gegen den § 218 des StGB ‚Zusammenschluß zur Verfolgung gesetzwidriger Ziele' zu folgenden Fragen Stellung zu nehmen [...]." Dann wird „Grenzfall" analysiert, es ist ein ganz schreckliches staatsfeindliches Hetzblatt, das besonders eines versucht, den Zusammenhang mit der Opposition in Polen, Ungarn und der Tschechoslowakei herzustellen. Das war wirklich die Absicht, nebenbei gesagt. Es sind ja '88 viele Menschen inhaftiert worden und ausgebürgert, „Gegenschlag“ nannte das MfS diese „Aktion“, ich erinnere an Freya Klier und Stephan Krawczyk. Die Gutachter kommen zu dem Urteil, das sind Konterrevolutionäre, man muß sie anklagen, die Stasi hatte sie schon verhaftet. Dann fällt ihnen noch ein, daß zwar der „Grenzfall“ zu begutachten ist, aber es muß auch noch hingewiesen werden darauf, daß die „Umweltblätter“ auf die Linie des „Grenzfall“ eingeschwenkt sind [. . .]. Die also auch noch weg. So eifrig waren sie. Das erinnert mich an den Spitzel Böhme, der bei einigen IM-Berichten darunter schrieb, „darf ich noch das und das zu bedenken geben, weil es auch gefährlich werden könnte“. Es war gar nicht die Frage danach.

Und um das Ganze, fast möchte ich zynisch sagen, „rund zu machen“, bleibe ich immer noch bei der Humboldt-Uni. Weil wir uns heute gerade hier befinden. Ich wechsle jetzt zu einer anderen Sektion. „Humboldt-Universität zu Berlin, Sektion Kriminalistik. DDR, 1086 Berlin, Postfach 1257, Expertise Nr. A 31/88. Gutachten mit Schreiben vom 5. 2. 88. Der Generalstaatsanwalt der DDR ersucht den Direktor der Sektion Kriminalistik der Humboldt-Universität zu Berlin gemäß § 39 um die Erstattung eines Sachverständigengutachtens zu dem Ermittlungsverfahren gegen Ralf Hirsch und sechs andere [. . .].“ Sie waren in Haft, ich erwähnte das schon. Wissenschaftler anderer Sektionen leisteten ihren Beitrag, jetzt kommt das kriminalistische Gutachten. Ein sehr interessanter Mann tritt in Erscheinung, ehemaliges Mitglied der Organisation Gehlen und des BND, dann übergelaufen in die DDR, Herr Felfe. Mittlerweile war er zum Professor avanciert, wie ich dem Schreiben entnehmen konnte. Prof. Dr. H. Felfe, Gutachter. Und Prof. Dr. Stelzer, Direktor der Sektion Kriminalistik der Humboldt-Universität, Berlin am 12. 2. 88 [. . .], er begleitete das Gutachten. Ich nenne Namen, Daten und Arbeitsorte bewußt, um das Ganze ein wenig konkret zu machen. Vielleicht hören auch Anwälte zu. Dieses Gutachten hat jetzt nachzuweisen, daß Leute wie Ralf Hirsch, auch Roland Jahn, „geheimdienstlich gesteuert“ sind. Und jetzt haben Felfe und ein anderer, der auch ganz bekannt ist, wir nähern uns einem James-Bond-Szenarium, Herr Tiedge, ihre Aufgaben. Tiedge und Felfe werten schriftlich, auf universitärem Papier, daß objektiv die beschuldigten Leute in großer Übereinstimmung mit Geheimdienstinteressen der Bundesrepublik handeln. Nur als Anmerkung: In unseren Akten steht bis Ende '89 drin, daß eine geheimdienstliche Tätigkeit nicht nachzuweisen ist. Das hat den Grund, daß Menschen wie Ralf Hirsch und Roland Jahn, auch ausgegrenzte Schriftsteller, keine Geheimdienstvasallen waren, sondern eigenständig denkende und handelnde Leute. Wir haben nicht in jungen Jahren die Kooperation mit dem MfS abgelehnt und es vorgezogen, dann als Feinde bearbeitet zu werden von ihnen, um später in andere „Dienste“ zu treten. Von Überläufern wie Felfe und Tiedge wurde also behauptet, was z.B. von der MfS-Abteilung IX, zuständig für Untersuchungen, Verhöre und auch Gutachten, nicht bestätigt werden konnte. Eine Kriminalisierungsbrücke wurde gebaut. Die Humboldt-Universität war auch hierbei direkt beteiligt.

Alexander Stephan

„Störfall“: Der Beginn der Krise

Mit ‚Kein Ort. Nirgends‘ und ‚Kassandra‘ hatte Christa Wolf „an die Ursprünge der Entfremdungserscheinungen in unserer Zivilisation“ erinnert. Jenes „Vortasten in die Zukunft“, um das es ihr nach eigener Aussage bei solchen Rückblicken „eigentlich geht“, war dabei freilich kaum mehr wahrnehmbar. Eher schon schätzte sie damals, in den frühen 80er Jahren, angesichts der Konfrontation zwischen den politischen Systemen „die [. . .] Lage als hoch gefährlich“ ein. „Starke Bedrückung“ hatte sie wegen der weltweiten Hochrüstung verspürt. „Nicht ohne weiteres zur Tagesordnung übergehen“ konnte sie angesichts eines Themas, das bei den Essays zu ‚Kassandra‘ wieder einmal den DDR-Zensor auf den Plan gerufen hatte: „Auch die Tatsache, daß auf unserem Boden Raketen stehen werden, beschäftigt mich stark.“

Soweit die Situation in der Zeit unmittelbar nach 1980. Nur drei, vier Jahre später beginnt sich dann im Gefolge von Glasnost und Perestroika bei Christa Wolf und manchen ihren Kollegen in der DDR eine andere Stimmung durchzusetzen. „Der Prozeß, der in der Sowjetunion in Gang gekommen und mit dem Namen Gorbatschow verknüpft ist, hat eine bewegende Logik“, registriert Christa Wolf im Frühjahr 1987 auf einem internationalen Friedensforum des Schriftstellerverbandes der DDR in Berlin und modifiziert zugleich ausdrücklich jene Schreckensvisionen, die sie „vor sechs Jahren nicht nur für diese Stadt, aber auch für sie“ an gleicher Stelle an die Wand gemalt hatte. „Heute“ beziehen sich die Beschwörungen, die damals „buchstäblich in der Luft“ hingen, „auf konkrete Vorschläge“ zur ersatzlosen Vernichtung „vorhandener Waffen“. Jenes „neue Denken“ in der Sowjetunion vermochte zu ihrer „großen Erleichterung“ eine „Blockierung“ in den Köpfen der Menschen zu lösen. „[. . .] an die Stelle der heillosen Fixierung auf ein Feindbild“ habe man „Realität mit ihren konkreten Widersprüchen“ „auf den Verhandlungstisch“ gebracht.

Abrüstung sei freilich nur der erste Schritt zu einer „radikalen, mit Kühnheit und Konsequenz betriebenen Friedenspolitik“, die „nach und nach alle Gebiete des Lebens einer Gesellschaft ergreifen muß, weil nämlich Frieden auf Dauer nicht die Abwesenheit von Krieg ist, sondern Konfliktfähigkeit“. Nur wenn „Gorbatschows Forderung, die Moral nicht mehr von der Politik zu trennen“, sich durchsetzt, würden die „Wunschphantasien“ der Schriftsteller, „die uns aus unseren Manuskripten als naiv gestrichen werden", endlich als „Äußerungen des gesunden Menschenverstandes" anerkannt werden. „Ich habe es erlebt", registriert sie „in diesen Monaten wiederauflebender Hoffnung", „wie innerhalb eines Jahrfünftes eine Reihe solcher gestrichener Sätze zu Aussagen und Forderungen der großen Politik werden, die in den Zeitungen stehen."

Wir wissen heute, daß die alte Garde der SED-Funktionäre um Erich Honecker durch die Politik von Gorbatschow und nicht durch die Proklamationen der Intellektuellen oder den Druck der Straße zu ihrem plötzlichen politischen Ende gekommen ist. Dennoch dürfte kein Zweifel bestehen, daß die kritische Besichtigung der Vergangenheit ebenso wie die realen Wunschphantasien der Schriftsteller in den letzten Jahren der DDR das Ihre dazu beigetragen haben, in breiten Schichten der Bevölkerung die Hoffnung auf eine grundlegende Wandlung des DDR-Sozialismus anwachsen zu lassen. [. . .]

Als Beitrag zu Glasnost und Perestroika läßt sich auch der einzige längere Prosatext lesen, den Christa Wolf zwischen 1986 und 1990 schrieb: die ‚Störfall. Nachrichten eines Tages' (1987) genannte Auseinandersetzung mit dem Unfall im Atomkraftwerk von Tschernobyl. Tschernobyl nämlich und seine Konsequenzen, von Christa Wolf als Anlaß zum Nachdenken über eine Vielzahl von zum Teil recht weit auseinanderliegenden Themen genommen, wurde in der DDR von offizieller Seite konsequent verdrängt. So ist in einer Rezension von ‚Störfall' im ‚Neuen Deutschland' zwar von den „Folgen eines Reaktor-Störfalls" und „jener radioaktiven Wolke, die im vergangenen Frühjahr über Teile Europas hinwegzog", die Rede – genaue Ort- und Zeitangaben fehlen. Trotzig besteht Peter Gugisch in der ‚Weltbühne' darauf, daß seine „Zuversicht – gerade nach Tschernobyl – größer" sei „als die der Autorin". Und als die Zeitschrift ‚spectrum' im Jahre 1988 DDR-Wissenschaftler um ihre Meinung zu dem Buch bat, das übrigens sofort nach Erscheinen der deutschen Ausgabe ins Russische übersetzt worden war und in ‚Inostrannaja literatura' eine positive Aufnahme fand, bewegten sich die Zuschriften der Wissenschaftler auf dem selben Niveau wie einst in dem Streit zwischen Physikern und Lyrikern gegen Ende der 50er Jahre und in der ‚Forum'-Debatte von 1966 zur wissenschaftlich-technischen Revolution. „Anmaßend" sei es, beklagt sich ein Prof. Dr. rer. nat. habil. Dr. rer. nat. h.c., einen „Technikpessimismus" in die Welt zu setzen, wenn man das, was man bewertet, „selbst nur wenig durchschaut". Wer einer „inhärent sicheren Reaktorauslegung", „fehlerverzeihenden Automatisierungstechnik" und einer „funktionierenden Mensch-Maschine-Kommunikation" nicht vertraue, dem müsse eben, so ein anderer Dr. sc. tech. Dr. rer. nat., durch „gruppenpsychologische Gespräche" geholfen werden. Und überhaupt sei die Katastrophe von Tschernobyl „durch menschliches Versagen, [...] Dummheit, Überheblichkeit und Fehlhandlungen" ausgelöst worden: „Alle Überlegungen und Rechnungen fallen zugunsten der Kernenergie aus. Ich kann nur erkennen, daß die DDR unbedingt die Kernenergie einsetzen muß."

Wir haben seit dem Herbst 1989 erfahren, wie es tatsächlich um die Sicherheit der Atomreaktoren in der DDR steht. Christa Wolf hatte schon damals, vor der Wende, ihr Schlußwort zur ‚spectrum'-Debatte mit gutem Grund überschrieben: „Mangel an Angst ist lebensgefährlich."

Hans Belting

Zweierlei deutsche Kunst

Die Teilung Deutschlands hat auch einen tiefen Graben durch die Kunst gezogen. Die Westkunst schloß sich der internationalen Moderne, die Ostkunst dem Sozialistischen Realismus an. Die eine glich der anderen so wenig, daß nicht einmal mehr der Streit um das, was die Deutschen für richtig und für falsch in der Kunst hielten, ausgetragen werden konnte. Beide Seiten suchten ihre Identität in einem Prinzip, mit dem sie in das neue politische System paßten, statt in der eigenen Tradition. Auch der Grundsatz, auf den die jeweilige Kunst schwor, war im Grunde ein Fremdimport. Im Westen holte man die Moderne nach, im Osten den Sozialismus. Das bedeutete im einen Falle auch Marktkunst, im anderen Falle Staatskunst. Die Deutschen waren durch eine Grenze getrennt und nicht mehr durch die alten Kontroversen. Auf beiden Seiten der Grenze war das Recht geschützt, gegeneinander Recht zu behalten. Der Konfessionsstreit setzte sich in neuer Gestalt fort.

Die Wiedervereinigung hat den Schutz der Grenze aufgehoben und Konflikte ausgelöst, deren Umfang noch gar nicht abzusehen ist. Der Druckausgleich fällt aus, von dem beide Seiten gelebt haben. Der Export der Westkunst in die ehemalige DDR ist keine Lösung des Problems, zumal die DDR-Kunst im Westen längst auf den Markt gekommen ist. Grenzgänger aus der DDR sind im Westen schon seit langem zu berühmten Malern geworden. Der innere Grenzverlauf, den ich oben gezeichnet habe, war schon vor Jahren in Bewegung geraten. Das Thema der zweierlei Kunst ist ein deutsches Thema, weil es in der heutigen Situation als einziges noch die Frage eines deutschen Kunsterbes, und einer doppelten Erblast dazu, aufwirft. Die Spaltung in der deutschen Kunst war eine Zeitlang auch eine Spaltung in der Frage nach gegenständlicher Kunst, die immer deutscher aussah als abstrakte Kunst.

Im Thema der eigenen Geschichte steckte das deutsche Element in der neueren Kunst, gleich, ob es mit realistischen Mitteln erzählt oder mit abstrakten Gesten nur beschworen wurde. Schon die Spaltung der Kunst, und nicht nur des Landes, war ein Symbol deutscher Geschichte, ein doppeltes Erbe der Nachkriegszeit, hinter dem die Künstler das gemeinsame Erbe der Vorkriegszeit suchten.

VII. Lange Schatten: Vom Umgang der Deutschen mit ihrer Vergangenheit

Paul Celan

„... der Tod ist ein Meister aus Deutschland“

Todesfuge

Schwarze Milch der Frühe wir trinken sie abends
wir trinken sie mittags und morgens wir trinken sie nachts
wir trinken und trinken
wir schaufeln ein Grab in den Lüften da liegt man nicht eng
Ein Mann wohnt im Haus der spielt mit den Schlangen der schreibt
der schreibt wenn es dunkelt nach Deutschland dein goldenes Haar Margarete
er schreibt es und tritt vor das Haus und es blitzen die Sterne er pfeift seine Rüden herbei
er pfeift seine Juden hervor läßt schaufeln ein Grab in der Erde
er befiehlt uns spielt auf nun zum Tanz

Schwarze Milch der Frühe wir trinken dich nachts
wir trinken dich morgens und mittags wir trinken dich abends
wir trinken und trinken
Ein Mann wohnt im Haus der spielt mit den Schlangen der schreibt
der schreibt wenn es dunkelt nach Deutschland dein goldenes Haar Margarete
Dein aschenes Haar Sulamith wir schaufeln ein Grab in den Lüften da liegt man nicht eng

Er ruft stecht tiefer ins Erdreich ihr einen ihr andern singet und spielt
er greift nach dem Eisen im Gurt er schwingts seine Augen sind blau
stecht tiefer die Spaten ihr einen ihr andern spielt weiter zum Tanz auf

Schwarze Milch der Frühe wir trinken dich nachts
wir trinken dich mittags und morgens wir trinken dich abends
wir trinken und trinken
ein Mann wohnt im Haus dein goldenes Haar Margarete
dein aschenes Haar Sulamith er spielt mit den Schlangen

Er ruft spielt süßer den Tod der Tod ist ein Meister aus Deutschland
er ruft streicht dunkler die Geigen dann steigt ihr als Rauch in die Luft
dann habt ihr ein Grab in den Wolken da liegt man nicht eng

Schwarze Milch der Frühe wir trinken dich nachts
wir trinken dich mittags der Tod ist ein Meister aus Deutschland
wir trinken dich abends und morgens wir trinken und trinken
der Tod ist ein Meister aus Deutschland sein Auge ist blau
er trifft dich mit bleierner Kugel er trifft dich genau
ein Mann wohnt im Haus dein goldenes Haar Margarete
er hetzt seine Rüden auf uns er schenkt uns ein Grab in der Luft
er spielt mit den Schlangen und träumet der Tod ist ein Meister aus Deutschland

dein goldenes Haar Margarete
dein aschenes Haar Sulamith

Gottfried Niedhart

„Gebannt vom eigenen Leid“: Die Verdrängung der Vergangenheit

Das Ausmaß der Niederlagen nach beiden Weltkriegen führte zu höchst unterschiedlichen Ausgangslagen für die Nachkriegszeit. Schon die Art der Beendigung des Krieges zeigt dies an. Während die deutsche Generalität 1918 den Krieg für verloren erklärte (ohne allerdings für die politischen Folgen einzustehen) und 1917/18 eine kriegsbedingte Massenbewegung gegen das bestehende Regime entstand und die Revolution „aus dem Krieg“ kam, folgten die Militärs 1944/45 überwiegend den Durchhalteparolen der nationalsozialistischen Führung bis zur bedingungslosen Kapitulation. Es war eine politisch-militärische Kapitulation, die als Folge des Krieges eine eigene deutsche Staatlichkeit vorübergehend überhaupt verschwinden ließ. Der Nationalstaat und die Einheit des Reiches konnten 1945 im Unterschied zu 1918 nicht bewahrt werden. Die seit Ende der zwanziger Jahre „verspielte Freiheit“ eroberten sich die Deutschen nicht aus eigener Kraft zurück. Sie hatten das „Recht zur Revolution verneint, aber die Entwicklung zur absoluten Diktatur geduldet und gutgeheißen“, wie es der Bruderrat der Evangelischen Kirchen Deutschlands im sog. Darmstädter Wort 1947 formulierte. Infolgedessen konnten sie auch keinen Frieden erringen, wie es 1918/19 trotz aller Einschränkungen der Handlungsfreiheit noch möglich gewesen war. Im Jahr 1945 war der Frieden nach einem Krieg, den Deutschland entfesselt hatte, gewissermaßen „ausgebrochen“. Die Begriffe hatten sich verschoben. Falls man es je konnte: Nach dem Zweiten Weltkrieg konnte man nicht mehr von einem Krieg sprechen, der ausgebrochen war. Er war begonnen worden, noch kalkulierter und skrupelloser als der Erste Weltkrieg. Er dauerte an, bis die Siegermächte ein Ende erzwangen und bis der Frieden – aus deutscher Sicht – „ausbrach“; ein Frieden, der der deutschen Politik von außen zwei kriegsbedingte Wenden brachte: eine westlich geprägte und eine von der Sowjetunion bestimmte politische Kultur. An die Stelle der Feindbilder traten bald Freundbilder, die ähnlich realitätsfern, aber konstitutiv für den „ausgebrochenen“ Frieden waren. Die Westdeutschen und die Ostdeutschen wurden die verläßlichsten Freunde ihrer jeweiligen Sieger. An die Stelle des Antisemitismus trat

– zumindest im Westen – der verordnete Philosemitismus. Dies alles hatte direkt mit dem Krieg zu tun. Man glaubte, sich mit seinen Verbrechen dann nicht befassen zu müssen, wenn man den neuen Menschen anzog. Aus dem Herrenmenschen wurde der Musterschüler. Man beschäftigte sich nicht mit der Vergangenheit, sondern mit den materiellen Schäden, die der Krieg hinterlassen hatte, und zwar in erster Linie – „gebannt vom eigenen Leid" (Vollnhals) – mit den Schäden in Deutschland, nicht mit der Hinterlassenschaft von Tod und Zerstörung, zu der die Kriege in anderen Ländern geführt hatten. Wen interessierte in Deutschland nach Versailles noch der Diktatfrieden von Brest-Litowsk oder die Kriegsschäden in Nordfrankreich und in Belgien? Wer sprach nach 1945 von den 27 Millionen Toten, die in der Sowjetunion zu beklagen waren? Wie oft erlag man der Versuchung, eigene gegen fremde Opfer aufzurechnen und das unbezweifelbare Leid der Heimatvertriebenen mit dem Schicksal der Juden in Beziehung zu setzen, wie es tatsächlich in einem offenen Brief der Evangelischen Kirche im Dezember 1945 geschah? „Das deutsche Volk auf einen noch engeren Raum zusammenzupressen und ihm die Lebensmöglichkeiten möglichst zu beschneiden, ist grundsätzlich nicht anders zu bewerten als die gegen die jüdische Rasse gerichteten Ausrottungspläne Hitlers."

Rekonstruktion von Verkehr und Wirtschaft, Umstellung von der gewaltigen Kriegs- auf eine „große Friedensproduktion" standen im Mittelpunkt. Krieg wurde in der Regel vor allem von seinem Ausgang her und damit extrem verkürzt gedacht, nämlich von den Kriegsfolgen und der Zerstörung hinterlassenden Niederlage her, die Wiederaufbau zum Gebot der Stunde machte. Unter dem Diktat von Not und Hunger spielte die Auseinandersetzung mit Militär und Krieg in den Nachkriegszeiten eine geringere Rolle, als friedenspolitisch engagierte Zeitgenossen und spätere Historiker und Sozialwissenschaftler es sich wünschen. Die Bewältigung von Alltagsproblemen und die Überwindung von Kriegsschäden rangierte vor der Analyse von Kriegsursachen und Kriegsschuld. Von den Alliierten angesetzte Radiosendungen, in denen über den Nationalsozialismus informiert wurde, waren alles andere als populär. Der von Artur („Atze“) Brauner produzierte und bei der IX. Biennale in Venedig 1948 uraufgeführte Film „Morituri“ mit seiner Schilderung einer Flucht aus einem Konzentrationslager und seinem pathetischen Appell gegen die Mächtigen und den Krieg und für Völkerverständigung fand im Nachkriegsdeutschland kein Publikum. Mit Todesangst im KZ, mit Bedrohung durch SS und Wehrmacht wollte sich kaum jemand auseinandersetzen. „Ich jedenfalls gehe ins Kino, um mich zu erholen, aber nicht um all das Schreckliche nochmal, wenn auch bildlich zu erleben“, schrieb 1948 eine Kinogängerin an ihre Tageszeitung. Als führender Produzent des westdeutschen Unterhaltungsfilms – der „Trallala-Filme“, wie er sie selbst nannte – hatte Brauner mehr Glück. Er sorgte für die Kinotraumwelt der Nachkriegszeit, bevor er dann seit den siebziger Jahren auch wieder kritische Filme herstellte (u. a. „Sie sind frei Dr. Korczak“, „Die Weiße Rose“, „Die Spaziergängerin von Sans-Souci“).

Man muß nicht den moralischen Zeigefinger erheben, wenn man feststellt, daß die Bewältigung des Alltags und der Wunsch nach Unterhaltung höher rangierten als die Aufarbeitung des Krieges. [. . .]

Gesellschaftliche Bedingungen und sozialpsychologisch bedeutsame Faktoren dieser Art sind stets einzubeziehen, wenn man die Frage nach der Verarbeitung der Kriege stellt. Dem Bedarf nach Wiederherstellung des privaten, beruflichen und gesellschaftlichen Glücks entsprach in beiden Nachkriegszeiten der Trend nicht nach Neu- und Umbau von Gesellschaft und Wirtschaft, sondern nach ihrem Wiederaufbau. Unter nach 1945 allerdings zunehmender Bereitschaft zu „ernsthafter Kooperation mit den Gewerkschaften“ (Bührer) zielten die Unternehmerverbände in beiden Nachkriegszeiten auf Positionswahrung. Dem entsprach in erstaunlichem Umfang eine Kontinuität der Eliten über Krieg und Niederlage, Revolution 1918/19 und Reeducation nach 1945 hinaus. Was die Gewerkschaften auf einer Interzonen-Konferenz im Mai 1947 in einer ihrer ganz wenigen Verlautbarungen, in denen das Wort Krieg überhaupt vorkam, besorgt zum Ausdruck brachten, blieb folgenlos. Man beobachtete, „daß die am Hitlerregime und dem Krieg hauptverantwortlichen reaktionären und militärischen Kräfte, die im Monopolkapitalismus und der Verwaltung verankert waren, ihre Positionen zum Teil halten bzw. versuchen, sie zurückzugewinnen". Über 1918 beziehungsweise 1945 hinaus konnten sich die Eliten in Verwaltung, Justiz, Wirtschaft, Publizistik, Erziehung und Bildung und eben auch Militär halten, obwohl sie mit den für den Krieg verantwortlichen Herrschaftssystemen untrennbar verbunden gewesen waren und zu ihrer Stabilisierung beigetragen hatten. [. . .]

Vor diesem Hintergrund mußte die Niederlage als Eingeständnis der Unterlegenheit gesehen werden und weniger als Wendung zum Frieden oder Chance der politischen Befreiung. Das Kriegsende 1945 wurde – hier kann man den Protestantismus exemplarisch heranziehen – nicht so sehr als Akt der Befreiung von der Herrschaft des Nationalsozialismus empfunden (obwohl man sich das Dritte Reich nicht zurückwünschte), sondern, wie der bayerische Landesbischof Meiser am 7. Mai 1945 schrieb, als „Tragödie der deutschen Niederlage". Der Krieg insgesamt drohte auf die Niederlage verkürzt zu werden. Das Schockerlebnis ging mehr von der Zerstörung der Städte und der Fabrikanlagen aus als vom Krieg an sich.

Das Faktum der militärischen Niederlage wurde 1945 im Unterschied zu 1918 nicht geleugnet. Es gab keine Dolchstoßlegende und keine Flucht aus der Realität des militärischen Desasters. [. . .]

Nach 1945 vertraten die politischen und gesellschaftlichen Führungsschichten einhellig die Auffassung, der Krieg habe mit einem deutschen Angriff begonnen. [. . .]

Bestand der nationale Konsens nach dem Ersten Weltkrieg in der Kriegsunschuldlegende, so bildete sich nach 1945 sehr rasch ein Konsens über die Schuld am Krieg heraus. Es handelte sich dabei aber nicht um eine deutsche, sondern um eine nationalsozialistische Schuld. Hitler und seinen unmittelbaren Gefolgsleuten wurde die Schuld am Krieg und den damit verbundenen Verbrechen aufgebürdet, nicht aber auch den politischen und gesellschaftlichen Gruppen, die in Staatsverwaltung, Justiz, Wirtschaft, Reichswehr oder Kirchen seit der Auflösung der Weimarer Republik mit dem Nationalsozialismus bereitwillig kooperiert und damit zur Stabilisierung der nationalsozialistischen Herrschaft beigetragen hatten. Die Parallelität ist erstaunlich. Die „Politik an der Ruhr" stellte Hugo Stinnes als „absolut unschuldig" am Ersten Weltkrieg hin. Auch nach 1945 reklamierten Wirtschaftsführer den unpolitischen Charakter ihrer Arbeit in den dreißiger Jahren. Von der aktiven Mitwirkung an Aufrüstung und kriegsvorbereitender Autarkiepolitik wurde nicht gesprochen. Neue Bewertungs- und Verhaltensmuster deuteten sich mit dem Stuttgarter Schuldbekenntnis an, das der Rat der EKD im Oktober 1945 ablegte. In ihm wurde – wenn auch in sehr allgemein gehaltener Form – von kirchlicher Mitschuld gesprochen. Genau dies aber stieß in den Gemeinden auf Ablehnung. Nur vier von 27 Landeskirchen stellten sich 1945/46 hinter die Stuttgarter Erklärung. [. . .]

Insgesamt war es wohl die Mischung aus Leiderfahrung und Täterschaft, die die Deutschen 1945 für lange Zeit sprachlos sein ließ. „Wer im Tiefsten verletzt worden ist, neigt dazu, die Erinnerung daran zu verdrängen, um den Schmerz nicht zu erneuern; und derjenige, der diese Wunden zugefügt hat, drängt seine Erinnerung in die Tiefe ab, um sich von ihr zu befreien, um sein Schuldgefühl zu erleichtern." (Primo Levi)

Hermann Broch:
„Deutschland braucht Reue"

„Deutschland braucht Reue", schreibt Hermann Broch unmittelbar nach Kriegsende aus Princeton an den idealistisch gesonnenen Volkmar von Zühlsdorff. Dieser unterstützte als Mitarbeiter des Prinzen zu Löwenstein im amerikanischen Exil vor den Nazis geflohene Intellektuelle. Vom Glauben an die Notwendigkeit der Bekehrung, der Anerkennung der Schuld, der Überwindung der Gleichgültigkeit ist Broch zutiefst durchdrungen und diese Überzeugungen vertritt der passionierte Briefeschreiber vor allem dann, wenn er auf die jüngste Geschichte der Juden zu sprechen kommt – und er kommt oft und leidenschaftlich darauf zu sprechen. Der Wunschtraum beider, daß nämlich eine deutsche Regierung die vertriebenen jüdischen Bürger einmal zur Rückkehr auffordern würde, hat sich, man weiß es, nicht erfüllt. Die Nachkriegsgeschichte verlief nicht nur in dieser Hinsicht ganz anders, als sich beide das vorstellten. Broch mag es geahnt haben, als er in einem seiner letzten Briefe an Zühlsdorff schrieb: „Wahrscheinlich stehen wir beide auf verlorenem Posten."

Princeton, N.J., 9. 8. 45

Liebster Volkmar,
nein, Sie haben mich mißverstanden: ich werde mich persönlich doch nicht als „Opfer" bezeichnen; im Gegenteil, ich bin dem Hitler für meine Austreibung (ja sogar für die vorangegangene Einkerkerung) höchlich dankbar, denn es heißt etwas, in meinem Alter ein im wahrsten Sinne des Wortes „neues" Leben beginnen zu dürfen. Ich möchte für mich nichts davon missen.

Aber unpersönlich bin ich ein Opfer. U.z. als Jude. Es wird Sie vielleicht wundern, daß ich das Judenproblem so herausstelle – Sie haben sich schon über meine Bemerkung im letzten Brief gewundert –, aber ich tue dies nicht aus Ressentiment, sondern nach sehr reiflicher Überlegung.

Am Judenproblem zeigt sich nämlich die „Schuld“ des deutschen Volkes: durch volle 20 Jahre hat der Deutsche die tollidiotischeste Judenhetze mit völliger Gleichgültigkeit betrachtet, und kraft dieser bestialischen Gleichgültigkeit ist er zum Helfershelfer eines bestialisch-systematischen Massenmordes geworden. Sie sehen, ich spreche nicht von Politik (obwohl man an Ludendorff sehen kann, wie Kriegsverbrechen und gemeines Verbrechen zusammenhängen), ich spreche von gemeinem Verbrechen, nämlich von jenem, das in den Ghettos verübt worden ist. Jeder Deutsche, der nicht im Konzentrationslager gewesen ist – und sogar mancher Lagerinsasse – ist dieser Beihilfe zum Mord kraft Gleichgültigkeit zumindest verdächtig.

Das soll die übrige Welt nicht reinwaschen. Gleichgültigkeit (und erst recht dem Juden gegenüber) ist eine allgemeine menschliche Eigenschaft. Aber das deutsche Volk – und hier denke ich äußerst rassisch –, dieses im Guten wie im Bösen extremste Volk des Abendlandes, hat sich wiederum als der Brennspiegel des Weltgeistes erwiesen: es hat, wie ich in einem Nazi-Radio gehört habe, den andern Völkern, „den Adlerflug gelehrt“.

Auch in der Kriegführung hat Deutschland die andern Völker den „Adlerflug“ gelehrt. Deutschland war gerüstet, der Westen ungerüstet; das war vielleicht eine Schlamperei der Demokratien, heute ist es ihr stärkstes Argument. Daß die englischen Städte weniger als die deutschen verwüstet worden sind, ist kein Argument für deutschen Edelmut, sondern Ergebnis der überraschenden westlichen Rüstungsaufholung. Wäre Deutschland dem Westen in der Konstruktion der Atombombe zuvorgekommen, so würde New York heute das Schicksal Nagasakis teilen. Man kann es Hitler fast als Genialität auslegen, daß er, in Erkennung der technischen Möglichkeiten und Notwendigkeiten, die Gesamtmenschheit zu seiner Gefolgschaft verpflichtet hat.

Meine gesamte Arbeit und mein gesamtes Denken ist nun seit vielen Jahren mit diesem einzigen Problem beschäftigt: wie kann der Mensch (also keineswegs nur der Deutsche) wieder auf die Bahn zunehmender Humanisierung gebracht werden? Die eigentliche praktische Lösung wird – dessen bin ich sogar überzeugt – von Deutschland ausgehen, *weil dort die Schuld am akzentuiertesten gewesen ist* und weil dort der mystische Zusammenhang von Schuld und Sühne am handgreiflichsten zutagetritt. In der Regeneration der Welt wird Deutschland die führende Rolle spielen, sobald der Deutsche erfaßt haben wird, was Schuld durch Gleichgültigkeit bedeutet. In diesem Sinn haben Sie durchaus recht, wenn Sie sagen, daß ich für Deutschland schreibe.

Und darum bin ich auch der Ansicht, daß jeder, der guten Willens ist, nach Deutschland zurückkehren kann und soll, jeder und doch kein Jude: denn der Täter wird beim Anblick des Opfers verstockt, und außerdem würden ja nicht die Toten, sondern die Lebenden heimkehren, die sich überdies noch vielfach als „Sieger“ benehmen und damit den Hitlergeist nur wieder frisch anfachen würden.

Ich persönlich will außerdem nicht zurückkehren, weil ich nicht wieder in die Zwangslage geraten will, verachten zu müssen. Von allem, was ich im Hitlerdeutschland erlebte, war der Ekel vor dem Menschen und seiner Sturheit das Furchtbarste, nichts ist wahrer als das Bild vom „würgenden“ Ekel, und nichts ist würgender als der Anblick menschlicher Niedrigkeit. Was ich persönlich so an Niedrigkeit (an [der] Universität etc.) erlebt habe, möchte ich nicht wiedererleben; man mag es Wehleidigkeit nennen, aber ich möchte diese Menschen nicht wiedersehen müssen. *Hier* war ich wenigstens *noch nicht* zu solcher Verachtung gezwungen.

Ich hoffe, daß ich mich diesmal klarer ausgedrückt habe. Im übrigen bekommen Sie sehr bald ein Kapitel des Massenwahnes; das sei Ihnen nicht erspart.

Grüßen Sie Prinz und Prinzessin in Freundschaft und nehmen Sie sehr herzliche Gedanken ihres

Hermann

Wilfried Röhrich

„Die Unfähigkeit zu trauern"

Die Konzentration nahezu aller Energien auf die wirtschaftliche Aufbausituation führte zu einem Arbeitseifer und Leistungsfanatismus, der das Vergangene verdrängte. Es bildete sich jene Arbeitsamkeit der Deutschen heraus, die in der Leistung der „Trümmerfrauen" ebenso Ausdruck fand wie in den gewaltigen kollektiven Anstrengungen des Wiederaufbaus – in eins mit einer intensiven Abwehr von Trauer- und Erinnerungsarbeit. Damit wurde im Zeichen des sogenannten Wirtschaftswunders die „Unfähigkeit zu trauern" (Alexander und Margarete Mitscherlich) Teil des deutschen Psychogramms. Statt einer Verarbeitung der nationalsozialistischen Vergangenheit zielte die libidinöse Energie auf die Wiederherstellung des Zerstörten, auf den Auf- und Ausbau des industriellen Potentials. Werktätigkeit und ihr Erfolg überdeckten hierbei das Bewußtsein der Schuld, sei es die der Handlung oder die der Duldung. Die Verarbeitung der Wirklichkeit drang somit nicht „bis in den Grund unserer Seele" durch, wie es Karl Jaspers in der *Neuen Zeitung* vom 4. November 1945 als notwendig erachtet hatte. Im Gegenteil: Auch das Wissen um die Millionenverluste des Krieges und die Millionen getöteter Juden vermochte nichts daran zu ändern, daß die Deutschen es in ihrer großen Mehrheit ablehnten, sich an die NS-Zeit erinnern zu lassen. „Wenn man sie so reden hört, muß man glauben, daß der einzige Nazi in Deutschland Adolf Hitler gewesen sei", meinte Kurt Schumacher, Überlebender der Konzentrationslager.

Es waren nur wenige, die in der „Stunde Null“ auf Besinnung hofften und die öffentliche Debatte darüber führen wollten, „was alles zum *Niemals wieder* gezählt werden müsse“ (Günter Gaus). Den meisten fehlte das Sensorium dafür, daß sie sich zu bemühen hätten, die totalitäre Herrschaft und den Genozid des Nationalsozialismus in ihre Erfahrung einzubeziehen. Was geschehen war, sollte auch nicht den unbequemen Fragen anderer ausgesetzt werden. Waren die Fragen aber unausweichlich, so wurden immer wieder der „Führer“ und seine Unterführer als für den Völkermord zuständig erklärt. Eine große Mehrheit der Deutschen verschanzte sich bei ihrer Abwehr von Schuld, Scham und Trauer hinter dem von Kurt Schumacher angesprochenen Hinweis: Der „Führer“ war an allem schuld. Anderen – auch nicht wenigen – erschien die Nazi-Herrschaft wie ein „Naturereignis, das sich getrennt von Einzelschicksalen vorbereite und gleichsam über sie hinweggehe“ (Alexander und Margarete Mitscherlich). Es waren all dies Mittel der Schuldleugnung, die sich nicht zuletzt jener Gehorsamsthemen bedienten, deren Bewußtseinshintergrund Hannah Arendt mit einem Frage-und-Antwort-Spiel in der Geschichte eines amerikanischen Korrespondenten aufzuhellen suchte:
„*Frage:* Habt Ihr Leute im Lager getötet?
Antwort: Ja.
Frage: Habt Ihr sie mit Gas vergiftet?
Antwort: Ja.
Frage: Habt Ihr sie lebendig begraben?
Antwort: Das kam manchmal vor.
Frage: Wurden die Opfer aus ganz Europa aufgegriffen?
Antwort: Das nehme ich an.
Frage: Haben Sie persönlich mitgeholfen, Leute zu töten?
Antwort: Durchaus nicht. Ich war nur Zahlmeister im Lager.
Frage: Was dachten Sie sich denn bei diesen Vorgängen?
Antwort: Zuerst war es schlimm, aber wir gewöhnten uns daran.

Frage: Wissen Sie, daß die Russen Sie aufhängen werden?
Antwort (In Tränen ausbrechend): Warum sollten sie das? Was habe ich denn getan?"

Hannah Arendt fährt fort: „Er hat in der Tat nichts getan – er hat nur Befehle ausgeführt. Und seit wann war es ein Verbrechen, Befehle auszuführen? Seit wann war es eine Tugend zu rebellieren? Seit wann konnte man nur ehrlich sein, wenn man in den sicheren Tod ging? Was also hat er getan?"

Günther Anders

„Wir sind Eichmannsöhne"

So also steht es mit unserer Welt. Und da es uns: deren Bewohnern, nicht freisteht, uns in einem Nebenzimmer der Geschichte zu verstecken oder in ein utopisches vortechnisches Zeitalter auszuweichen, bedeutet das natürlich, daß wir, wenn wir uns dieser Entwicklung überlassen, unsere Menschenartigkeit verlieren müssen; und zwar im gleichen Verhältnis, in dem die Maschinenhaftigkeit unserer Welt zunimmt. Der Tag, an dem sich das chiliastische Reich des technischen Totalitarismus erfüllt, ist dann nicht mehr aufzuhalten. Von diesem Tage an werden wir dann nur noch als Maschinenstücke dasein oder als Stücke des für die Maschine erforderlichen Materials: *als* Menschen werden wir dann also liquidiert sein. Was aber das Schicksal derer betrifft, die ihrer Mit-maschinisierung Widerstand leisten werden, deren Schicksal zu erraten, das ist ja, nachdem es Auschwitz einmal gegeben hat, nicht schwer. Nicht nur ‚als' Menschen werden diese Menschen liquidiert werden, sondern eben wirklich. (Oder sollten wir nicht vielleicht umgekehrt sagen, daß gerade *sie* ‚als Menschen' liquidiert werden? Weil diese Menschen ja gerade deshalb ihr Ende finden werden, *weil* sie versucht haben werden, ,*als* Menschen' weiterzuleben?) –

Die Ähnlichkeit dieses drohenden technisch-totalitären Reiches mit dem monströsen gestrigen liegt auf der Hand. Natürlich klingt das provozierend, denn wir haben ja die liebe Gewohnheit angenommen, das Reich, das hinter uns liegt, also das ,dritte', als etwas Einmaliges, Erratisches, für unsere Epoche oder unsere westliche Welt Untypisches anzusehen. Aber solcher Brauch ist als Argument natürlich untauglich, solche Ansicht ist nur eine Spielart von Fortsehen. Da die Technik unser Kind ist, wäre es ebenso feige wie albern, von dem ihr eingeborenen Fluch so zu reden, als wenn er sich zufällig einmal durch eine Hintertüre in unser Haus hineinverirrt hätte. Er ist *unser* Fluch. Und da das Maschinenreich akkumuliert, und da der Umfang der morgigen Welt global und deren Arbeitsleistung lückenlos sein wird, liegt der Fluch eigentlich erst *vor* uns. Das heißt: Wir haben uns darauf gefaßt zu machen, daß die Entsetzlichkeit des kommenden Reiches die des gestrigen weit in den Schatten stellen wird. Keine Frage: Wenn einmal unsere Söhne oder Enkel, stolz auf die Perfektion ihrer Mitmaschinisierung, aus der luftigen Höhe ihres chiliastischen Reiches auf das gestrige, das sogenannte ,dritte', hinabblikken werden, dann wird ihnen dieses – da es sich trotz seiner ungeheuren Anstrengung, ,morgen die ganze Welt' zu sein, und trotz seiner skrupellosen Vertilgung der Unverwertbaren, eben *nicht* hat halten können – gewiß nur wie eine provinzielle Versuchsbühne vorkommen. Und in dem, was dort vor sich gegangen ist, werden sie gewiß nichts anderes sehen als eine mit einer albernen Ideologie verbrämte Probeaufführung des Totalitarismus, die sich die Weltgeschichte voreilig zugetraut hat.

Natürlich sind wir noch nicht ganz so weit. Noch wäre es verfrüht, zu behaupten, daß man uns heute bereits durchweg in die Rolle von Maschinenteilen, Rohstoffen oder virtuellem Abfall hineinzwinge; oder daß man uns dazu nötige, unsere Mitmenschen nur noch in diesen Rollen zu sehen und sie nur noch als solche Rollenträger zu behandeln; oder daß man diejenigen, die dabei Widerstand leisten, als Nichts achte oder vernichte. Noch ist nicht aller Tage Abend. Aber daß wir diesem ‚Abend', oder richtiger: dem Morgengrauen des maschinellen Totalitarismus entgegentreiben, daß wir uns bereits heute in dessen Gravitationsfeld befinden; daß diese Aussagen über das Morgen von Tag zu Tag wahrer *werden* – das zu bestreiten, ist es bereits zu spät. Auch ‚Trends' sind Tatsachen. Ein einziges Beispiel genügt, um das zu beweisen.

Das der heutigen *Atomrüstung.* Denn was bedeutet diese?

Daß Millionen von uns mit Selbstverständlichkeit dazu angestellt werden, die mögliche Liquidierung von Bevölkerungen, vielleicht sogar der ganzen Menschheit, mitvorzubereiten, diese im ‚Ernstfall' auch mitdurchzuführen; und daß diese Millionen diese ‚Jobs' auch mit derselben Selbstverständlichkeit akzeptieren und erledigen, mit der sie ihnen angeboten oder zugeteilt werden. Die heutige Situation ähnelt der damaligen also aufs furchtbarste. Was damals gegolten hatte: daß die Angestellten ihre Funktionen deshalb gewissenhaft durchführten,

– weil sie in sich selbst nichts anderes mehr sahen als Stücke einer Maschine;
– weil sie deren Dasein und deren gutes Funktionieren als deren Rechtfertigung mißverstanden;
– weil sie ‚Häftlinge' ihrer Spezialaufgaben, also durch viele Wände vom Endeffekt getrennt, blieben;
– weil sie durch dessen enorme Größe unfähig gemacht waren, ihn sich vorzustellen; und durch die Indirektheit ihrer Arbeit unfähig, die Menschenmassen, zu deren Liquidierung sie beitrugen, wahrzunehmen;
– oder weil sie, wie Ihr Vater, diese Unfähigkeit ausnutzten –

das alles gilt also auch heute. Und auch heute sogar – und das macht die Ähnlichkeit der heutigen Situation mit der damaligen erst vollständig –, daß diejenigen, die sich solcher Beteiligung widersetzen oder die anderen von solcher Beteiligung abraten, bereits als Hochverräter verdächtigt werden.

Gleich ob noch oder schon wieder, das alles gilt also auch heute.

Merken Sie etwas, Klaus Eichmann? Merken Sie, daß das sogenannte ‚Eichmann-Problem' kein gestriges Problem ist? Daß es nicht der Vergangenheit angehört? Daß für uns – und dabei kann ich wirklich nur ganz wenige ausnehmen – gar kein Anlaß dazu besteht, dem Gestern gegenüber hochmütig zu sein? Daß wir alle, genau so wie Sie, mit etwas konfrontiert sind, was uns zu groß ist? Daß wir alle den Gedanken an das zu Große und an unsere Unfreiheit gegenüber dem zu Großen beiseite schieben? Daß *wir alle* also *ebenfalls Eichmannsöhne* sind? Mindestens Söhne der *Eichmannwelt?*

Gerhard Werle/Thomas Wandres

Auschwitz vor Gericht

Der Auschwitz-Prozeß begann am 20. Dezember 1963 vor dem Schwurgericht in Frankfurt/M. unter der offiziellen Bezeichnung „Strafsache gegen Mulka und andere, Aktenzeichen 4 Ks 2/63". Zu diesem Zeitpunkt hatte die Strafjustiz längst entschieden, mit welchen juristischen Mitteln sie die am Völkermord Beteiligten zur Verantwortung zu ziehen gedachte. Diese Mittel waren [. . .] problematisch. Insbesondere war die These, der Holocaust sei nach den zur Tatzeit geltenden Rechtsregeln des Dritten Reiches strafbar gewesen, verfehlt. Aber angesichts einer bereits gefestigten höchstrichterlichen Rechtsprechung war von vorneherein nicht zu erwarten, daß das Frankfurter Schwurgericht ein abweichendes juristisches Konzept entwickeln würde. Das Gericht dachte nicht daran, im Bereich der juristischen Beurteilung Originalität zu beweisen und eine Aufhebung seines Urteils in der Revisionsinstanz zu riskieren. Die Richter hatten ganz andere Sorgen: Der Verfahrensstoff war kaum übersehbar, und es zeichnete sich ein ebenso langwieriges wie belastendes Verfahren ab. Der Prozeß hat dann auch tatsächlich viele Verfahrensbeteiligte an den Rand ihrer körperlichen und seelischen Leistungsfähigkeit gebracht: Der Prozeß dauerte insgesamt 20 Monate und erstreckte sich über 183 Verhandlungstage. Es wurden 359 Zeugen gehört, davon 248 ehemalige Auschwitz-Häftlinge. Umfangreiche Gutachten wurden vorgetragen, zahlreiche Urkunden verlesen. [. . .]

Der Prozeß war kräftezehrend, aber nicht nur wegen seiner Dauer, sondern vor allem wegen seines Gegenstandes. „Zwanzig Monate lang haben wir im Geist nochmals alle Leiden und all die Qualen erlebt, die die Menschen dort erlitten haben und die mit Auschwitz auf immer verbunden bleiben. Es wird wohl mancher unter uns sein, der auf längere Zeit nicht mehr in die frohen und glücklichen Augen eines Kindes sehen kann, ohne daß ihm im Geist die angsterfüllten, fragenden und gläubigen Augen der Kinder auftauchen, die in Auschwitz den letzten Weg gegangen sind", sagte Senatspräsident Hans *Hofmeyer* am Ende seiner mündlichen Urteilsbegründung sichtlich bewegt und mit mühsam beherrschter Stimme. *Hofmeyer* hat damit seinen Kollegen aus der Seele gesprochen. Aber auch die Stimmungslage seiner Zeitgenossen, die den Prozeß persönlich verfolgt oder darüber in der Zeitung gelesen hatten, dürfte er getroffen haben.

In der Hauptverhandlung waren viele Interessierte zugegen, darunter auch zahlreiche Schulklassen aus Frankfurt und Umgebung. Man schätzt, daß im Laufe des Prozesses insgesamt etwa 20000 Zuschauerinnen und Zuschauer anwesend waren; einige von ihnen suchten regelmäßig den

Gerichtssaal auf, um den Gang des Verfahrens mitzuerleben. Diese Leute waren weniger von den juristischen Fragen dieses Prozesses als vielmehr von dem Stoff beeindruckt, der hier verhandelt wurde. Rund zwanzig Jahre nach Kriegsende hörten viele zum ersten Mal in aller Öffentlichkeit und Deutlichkeit, was rund zwei Jahrzehnte lang verschwiegen, vergessen und verdrängt worden war.

Theoretisch hätte man einiges davon schon viel früher hören können. Denn der „Auschwitz-Prozeß", wie wir ihn heute wegen seiner Bedeutung zu Recht nennen, war nicht das erste Gerichtsverfahren, das die Verhältnisse im Konzentrations- und Vernichtungslager Auschwitz zum Gegenstand hatte. Der Vorsitzende Richter *Hofmeyer* sagte dazu in seiner mündlichen Urteilsbegründung: „[Diesem Prozeß] sind vorausgegangen die Urteile gegen *Höß, Liebehenschel* und *Hartjenstein,* die sämtlich zu Tode verurteilt [...] und hingerichtet wurden." In Polen fanden Hunderte von Verfahren statt, bei denen etwa siebenhundert Angehörige der SS abgeurteilt wurden. Dazu kamen die Verfahren der alliierten Gerichte im In- und Ausland, die sich bereits mit dem Geschehen in Auschwitz beschäftigt haben. Auch hatte 1961 in Jerusalem der Prozeß gegen Adolf *Eichmann* – einen der Organisatoren der Judenvernichtung – stattgefunden und international Schlagzeilen gemacht. Aber diese Verfahren hatten ausländische Gerichte durchgeführt, und so erklärt sich, warum zumindest eine breitere Öffentlichkeit in der Bundesrepublik von den Prozessen kaum Kenntnis nahm. Hinzu kam die weitverbreitete Haltung, von „diesen Dingen" am liebsten nichts hören zu wollen. Es ist schwer einzuschätzen, wie viele Deutsche sich mit den schon früh erschienenen Berichten von Überlebenden der Konzentrations- und Vernichtungslager beschäftigt oder sich im persönlichen Gespräch informiert hatten – die Zahl dürfte jedoch eher gering gewesen sein. Weil der Auschwitz-Prozeß eine so ungeheure Wirkung hatte, war man zumindest bei der Staatsanwaltschaft überzeugt, der

Prozeß werde als Prototyp für weitere „Konzentrationslager-Verfahren", wie man sie damals in der Diskussion nannte, dienen können. „Wenn unser Prozeß, der Auschwitz-Prozeß, als ein Teil dieser Prozesse, einen Sinn haben soll, dann soll der Prozeß eine Warnung und eine Lehre für uns sein", erklärte Fritz *Bauer*, als Generalstaatsanwalt in Frankfurt/M. für die Ermittlung und Anklageerhebung verantwortlich, in einer internationalen Pressekonferenz während des Auschwitz-Prozesses. Und er fuhr fort: „Der Prozeß soll der Welt zeigen, daß ein neues Deutschland, eine deutsche Demokratie gewillt ist, die Würde eines jeden Menschen zu wahren." Es gab zu diesem Zeitpunkt also durchaus eine gesellschaftliche Gruppe – auch innerhalb der Justiz –, die hoffte, der laufende Prozeß sei nur ein Anfang: Ausgangspunkt einer konsequenten Strafverfolgung der NS-Täter im Rahmen des noch Möglichen. Diese Hoffnung sollte sich freilich, wie wir heute wissen, nicht erfüllen. Zwar gab es noch zwei weitere Nachfolgeverfahren in Frankfurt/M., doch muß man bezüglich jedes einzelnen dieser Strafprozesse, wie es Hannah *Arendt* treffend ausgedrückt hat, „einige Nachforschungen" anstellen, „um festzustellen, ob er überhaupt stattgefunden hat". So wenig Beachtung haben diese Verfahren in Presse und Öffentlichkeit gefunden.

Ganz anders die Strafsache ‚4 Ks 2/63', der „große Auschwitz-Prozeß". Die deutsche und internationale Presse berichtet von Anfang an über das Verfahren, die Angeklagten machen Woche für Woche neue Schlagzeilen. Die Namen „Mulka", „Boger", „Kaduk" werden zu festen Begriffen. Der Dramaturg Peter *Weiss* verfaßt ein Bühnenstück über den Prozeß, das auf Originaldialogen aus dem Frankfurter Gerichtssaal basiert und in szenischen Aufzügen den Stoff des Strafverfahrens auf der Bühne wiedererstehen läßt. Dieses Stück wird im Oktober 1965, also kurz nach der Urteilsverkündung, uraufgeführt. Es bleibt nicht unumstritten – besonders die Verteidigung bezeichnet es als „unhaltbaren

Zustand“, daß Personen, die noch nicht rechtskräftig verurteilt sind – über die Revision war zu diesem Zeitpunkt vom Bundesgerichtshof noch nicht entschieden – „als ‚Bestie in Menschengestalt‘ auf die Bühne gestellt werden können.“ Bernd *Naumann* berichtet laufend für die Frankfurter Allgemeine Zeitung aus dem Gerichtssaal und informiert so auch jene, die nicht persönlich dem Prozeß beiwohnen können, über dessen Entwicklung und die wesentlichen Inhalte der Zeugenaussagen. Hermann *Langbein,* Häftlingsschreiber in Auschwitz und Zeuge im Auschwitz-Prozeß, stenographiert alle Zeugenaussagen und sonstigen Äußerungen im Gerichtssaal mit.

Thomas Assheuer/Hans Sarkowicz

„Antifaschismus“ statt Vergangenheitsbewältigung

Da sich in der DDR die „Antifaschistisch-demokratische Ordnung“ durchgesetzt hatte, konnte es, so die offizielle Sprachregelung, auch keine „Faschisten“ mehr geben. Zwar lebten im Arbeiter- und Bauernstaat noch ehemalige *NSDAP*-Mitglieder, Offiziere und Berufssoldaten, aber das waren Menschen, „die in Wort und Tat bewiesen haben, daß sie aus der eigenen Vergangenheit wie aus der unseres Volkes die richtigen Lehren gezogen haben und heute unter Führung und im festen Bündnis mit der Arbeiterschaft am Aufbau eines neuen, friedliebenden Deutschland mitarbeiten“. Aus dieser Position heraus, die die *NDPD*-eigene *National-Zeitung* im Mai 1959 so umriß, konnte propagandistisches Kapital geschlagen werden, wenn man behauptete, daß der „Bonner Staatsapparat mit aktiven Faschisten und Militäristen“ durchsetzt sei, „die sich offen rühmen, aus der Vergangenheit keinerlei Lehren gezogen zu haben“.

Diese Form der simplen Polemik kulminierte in den letzten Jahren vor dem Mauerbau, als die DDR-Führung bemüht war, angesichts der Massenflucht die Bundesrepublik als Nachfolgestaat des „Dritten Reichs" zu diskreditieren und das im Ausland vorhandene Mißtrauen gegenüber Westdeutschland zu schüren. Die um internationale Anerkennung ringende DDR wollte sich als ‚wahre' Demokratie auf deutschem Boden empfehlen und richtete ihre Angriffe vor allem gegen Adenauers Staatssekretär Hans Globke, der die „Nürnberger Gesetze" rechtsverbindlich kommentiert hatte, und gegen den damaligen Bundesvertriebenenminister Theodor Oberländer, dem die Beteiligung an der Ermordung von Juden vorgeworfen wurde. (In der Bundesrepublik wurde die gerichtliche Untersuchung gegen Oberländer eingestellt; als Minister trat er allerdings im Mai 1960 zurück.) Der vorgeschobene „Ausschuß für Deutsche Einheit", der zwei Bücher gegen Globke und Oberländer veröffentlichte, wurde u.a. von Arnold Zweig, Ludwig Renn und Helene Weigel unterstützt.

Aber der DDR-Führung ging es um etwas anderes als um die exemplarische Verurteilung zweier – aus ihrer Sicht – NS-Verbrecher: „Ein Staat, der Hitlers und Himmlers Mitverschworene zu seiner Spitzenmannschaft zählt, hat längst seinen moralischen Bankrott angemeldet und wird so enden, wie die Hitler und Himmler endeten." Die Ehrenerklärung Adenauers für seinen Staatssekretär beweise, „daß Globke keine Einzelerscheinung und kein Schönheitsfehler, sondern die Verkörperung der Identität der Adenauerschen mit der Hitlerschen Politik ist. Er ist ein Mittelstück des Bildes, das der Bonner Staat bietet mit seinen Hitler-Generalen, die über die Wehrmacht herrschen, mit seinen tausend faschistischen Blutrichtern, mit seinen Nazi-Diplomaten, mit seinen Rüstungsbaronen, von deren Gnaden gestern Hitler regierte und heute Adenauer abhängt".

Die Bundesregierung reagierte auf diese Vorwürfe mit einem Gegenangriff. Bereits im Juni 1958 hatte der West-

Berliner „Untersuchungsausschuß Freiheitlicher Juristen" eine Broschüre mit 75 Namen von ehemaligen Mitgliedern der *NSDAP* veröffentlicht, die in der DDR führende Positionen bekleideten. Die Bundesregierung stützte sich auf diese mehrfach aktualisierte Liste, als sie zunächst am 16. April 1959 und dann am 12. Mai 1960 in ihrem *Bulletin* die „Verdächtigungs-Kampagne Pankows" zurückwies und ihrerseits behauptete, daß „in Mitteldeutschland die rote Diktatur ja nur die braune abgelöst" habe.

In den nächsten Jahren jagte, angeheizt durch den Mauerbau, eine Enthüllung die andere. Es zeigte sich dabei, daß die DDR keineswegs nur von ehemaligen Widerstandskämpfern regiert wurde, sondern auch von früheren NS-Funktionären, die teilweise sogar hohe Stellungen im Staats- oder Parteiapparat bekleidet hatten. Nur wenige von ihnen mußten nach den Angriffen aus dem Westen ihre Sessel räumen. Das Ministerium für Staatssicherheit unterhielt in Ost-Berlin ein geheimes Archiv mit NS-Akten, das verschiedenen Zwecken diente. Vor allem wurden die Dokumente dazu benutzt, NS-Verbrecher zu entlarven. Allerdings gingen politische Erwägungen vor juristische, d.h. wenn es sich um bedeutende Persönlichkeiten in der DDR handelte, wurde die Recherche gestoppt; die Akten blieben sicher verwahrt. Damit sollte im Ausland der Eindruck vermieden werden, daß auch in der DDR ehemalige Nationalsozialisten in wichtigen Positionen saßen. Inwieweit das belastende Material auch zur Erpressung oder zu Erpressungsversuchen benutzt wurde, ist bis heute nicht bekannt.

Noch in den siebziger Jahren griffen bundesdeutsche Zeitungen und Zeitschriften das Thema „Nazis in der DDR" immer wieder auf und enthüllten als Sensationen, was in der Regierung schon längst bekannt war. 1981 schließlich erschien das von Olaf Kappelt herausgegebene „Braunbuch DDR", das über 900 Namen enthielt.

Man könnte dieses Hin und Her als Teil des „Kalten Krieges" abtun, wenn sich nicht der Leiter des „Dokumentationszentrums des Bundes jüdischer Verfolgter des Naziregimes", Simon Wiesenthal, in die Diskussion eingeschaltet hätte. Auf einer Pressekonferenz stellte er am 6. September 1968 in Wien eine „aktuelle Dokumentation" über „nationalsozialistische Elemente in Presse und Propaganda der Deutschen Demokratischen Republik" vor. Anlaß war die deutlich proarabische und antiisraelische Berichterstattung der DDR-Medien über den Sechstagekrieg im Juni 1967. Wiesenthal fand bei seiner Untersuchung heraus:

„Wenn man in den Kommentaren der DDR-Blätter das Wort ‚Israeli' durch ‚Jude' sowie ‚fortschrittliche Kräfte' durch ‚Nationalsozialismus' ersetzte, glaube man plötzlich eine Vorlage aus Goebbels Propagandaministerium vor sich zu haben. Die Ähnlichkeit der Gedanken und Begriffe ergab sich aber auch, wenn man den umgekehrten Weg ging und probeweise Artikel aus der NS-Zeit mit Vokabeln aus dem DDR-Wortschatz ausstattete."

Wiesenthal führte diese Parallelen darauf zurück, daß in führenden Positionen der DDR-Publizistik frühere NS-Funktionäre saßen. Günter Schabowski antwortete Wiesenthal im *Neuen Deutschland* und nannte die Dokumentation „einen untauglichen Versuch, vom westdeutschen Neonazismus abzulenken und die DDR zu verleumden". Auf die Vorwürfe Wiesenthals ging er nicht ein.

Sollte der Leiter des Wiener Dokumentationszentrums seine Schlußfolgerungen auch bewußt provozierend formuliert haben, so machten sie doch auf etwas aufmerksam, was bis dahin verdrängt worden war, nämlich daß es zumindest einen latenten Antisemitismus in der DDR gab.

Günther Anders

Vergangenheitsbewältigung im Fernsehen: Der Holocaust-Film

4. März 79

Nun hätten wir den Film also hinter uns. Und selbst wir, die wir davon wissen, also seit sechsunddreißig Jahren, wohl keinen Tag und gewiß keine Nacht, ohne daran zu denken, haben verstreichen lassen – selbst wir sind von neuem versteinert. Wer uns hier mit Geschmackskriterien kommt, der ist unmoralisch. Aber auch jene, die letztlich bemängeln, daß die wirtschaftlichen Hintergründe, die *Interessenten,* die Schuldigen nicht aufgezeigt seien, und daß die Filme deshalb nichts taugten, auch *die* sind im Unrecht. Denn erst einmal mußten für diejenigen, die nicht gewußt hatten, was gewesen ist, oder die es *„nur gewußt"*, es sich aber nicht vorgestellt hatten – und das sind 99% der Zeitgenossen –, erst einmal mußten die *Fakten* vor Augen geführt werden. Richtig: Nun sollte eine zweite Serie folgen. Und bald. Damit diejenigen, die die erste gesehen haben, sich an diese beim Sehen der zweiten noch erinnern. [. . .] Gleichviel, auch das, was nun vorliegt, ist schon sehr viel mehr, als was in tausend „genaueren" Büchern und Statistiken vorgelegt worden war. Die Lehre darf nicht wieder verlernt werden: *Nur durch fictio kann das factum, nur durch Einzelfälle das Unabzählbare deutlich und unvergeßbar gemacht werden.* Und das ist in dem Film geschehen. Das ist, wenn man dieses affirmative Wort hier verwenden darf, vollkommen geglückt.

Nun erst sind die Deutschen in die Nach-Hitler-Ära eingetreten. Reiter über den Bodensee hatte es nicht gegeben, im Jahre 45 sind sie nicht erschrocken. Weder durch Trauer noch durch Reue noch durch Kritik haben sie an die zwölf Jahre, die hinter ihnen lagen, angeknüpft. Das Jahr 78 ist eigentlich das Jahr 45, da der Schock, der im Jahre 45 hätte eintreten müssen, nun erst eingetreten ist. Was in den

35 Jahren dazwischen geschehen ist, das läßt sich geschichtsphilosophisch nur schwer formulieren. Das von Benjamin zitierte Klee'sche Bild des „angelus novus", der rückwärts blickt, während der Sturm der Geschichte ihn vorwärts trage, trifft nicht zu. Abgesehen davon, daß weit und breit kein Engel zu sehen war – in den Jahren nach 45 hat Deutschland nicht nach rückwärts, nämlich auf das zwölfjährige Millennium, zurückgeblickt, diesen Zeitraum vielmehr als nicht gewesen behandelt; aber ebensowenig ist einer Zukunft entgegengestürmt oder von einem Sturm einer solchen entgegengetragen worden. Vielmehr wollten die total Besiegten, die von Zukünften und Vergangenheiten für tausend Jahre erst einmal mehr als genug hatten, denen auch die Alliierten eine wirkliche Niederlage (weil diese politisch unerwünschte Folgen hätte nach sich ziehen können) nicht gönnten, erst einmal eine *Gegenwart:* also Wohnung, Essen, Fernsehen, Reisen, Sex – kurz: *Konsum.* Während sie sich diese geschichtslosen Wünsche rasch, fürchterlich rasch, und in einem nie dagewesenen Maße erfüllt hatten (richtiger: während ihnen diese Wünsche so erfüllt worden waren), blickten sie nicht nach vorne. Vielmehr ließen sie sich von einem *Geschichtssturm mittragen, der nicht ihrer war,* bestenfalls wurden sie *„mitgeschichtlich"* mit einem anderen Geschichtssubjekt. Konsum ist weder ein Verhältnis zur Vergangenheit noch eines zur Zukunft. Denn der Konsumierende ist weder ein Planender, der auf eine Zukunft ausgerichtet wäre, noch ein Erinnernder, der sich zurücksehnte. In der Tat war Deutschland trotz der Fülle der Ereignisse, die sich in den letzten 35 Jahren abgespielt haben, *ungeschichtlich* geworden. Und erst heute hat es wieder, durch die Anknüpfung an damals, die Chance der Kontinuität gewonnen, also die Chance, wieder geschichtlich zu werden. Vermutlich zu spät. Denn souveräne Geschichtssubjekte gehören nun, da nur noch zwei, drei Großmächte zählen, der Vergangenheit an. [...]

Das deutsche Volk, so heißt es, habe *„seine Vergangenheit nicht bewältigt"*. Gibt es denn überhaupt so etwas wie „Vergangenheitsbewältigung". Und wenn ja, ist sie denn erwünscht?

Nicht bedeutet die Redensart, wie sie heute seit 34 Jahren verwendet wird, *„mit der Vergangenheit fertig werden"*. Denn was entsetzlich ist, ist ja gerade, daß das den meisten restlos gelungen ist, daß sie sich von der Vergangenheit *nicht* hatten beunruhigen lassen. [. . .]

Was einzutreten hat, was nun durch den Film vielleicht wirklich in Gang gekommen ist, ist also das Gegenteil eines psychoanalytischen Heilungsprozesses: eben eine Störung, um nicht zu sagen: eine *Verstörung* der Gesundheit. Tatsächlich haben ja Tausende, die „Holocaust" gesehen haben, für den Zustand, in den sie geraten sind, keinen besseren Ausdruck gefunden als „Verstörung". Und gerade diese Verstörten sind es, die sich für die Wiederholung des Films ausgesprochen haben. Die Verstörung ist in der Tat die Bedingung möglicher moralischer „Gesundheit".

Christian Meier

Die Gegenwärtigkeit der NS-Vergangenheit

Es ist nicht üblich, daß eine Vergangenheit nach mehr als vier Jahrzehnten immer noch eine Gegenwart in ihrem Bann hält. Längst ist die Bundesrepublik ein geachtetes Glied in der Gesellschaft der Nationen. Sie kann auf nahezu vierzig Jahre gelungener Demokratie zurückblicken. Die weit überwiegende Mehrzahl der heute lebenden Deutschen war an den Untaten der NS-Zeit nicht beteiligt. Die Jüngsten von denen, die daran noch aktiv mitgewirkt haben, treten jetzt ins siebte Jahrzehnt ihres Lebens.

Wir wissen allerdings nicht genug darüber, wie weit, wie lange und unter welchen Bedingungen Vergangenheiten sonst eine Gegenwart noch so sehr heimsuchen können. Mir ist jedenfalls keine Untersuchung darüber bekannt; und vermutlich läßt sich so etwas auch nicht „feststellen". Blickt man sich in der Geschichte um, so fällt einem jedenfalls so leicht keine Parallele ein.

Wohl mag die Erinnerung an eigene Untaten (oder Sünden) früheren Völkern dazu gedient haben zu verstehen, warum ein Gott sie strafte. Sie brauchten sie für einen wichtigen Zweck: um nämlich Sinn in ihren Leiden zu sehen. Aber wir leiden ja nicht. Es geht uns vielmehr recht gut. Und was wir durch den Krieg und infolge des Kriegs verloren haben – an Menschen etwa und Gebieten (auch an Heimaten), an der Einheit der Nation, an Souveränität – scheint schon lange verschmerzt oder gar vergessen zu sein. Großer Aufwand zur Erklärung dieser Verluste auf der Ebene allgemeiner Sinn-Annahmen scheint jedenfalls nicht nötig zu sein. Es besteht folglich kein Bedürfnis, sie als „Strafe" zu verstehen.

Das geschieht ja auch kaum. (Und gerade die, die etwa die Gebietsverluste im Osten nicht verschmerzen können, meinen in der Regel nicht, daß wir solche Strafe überhaupt verdient hätten.) Insofern brauchen wir also die Erinnerung an die eigenen Untaten nicht. Und außerdem: Wenn das eigene Leiden als Folge eigener Verfehlung verstanden wird, ist das Leiden das Problem. Für uns aber ist es, so möchte ich behaupten, die Geschichtserinnerung selbst, die Tatsache also, daß uns dieser Teil unserer Vergangenheit nicht losläßt.

Freilich müßte man genauer bestimmen, wieweit und wodurch die Gegenwärtigkeit der NS-Geschichte für uns störend ist. Weite Kreise unserer Gesellschaft leiden mindestens nicht sichtlich unter ihr. Große Teile unseres Lebens sind von ihr nicht fühlbar berührt. Sie scheint das Wohlbefinden der Republik im ganzen nicht zu beeinträchtigen. Auch unser politischer Handlungsspielraum wird durch sie unmittelbar nicht wesentlich eingeschränkt. Wenn wir darauf verzichten, den Gegnern Israels Waffen zu liefern – was das höchste ist, was wir uns vielleicht auferlegen –, so kann man das kaum ernsthaft als großes Opfer bezeichnen. Die wichtigeren Beengungen unserer Politik resultieren aus der Niederlage, der Teilung Deutschlands und Berlins sowie aus unserer machtgeographisch exponierten Situation. Allerdings wird unsere innenpolitische Lage durch die Geschichtserinnerung beeinflußt, auch wenn sich das schwer genauer bestimmen läßt. Es gehen in vielen Bereichen darüber hinaus, möglicherweise auch außenpolitisch, vielerlei Wirkungen von ihr aus, sie macht uns tatsächlich zu schaffen, vermutlich in größerem Maße, als es auf den ersten Blick den Anschein hat. Und es kann durchaus sein, daß uns auf Grund dieser Geschichtserinnerung etwas an Kommunikationskompetenz fehlt, so sehr fehlt, daß wir es gar nicht vermissen.

Nie spüren wir die Macht, die dieses Stück unserer Vergangenheit über uns hat, deutlicher, als wenn versucht wird, sie zum Vergehen zu bringen. Dies erwies sich bei der Herauskehrung der „Gnade der späten Geburt“, beim Plan der Kranzniederlegung in Bitburg und beim sogenannten Historiker-Streit. Vermutlich wird man auf die Dauer auch die forschen Bekundungen historischer Gesundheit im österreichischen Nachbarstaat als ein weiteres Beispiel dafür nennen können. Versuche, diesen Teil der Geschichte zuzuschaufeln, haben offensichtlich zur Folge, daß er weiter ausgegraben wird und sich als höchst virulent erweist.

Geschichtserinnerung muß nicht bedeuten, daß man viel daran denkt. Es genügt, daß man weiß, daß da etwas ist, und sei es etwas, an das man lieber nicht denkt. Dann ist es gleichwohl da, vielleicht nicht sichtbar, nicht direkt spürbar, aber wirksam und behauptet sich um so kräftiger, je größer der Bogen ist, den unsere Gedanken um es herum machen. Auch darin bezeugt sich ja Respekt, selbst wenn er sich nach außen nur in Schweigen oder gar in Leugnen kundzutun vermag. Auch darin kann sich erweisen, daß ein Stück Vergangenheit jene Schwelle der Historisierung noch nicht überschritten hat, die die Lebenden von ihrer Geschichte absetzt.

Es ist gewiß nicht so, daß alles Vergangene einfach verginge. Vieles behält seine Nachwirkung über Jahrzehnte oder gar Jahrhunderte hinweg. Bestimmtes wird wachgehalten im öffentlichen Gedächtnis, alles mögliche wird von der Geschichtsschreibung immer neu repräsentiert. Und doch scheint es da einen Unterschied zu geben. Unbeschadet der Nachwirkung und des Gedenkens kommt es normalerweise irgendwann dazu, daß eine Vergangenheit sich nicht mehr von selbst den Lebenden aufdrängt und sie nicht mehr umtreibt. Von da ab ist sie gleichsam nur mehr im Status bloßen Wissens vorhanden und auf die künstliche Vergegenwärtigung angewiesen. Dann erscheint sie den Lebenden, so sehr sie die Geschichte ihres Volkes als die ihre ansehen mögen, nicht mehr als das unmittelbar Eigene, das selbst historisch zu Verantwortende; als Frage also, die so drängend ist, daß man sich zur Antwort aufgerufen sieht. Dann kann man es ihnen nicht mehr zurechnen, nicht mehr vorhalten, es sei denn in übler, in feindlicher Absicht, auf die sie dann aber ihrerseits aus eigenem Recht und unbefangen entgegnen können. Dann verliert das Gewesene seine bannende Kraft, seine unmittelbare Gegenwärtigkeit in den Sinnen oder im Unterbewußtsein der Allgemeinheit. Dies letztere scheint das Wesentliche am „Vergehen" des Vergangenen zu sein: Es kann uns nicht mehr okkupieren. Es gehört endlich den Toten zu. Die Positionen sind verbraucht – oder doch entscheidend geschwächt –, für die jenes Stück Vergangenheit dringend und wichtig, für die es existentiell war.

Eben diesen Weg hinter die Schwelle zum „bloß noch Historischen" scheinen die zwölf Jahre von 1933 bis 1945 nicht antreten zu wollen. Statt schattenhaft scheint diese

Vergangenheit sogar immer größer und globaler zu werden, und sie ragt in unverminderter Lebendigkeit in unser Leben hinein. Sie scheint uns heimsuchen zu wollen bis ins dritte und vierte Glied. Beweise dafür finden sich in den unzähligen Fehlleistungen, den Ausblendungen, den Benehmungen von Verstand und Umsicht, denen wir im Umgang auch aufgeklärter, auch prominenter Zeitgenossen mit der Judenvernichtung begegnen. Es gibt Argumente, die nehmen sich aus wie das törichte Lächeln, das in flagranti ertappte Kinder aufsetzen, wenn sie ihre Betroffenheit nicht zeigen wollen. In diesem Punkt begegnen wir ihnen besonders oft, sie haben auch im Historiker-Streit nicht gefehlt. Was alles könnte ein wirklicher Sprachkritiker im Stil der Auseinandersetzungen um Auschwitz an unmißverständlichen Zeugnissen dafür finden, wie tief die Erinnerung daran in uns sitzt! Auch die Behauptung, wir hätten damit nichts mehr zu tun, verrät zumeist, wie sehr es uns noch zu schaffen macht.

VIII. Was bleibt?
Die Deutschen und die Einheit

Peter Bender

„Wahnsinn!" Die Öffnung der Mauer

Das Wort des Tages hieß „Wahnsinn". Die Berliner aus dem Osten der Stadt riefen es, als sie durch die Mauer in den Westteil strömten; und die Westberliner sagten es, als sie ihnen zur Grenze entgegenkamen. Wahnsinn – das drückte das Unglaubliche aus, viele hatten es erhofft, aber nur wenige hatten es erwartet. Die Wirklichkeit übertraf die Einbildungskraft.

Jeder sah, hörte und las, daß die DDR wankte und Honeckers Nachfolger versuchten, sie einer veränderten Welt anzupassen; doch nun sollte von einer Stunde zur nächsten eine Grenze fallen, die 28 Jahre lang ein halbes Volk gefangen hielt, physisch wie geistig. Der DDR-Ministerrat beschloß am 9. November 1989, jedermann dürfe sogleich „Privatreisen nach dem Ausland" beantragen. „Die Genehmigungen werden kurzfristig erteilt. Versagungsgründe werden nur in besonderen Ausnahmefällen angewandt."

Früher glich eine Westreise einem Hürdenlauf: Man mußte Verwandte in der Bundesrepublik haben (oder geschickt erfinden). Man mußte Geiseln in der DDR zurücklassen, Frau, Mann, Kinder. Man mußte warten, ob und wann unsichtbare Instanzen entschieden; mancher saß bis zum Reisetag auf gepackten Koffern und wußte nicht, ob er fahren durfte oder nicht. Das alles sollte nun Vergangenheit sein.

Noch sensationeller erschien, daß der Ministerrat am 9. November auch Emigration erlaubte: „Visa zur ständigen Ausreise" würden „unverzüglich" erteilt, „ohne daß dafür noch geltende Voraussetzungen für eine ständige Ausreise vorliegen müssen". Da die DDR ein Glaubensstaat war, galt das Verlassen dieses Staates nicht als Emigration, sondern als Verrat. Und Verräter, die einen Ausreiseantrag gestellt hatten, erschienen nicht mehr würdig, eine Tätigkeit mit öffentlicher Verantwortung auszuüben, und sei es auch nur als Arzt, Lehrer oder Leiter in untergeordneter Position. Selbst wenn man sie schließlich hinausließ, machte man ihnen bis dahin das Leben schwer; die meisten verloren ihre Arbeit und mußten sich jahrelang mit Jobs am Leben erhalten.

Und nun hieß es plötzlich, alle Beschränkungen sollten fallen. Auf die Frage, wann die neue Regelung in Kraft treten werde, kam die Antwort: „Ab sofort". Funk und Fernsehen berichteten dennoch mit Vorbehalt und vorsichtig, doch die Ostberliner wollten das Unglaubliche prüfen und wanderten zur Mauer; je mehr sich die Nachricht herumsprach, desto mehr wurden es. Die Grenzposten waren, so scheint es, halb informiert und halb schon demoralisiert. Zuerst versuchten sie, Genehmigungen zu erteilen, dann verlangten sie nur noch, die Ausweise zu sehen, doch allmählich wurde der Andrang übermächtig. Ein Grenzer, der den Strom aufzuhalten suchte und die Lücke, durch die er floß, mit seinem Körper deckte wie die Helden alter Zeiten, erhielt später einen der letzten Orden, welche die DDR vergab. Wäre das Wort nicht zu groß, würde man sagen: ein tragisches Sinnbild sinnloser Pflichterfüllung.

Berlin floß in dieser Nacht zusammen. Die Ostler strebten in den Westteil der Stadt und die Westler in den Ostteil, an den Grenzübergängen begegneten sie einander, sich begrüßend und bedrängend in fröhlichem Chaos. Beide trieb die Neugier und die Lust an nie gekannter Freiheit; alle genossen den „Wahnsinn": Heute durfte man, was Jahrzehnte lang für die Ostler mit Haft oder Tod bedroht und für Westler mit ermüdender, zuweilen erniedrigender Bürokratie erschwert war. Heute konnte man die andere Welt erreichen, ohne daß Schlagbäume hinderten und Posten kontrollierten, kommandierten oder schikanierten. Manche Trabis fuhren bis in entfernte Westberliner Bezirke, vielleicht um Freunde zu besuchen oder vielleicht auch nur, um das Fahren weit ins andere Land auszukosten. Am Kurfürstendamm entwickelte sich ein spontanes Volksfest, in Kneipen gab es Freibier für die Gäste von drüben, Unbekannte lagen sich in den Armen, und ein Westberliner taufte jedes Ostauto, das über die Grenze kam, mit einem Spritzer Sekt.

Das Überschreiten der Grenze war in dieser Nacht wichtiger als alles, was jenseits der Grenze lag und lockte. Jahrzehntelang hatte die Mauer Furcht und Haß erzeugt, nun stiegen junge Leute hinauf und besetzten die Mauerkrone. Hunderte saßen nebeneinander, vor ihnen stand nur noch eine dünne Postenkette aus DDR-Grenzern, die hilflos zusahen, wie der „Schutzwall" ihres Staates zum Gespött wurde. Der 9. November 1989 brachte nicht nur die Öffnung der Mauer, sondern auch den Sieg und Triumph über die Mauer.

Was in Berlin geschah, das geschah im ganzen Land, obwohl mit etwas Verzögerung. Auch in den westlichen Randbezirken der DDR machten sich, als die Nachricht von der Grenzöffnung kam, viele auf den Weg, um zu probieren, ob man wirklich hinüberkäme. In den nächsten Tagen begann dann eine Völkerwanderung. Die Autobahnen und alle Straßen, die zu den Übergängen in die Bundesrepublik führten, waren verstopft; der gesamte Ost-West-Verkehr stockte, Ankunftszeiten wurden unberechenbar, Liefertermine hinfällig. Ein witziger Kopf erfand die „Trabi-Grenze", als neue deutsche Grenze, doch diese Grenze verschwand schneller als alle früheren; sie bezeichnete die Linie, bis zu der die Ostdeutschen nach Westen vorstießen. Wochenlang war die gesamte Bundesrepublik überschwemmt von Sachsen, Thüringern, Märkern und Mecklenburgern, die sehen und hören, kaufen und kennenlernen wollten.

Jürgen Kocka

Das Ende der DDR

Als Gorbatschows Perestroika zeigte, daß es auch im „Realsozialismus" anders gehen konnte als in der sich abkapselnden, weithin erstarrten DDR, als sich die Verhältnisse und bald auch die Grenzbefestigungen in Ungarn und Polen zu lockern begannen, da drückte sich der wachsende Unmut vieler DDR-Bürger zunächst und vor allem in einer anschwellenden Welle der Massenflucht aus, die über die seit Anfang September geöffnete ungarisch-österreichische Grenze und über die dramatische Besetzung bundesdeutscher Botschaften in Warschau und Prag nach Westen drängte, in die allzeit aufnahmebereite Bundesrepublik. Dieser publizistisch stark beachtete Exodus wiederum war es, der die mangelnde Attraktivität des ostdeutschen Systems eindrucksvoll vorführte, es zusätzlich delegitimierte, bald auch die Schwäche der Ost-Berliner Regierung enthüllte, im Innern der DDR massive Reformforderungen auslöste und eindrucksvolle Massendemonstrationen auf die Straßen zu bringen half.

Die sich seit September zunächst noch im Schatten der Illegalität oder Halblegalität bildenden Oppositionsgruppierungen wie das „Neue Forum", der „Demokratische Aufbruch" und die „Sozialdemokratische Partei in der DDR" wuchsen teilweise aus kleinen Zirkeln hervor, die sich zum Teil aus Umwelt- und Friedensinitiativen, zum Teil im unsicheren Schutzraum der protestantischen Kirche entwickelt hatten. Aber zum entscheidenden Motor der Ereignisse wurden die sich allmählich seit September formierenden, spontan-friedlichen Demonstrationen von Hunderttausenden, bald von Millionen, vor allem in Leipzig und dann in Berlin. Die Gefahr bestand, daß diese Massenaktionen nach chinesischem Vorbild blutig niedergeschlagen würden. In den dramatischen Stunden des 9. Oktober entschied sich, daß dies nicht geschah, vor allem wohl, weil die Sowjets zu einer solchen Gewaltlösung nicht bereit waren, die Gorbatschows innerer Reform- und äußerer Ausgleichspolitik widersprochen hätte.

„Reisefreiheit statt Massenflucht", „Versammlungsfreiheit – Vereinigungsfreiheit", so lauteten Transparente dieser frühen Demonstrationen, die nicht auf die Vereinigung mit der Bundesrepublik und die Abschaffung des Sozialismus, sondern auf demokratische Reformen und bessere Lebensverhältnisse in einer weiterbestehenden DDR zielten. Aber durch seine massive Wucht und angesichts der starren Unbeweglichkeit der Staats- und Parteiführung entwickelte dieser an sich unrevolutionäre Protest systemsprengende Kraft, die Proteststimmung breitete sich aus, sie wirkte auch in die SED-Mitgliedschaft hinein, sie verunsicherte die Kader und bedrängte die Führung, die ohne die Möglichkeit des Rückgriffs auf sowjetische Bajonette unsicher und hilflos reagierte. Honeckers Sturz am 18. Oktober, die vergeblichen Stabilisierungsversuche seines Nachfolgers Krenz, der Rücktritt und die Neuwahl des Politbüros am 8. November und schließlich am 9. November die abrupte Öffnung der Mauer und die Gewährung praktisch unbegrenzter Reisemöglichkeiten nach Westen – das waren direkte Folgen der im Endeffekt doch revolutionären Massenbewegung und gleichzeitig bewegende Augenblicke im Leben der ganzen Nation.

Am 10. November war klar, daß es mit der DDR nicht mehr so weitergehen würde wie bisher. Offen aber war oder schien, welchen Weg sie nun nehmen würde, den eines sich gründlich reformierenden, aber selbständig bleibenden Staates mit sozialistischer Wirtschafts- und Gesellschaftsordnung oder den Weg zu irgendeiner Form von Vereinigung mit der Bundesrepublik und damit zur Abschaffung der DDR und ihres Sozialismus. Viele Varianten dieser beiden Alternativen waren denkbar, in den bewegten Tagen nach dem Mauerfall war keineswegs klar, welche innen- und außenpolitischen Spielräume sich öffnen und wohin die Dinge treiben würden. Sie entschieden sich – weitgehend – in der zweiten Phase der Wende vom 10. November 1989 bis zum 18. März 1990, und zwar in einem komplizierten Wechselspiel vieler sich gegenseitig beeinflussender Faktoren, Schritte und Abläufe in der DDR, zwischen den beiden deutschen Staaten und in der internationalen Politik.

Die Massendemonstrationen wurden radikaler. Der Haß gegen die Diktatur und ihre Akteure trat nun offen hervor. Gerüchte und Beschuldigungen inflationierten, nach den Privilegien der Herrschenden geriet die Stasi ins Zentrum des Volkszorns, bis hin zur Erstürmung des SD-Hauptgebäudes in der Normannenstraße am 15. Januar. Gleichzeitig ging die Massenabwanderung weiter, wirtschaftliche Schwierigkeiten kamen hinzu: eine durch und durch instabile Situation mit deutlichen Zeichen der Selbstauflösung.

Zwischen Mitte November und Mitte Januar änderte sich die Stoßrichtung des Massenprotestes auf den Straßen der DDR. Die bis dahin innenpolitisch und sozial orientierten Forderungen wurden durch nationalpolitische ergänzt, überwölbt, verdrängt. Aus „Wir sind das Volk" wurde „Wir sind ein Volk". Plakate und Fahnen, Versammlungen und Zeitungsartikel, bald auch Parteiprogramme und Meinungsumfragen zeigten, daß die Forderung nach Wiedervereinigung in der DDR-Bevölkerung rasch an offener Unterstützung gewann und bald von Mehrheiten getragen wurde. Aus der DDR-internen „Revolution" wurde eine Bewegung für die nationale Einheit. Der Wunsch nach nationaler Einheit bündelte das Mißtrauen vieler DDR-Bürger gegenüber der Reformfähigkeit des eigenen Staates und ihre Sehnsucht nach rascher ökonomischer, sozialer und politischer Besserstellung, die man durch Anschluß an das vielleicht übermäßig bewunderte, aber in der Tat viel leistungskräftigere System der Bundesrepublik am schnellsten erreichen zu können meinte. Das war eine für die meisten zutreffende Erwartung, wie man auch aus der Rückschau feststellen kann.

Zwar hat die Bonner Politik diese nationale Wendung der DDR-Revolution nicht verursacht. Sie wurde von ihr vielmehr überrascht. Noch am 28. November kam die staatliche Einheit nur als fernes Zukunftsziel in Kohls Zehn-Punkte-Erklärung vor. Die nationale Wendung der DDR-Revolution resultierte aus dem Druck der DDR-Bevölkerung, die ihren Staat mehrheitlich aufgab, lange bevor er offiziell zu bestehen aufhörte. Hätte sich die Mehrheit der DDR-Bevölkerung für die Fortexistenz ihres Staates entschieden, reformiert, aber selbständig, wäre es zur Wiedervereinigung nicht gekommen.

Andererseits spielte die Bundesrepublik in der Umwälzung der DDR von Anfang an eine große, wenngleich indirekte Rolle: Schon die den Umbruch auslösende Massenwanderung in den Westen wäre ohne die bundesdeutschen Medien und ihren Einfluß auf die DDR nicht möglich gewesen, auch nicht ohne die Deutschlandpolitik der Bundesrepublik und ihr Staatsbürgerschaftsrecht, das wie eine ständige Einladung wirkte. Die Bundesregierung hat auch die Ungarn gedrängt, ihre Grenzen und damit den Ostdeutschen das Tor zum Westen zu öffnen. Die Revolution in der DDR hätte wohl kaum ihre nationale Wendung genommen, wenn nicht bekannt gewesen wäre, daß die Bundesrepublik prinzipiell für die Wiedervereinigung eintrat. [. . .]

Letztlich entschied sich das Schicksal Deutschlands auf dem Feld der internationalen Politik. So wie die Spaltung Deutschlands ein Ergebnis des Kalten Krieges war, so mußte dieser zu Ende gebracht werden, wenn die Vereinigung Deutschlands möglich sein sollte. Die auf innere Reformen und äußeren Ausgleich gerichtete Politik Gorbatschows, die, wie man erst rückblickend weiß, selbst das Zurückschneiden des sowjetischen Hegemonialbereichs zu akzeptieren bereit war und die sich ihrerseits aus den Grenzen der inneren Leistungsfähigkeit des Sowjetsystems im Wettbewerb mit dem Westen ergab, war die wichtigste Voraussetzung für die Reformen in Polen und Ungarn wie für den

Beginn und das Fortschreiten der Wende in der DDR. Anders als 1981 in Polen, 1968 in Prag, 1956 in Ungarn und 1953 in der DDR standen 1989 sowjetische Truppen nicht zur Verfügung, um verbündete Regierungen und Diktaturen im Sattel zu halten, wenn sie von ihren Völkern in Frage gestellt wurden. Aber würden die Sowjets jetzt endgültig bereit sein, ihren Herrschaftsbereich zwischen Elbe und Oder zu räumen? Für welchen Preis in bezug auf den Status Gesamtdeutschlands, dessen mögliche Wiedergeburt ja auch bei den westlichen Nachbarn Mißtrauen auslöste? Würde die Westbindung der Bundesrepublik als Opfer auf dem Altar der Vereinigung gefordert werden? Und was bedeutete die Einigung Deutschlands für die angestrebte Einigung Europas?

„Die Vereinigung Deutschlands und die Ausarbeitung der damit verbundenen internationalen Regelungen stellen den größten Triumph in der Diplomatie der Nachkriegszeit dar", schreibt der Politikwissenschaftler Karl Kaiser. Unter resoluter Führung der USA wurden die Weichen zwischen dem amerikanisch-sowjetischen Gipfeltreffen vom Malta – Anfang Dezember 1989 – und der Einrichtung des Zwei-Plus-Vier-Konsultationsmechanismus Mitte Februar 1990 in Ottawa gestellt. Die Bonner Diplomatie unter der Leitung von Kohl und Genscher hatte erheblichen Anteil daran. Möglich wurde dieser Erfolg aber nur, weil die Diplomaten und Staatsmänner an lange Phasen vorangehender Vertrauensbildung anknüpfen konnten: an die dichte, jahrzehntelange Kooperation zwischen den westlichen Partnern, aber eben auch an Ansätze zur Kooperation mit der Sowjetunion mindestens seit Helsinki 1975. Die Entspannungspolitik trug jetzt ihre Früchte.

Eingezwängt zwischen einer immer eindeutiger auf die Wiedervereinigung zielenden Volksbewegung, wirtschaftlichen Schwierigkeiten, fortgesetzter Abwanderung, den zunehmenden Einflüssen aus Bonn und dem sich abzeichnenden Arrangement der großen Mächte besaß die Ost-Berliner

Politik wenig – und abnehmenden – Spielraum. Die von der Volkskammer vier Tage nach der Maueröffnung neugewählte Modrow-Regierung hatte die Macht bald mit dem „Runden Tisch“ zu teilen, diesem basisdemokratischen Produkt der Revolution, das außer den alten auch die neuentstehenden Parteien, die Kirchen und andere gesellschaftliche Gruppen versammelte, mit dem Ziel des Dialogs, der Öffentlichkeitsherstellung, der Regierungskontrolle und der Gestaltung der Übergangszeit. Vorsichtige Verfassungsreformen wurden eingeleitet. Die SED begann mit begrenzter Selbstreform, gab sich ein neues Programm, eine neue Führung, einen neuen Namen – und verlor die Mehrheit ihrer Mitglieder. Die Blockparteien streiften ihre Abhängigkeit von der SED ab, allerdings meist nur, um in das Schlepptau ihrer westdeutschen Schwesterparteien zu geraten, die ihren Einzugsbereich in die DDR hinein erweiterten. Westdeutsche Politiker dominierten den Volkskammerwahlkampf, in dem die Frage der Wiedervereinigung eine zentrale Rolle spielte.

An der Wahl am 18. März 1990 nahmen dreiundneunzig Prozent der Wahlberechtigten teil. Es ergab sich eine satte Mehrheit für die Parteien, die für eine rasche Wiedervereinigung nach dem westdeutschen Modell eintraten. Eine tiefe Niederlage erlitten nicht nur die Kommunisten, sondern auch die Bürgerrechtler und Reformer, die die Revolution in der ersten Phase geführt hatten und weiterhin für eine demokratisierte, aber sozialistische und selbständige DDR – für einen „dritten Weg“ zwischen kapitalistischer Bundesrepublik und gescheitertem Staatssozialismus – eintraten. Mit deutlicher Mehrheit wählte das DDR-Volk seinen Staat ab – die Selbstaufgabe der DDR.

Gregor Schöllgen
„Zwei plus vier"

[. . .] Am 11. Dezember 1989 trafen sich, erstmals seit 1971, die Botschafter der vier Siegermächte im ehemals vom Alliierten Kontrollrat benutzten Gebäude in Berlin. Auch diese Begegnung war von beträchtlicher Symbolkraft. Immerhin wurde das Ende des Kalten Krieges dort eingeläutet, wo dieser am 20. März 1948, mit dem Auszug des sowjetischen Vertreters aus dem Alliierten Kontrollrat, in seine heiße Phase eingetreten war.

Fortschritte bei diesen Viermächteverhandlungen brachte der Februar 1990. Anlaß war ein Treffen der Außenminister von NATO und Warschauer Pakt in Ottawa vom 12. bis 14. Februar, dessen eigentliches Thema das vom amerikanischen Präsidenten Bush angeregte Konzept der *Open Skies* war. Am 13. Februar taten die Außenminister der vier Siegermächte des Zweiten Weltkrieges und der beiden deutschen Staaten in einer gemeinsamen Erklärung ihre Absicht kund, sich zu treffen, „um die äußeren Aspekte der Herstellung der deutschen Einheit, einschließlich der Fragen der Sicherheit der Nachbarstaaten, zu besprechen. Vorbereitende Gespräche auf Beamtenebene werden in Kürze aufgenommen." Das geschah am 14. März in Bonn. Drei Wochen später, am 5. Mai 1990, begannen die sogenannten „Zwei-plus-Vier"-Verhandlungen der sechs Außenminister in Bonn.

In ihrer dritten Verhandlungsrunde akzeptierten die Sechs am 17. Juli in Paris die einen Tag zuvor im Kaukasus geschaffenen Tatsachen. An diesem Treffen nahm zeitweilig auch der polnische Außenminister Krysztof Skubiszewski teil. Damit wurde einer Forderung Rechnung getragen, die erstmals durch den polnischen Ministerpräsidenten Mazowiecki am 14. Februar bei einem Besuch in London erhoben worden war. Der Rest war nahezu Routine. Nach der grundsätzlichen sowjetischen Zustimmung ging es vor allem noch um die Klärung von Detailfragen. Am 12. September 1990 fand in Moskau die letzte Runde der Außenminister-Treffen im Rahmen der „Zwei-plus-Vier"-Gespräche statt. Am Ende stand die Unterzeichnung des „Vertrages über die abschließende Regelung in bezug auf Deutschland".

Der „Zwei-plus-Vier"-Vertrag war kein Friedensvertrag, übernahm aber dessen Funktion. Zwar erhob die Sowjetunion anfänglich noch die Forderung nach Abschluß eines solchen Vertrages, doch lenkte sie schließlich ein, da zahlreiche Gründe dagegen sprachen. Einmal waren schon seit Mitte der fünfziger Jahre einige Hauptgegenstände eines Friedensvertrages „nicht mehr regelungsbedürftig". Das galt sowohl für die Beendigung des Kriegszustandes als auch für das Problem der Reparationsleistungen. Vor allem aber stellte sich die Frage, ob dann nicht alle Staaten, die sich während des Zweiten Weltkrieges mit Deutschland im Kriegszustand befunden hatten, auch den Friedensvertrag mit Deutschland hätten unterzeichnen müssen. Nach der Rechnung, welche die Sowjets in ihrem Friedensvertragsentwurf von 1959 aufgemacht hatten, wären das 29 Staaten einschließlich Weißrußlands und der Ukraine gewesen.

Gemäß Artikel 1.1 des „Vertrages über die abschließende Regelung in bezug auf Deutschland" umfaßte das „vereinte Deutschland [. . .] die Gebiete der Bundesrepublik Deutschland, der Deutschen Demokratischen Republik und ganz Berlins [. . .] Seine Außengrenzen werden die Grenzen der Deutschen Demokratischen Republik und der Bundesrepublik Deutschland sein und werden am Tag des Inkrafttretens dieses Vertrages endgültig sein." Artikel 1.2 verpflichtete das vereinigte Deutschland, seine Grenze zu Polen in einem Vertrag zu bestätigen. Das geschah am 14. November 1990 in Warschau, indem Polen und Deutschland erklärten, „daß die zwischen ihnen bestehende Grenze jetzt und in Zukunft unverletzlich ist". Damit hatten Repräsentanten deutscher Staaten zum fünften Mal seit Ende des Zweiten

Weltkrieges direkt oder indirekt die Oder-Neiße-Grenze bestätigt. Vorangegangen war die DDR im Görlitzer Vertrag vom 6. Juli 1950, gefolgt von der Bundesrepublik, die am 7. Dezember 1970 im Warschauer Vertrag die Unverletzlichkeit dieser Grenze anerkannt hatte. Beide Staaten stimmten dann mit der Schlußakte von Helsinki noch einmal generell der Unverletzlichkeit der Grenzen in Europa zu, und am 21. Juni 1990 erklärten sich der Bundestag und die Volkskammer der DDR in gleichlautenden Resolutionen bereit, den Grenzverlauf bestätigen zu wollen, was dann am 14. November 1990 auch geschehen ist. Damit war Artikel 1.2 des „Vertrages über die abschließende Regelung in bezug auf Deutschland" Genüge getan.

Mit Artikel 7.1 des „Zwei-plus-Vier"-Vertrages beendeten die Vier Mächte „ihre Rechte und Verantwortlichkeiten in bezug auf Berlin und Deutschland als Ganzes". Das hörte sich unscheinbar an, bedeutete aber immerhin die Sistierung unter anderem der Londoner EAC-Protokolle vom 12. September und 14. November 1944, der Erklärung der Übernahme der obersten Regierungsgewalt durch die Vier Mächte vom 5. Juni 1945, des „Potsdamer Abkommens", der „Deutschland-Verträge" zwischen den Westmächten und der Bundesrepublik Deutschland sowie der entsprechenden Vereinbarungen zwischen der Sowjetunion und der DDR, der Anwendbarkeit der „Feindstaatenklauseln" in den Artikeln 53.1 und 107 der UN-Charta und einer Reihe anderer Vereinbarungen.

Schließlich bestätigte der Vertrag den deutschen Verzicht auf die Herstellung, den Besitz und die Verfügung von ABC-Waffen und die Beschränkung der Bundeswehr auf 370000 Mann einschließlich der Seestreitkräfte, zu der sich die Bundesrepublik bereits am 30. August 1990 im Rahmen der [...] Wiener VKSE verpflichtet hatte. Allerdings berührten die Bestimmungen nicht die Lagerung von Nuklearwaffen der NATO auf dem Gebiet der alten Bundesrepublik und auch nicht die Möglichkeit einer „Mitverfügung über Atomwaffen im Rahmen einer künftigen Europäischen Politischen Union". Denn das Recht des vereinigten Deutschland, Bündnisse mit allen sich daraus ergebenden Rechten und Pflichten einzugehen, wurde von dem Vertrag nicht berührt. Jedoch konnte die Eingliederung der auf dem Gebiet der ehemaligen DDR stationierten Land-, Luft- und Seestreitkräfte erst nach Abschluß des sowjetischen Truppenabzuges im Januar 1995 vollzogen werden. Am 1. Oktober überreichten die Vier Mächte der Bundesrepublik eine Erklärung, „daß die Wirksamkeit ihrer Rechte und Verantwortlichkeiten in bezug auf Berlin und Deutschland als Ganzes mit Wirkung vom Zeitpunkt der Vereinigung Deutschlands bis zum Inkrafttreten des Vertrages [...] ausgesetzt wird". Damit war in dürren Worten fast ein halbes Jahrhundert nach Beendigung des Zweiten Weltkriegs die wichtigste noch offene Frage beantwortet.

Alexander Stephan

Was bleibt?

Wie schwer es in diesem deutschen Herbst 1989 in der (ehemaligen) DDR war – und wohl auch noch auf längere Zeit hin bleiben wird –, die eigene und kollektive Vergangenheit mit den neuen Anforderungen in Einklang zu bringen, wird durch die Flut von über 300 Leserbriefen zu zwei kleineren Aufsätzen von Christa Wolfs anschaulich, die im Oktober und November in der ‚Wochenpost' erschienen, „Das haben wir nicht gelernt" und „‚Es tut weh zu wissen'". Einige dieser Briefe sind in den nachfolgenden Nummern der ‚Wochenpost' abgedruckt worden, der größere Teil ist im Mai 1990 unter dem Titel ‚Angepaßt oder mündig?' (1990) bei Volk und Wissen in der DDR und dem Luchterhand Literaturverlag in Frankfurt/M. als Buch erschienen, wobei einige der kritischeren Briefeschreiber angesichts des absehbaren Beitritts der DDR zur BRD schon wieder vorsorglich die Erlaubnis zum Nachdruck ihrer Zuschriften verweigerten.

Widerspruch und Zustimmung beziehen sich in den Zuschriften durchweg auf dieselben Passagen in Christa Wolfs Essays: nämlich auf die Feststellung, „daß unsere Kinder in der Schule zur Unwahrhaftigkeit erzogen und in ihrem Charakter beschädigt [. . .], daß sie gegängelt, entmündigt und gedemütigt werden“, auf Christa Wolfs Plädoyer, das „kritische Bewußtsein“, die „Lust am Widerspruch“, die „Skurrilitäten“ und die „Verquertheiten“ der Schüler auszuhalten; auf ihre Kritik an den Regierenden und deren Pose als „‚Sieger der Geschichte‘“; und auf ihre Warnung vor der aufkeimenden „intelligenzfeindlichen Strömung“, die an jene „unheilvolle Tradition der deutschen Geschichte“ anknüpfen würde, „die so oft die Produzenten der materiellen und die der geistigen Güter an verschiedene Ufer trieb“.

„Mit Nachdenklichkeit, Erschrockenheit, aber auch Widerspruch“, „tief empört“, ironisch („[. . .] daß ich Ihnen zu dieser Einäugigkeit nur gratulieren kann“) oder „zornig über Verallgemeinerungen und Nichtachtung der geschaffenen materiellen und geistigen Werte“ reagieren dabei vor allem jene alten Genossen, die sich noch auf ihre Erfahrungen mit Verfolgung und Mord während der Nazizeit berufen können („Natürlich haben wir Alten nach dem Krieg an *unseren* Sieg geglaubt.“). Aber auch die Jüngeren, die, mehr oder weniger ehrlich mit sich selbst, darauf pochen, ungeachtet der Verhältnisse ihre eigene Meinung im Unterricht durchgesetzt zu haben, sind „erregt“ und „entsetzt“. Andere, Schüler vor allem, aber auch Lehrer und Eltern, über Jahre hinweg von Schulleitern gemaßregelt und von lokalen Parteigrößen bedroht („ich wurde zum ‚Fall‘“), lassen ihrer angestauten Wut freien Lauf und fordern die sofortige Absetzung von linientreuen Deutsch- und Geschichtslehrern, eine „gründliche“ Reform der „Volksbildung“ und die freie Mitsprache bei der Zusammenstellung von Lehrplänen. Dazwischen liegen jene Briefeschreiber – Frauen in der Mehrzahl – die zum erstenmal, vorsichtig-tastend den „aufrechten Gang“ [...] üben, von „Selbstmord“, „Angst“ und Rückzug ins private Schneckenhaus“, von Krankheit („Mein Körper wehrte sich, indem er mich mit schlimmsten Magenschmerzen auf etwas nicht Funktionierendes hinwies.“) oder auch einfach von „Tränen“ schreiben und sich wundern, ob sie die Kraft haben werden, noch einmal neu anzufangen („Nun bleiben noch wenige Jahre [...]“).

Alfred Grosser

Hauptstadt Berlin

Es wird also Berlin. Die Entscheidung ist da. Berlin war ja jedenfalls Hauptstadt. So stand es im Vertrag zwischen den beiden deutschen Staaten. Aber Berlin wird auch in Zukunft Regierungssitz sein.

Es ist ein wichtiges Votum gewesen, auch für das parlamentarische System. [...]

Die Frage, die wir uns heute stellen können, lautet: Was bedeutet Berlin? [...]

Beginnen wir im Jahre 1945, um dann im Rückblick etwas klarer sehen zu können. Was war für das Ausland, was war für Frankreich Berlin 1945? Es war ein doppeltes Symbol – Symbol für Preußen, Symbol für den Nationalsozialismus, wobei beide Male diese Symbolik ziemlich ungerecht gewesen ist. [...]

Es war im Frankreich von 1945 und danach nicht zu verhindern, daß Berlin auch gleichgesetzt wurde mit dem Bunker, in dem Hitler Selbstmord begangen hat. Hier ist das Dritte Reich untergegangen. Also war Berlin in vieler Hinsicht Symbol des Dritten Reiches. Das ist geblieben bis 1948. Und dann, im Juni 1948, ist Berlin plötzlich, beinahe über Nacht, Symbol der Freiheit und der Verteidigung der Freiheit geworden. Man war gemeinsam für die Verteidigung der Freiheit. Natürlich war auf französischer Seite auch eine gewisse Genugtuung, einer der Beschützer der Deutschen und in diesem Sinn größer als die Deutschen zu sein. Das ist geblieben bis 1990. Aber man hat die eigene Existenz zusammen mit den Berlinern für die Freiheit riskiert. Und wenn die Bundesrepublik in Bonn entstehen konnte, das ist in der ganzen Berlin-Debatte völlig zu Recht gesagt worden, so geschah es weitgehend deshalb, weil die Bundesrepublik nur zur Welt kommen konnte wegen der Bedrohung, der Berlin ausgesetzt war. Weil durch die Bedrohung Berlins West-Deutschland inklusive West-Berlin eine moralische Solidarität mit den ehemaligen Besatzungsmächten verband.

Diese Freiheit als Symbol von Berlin – das ist jedenfalls geblieben bis zum 9. November 1989. [. . .]

Und wenn ich daher persönlich am Schluß eher für Berlin war, so weil Berlin ja heute ein neues Symbol geworden ist. Berlin ist das Symbol der noch nicht vollbrachten deutschen Einigung geworden. Zwischen Ost-Berlin und West-Berlin gibt es keine Mauer mehr, keine sichtbare Mauer mehr. Aber auf dem Gebiet der Gesellschaft, der Wirtschaft, der Kultur, des Geistes, wäre es doch sehr vermessen, zu sagen, daß es heute ein vereinheitlichtes Berlin gibt, genausowenig wie es ein vereinheitlichtes Deutschland gibt. Mit dem Sitz der Regierung in Berlin sind die Probleme der Deutschen noch nicht vollständig gelöst, doch ist man ihnen nach der Vereinigung sehr viel näher gerückt als aus der alten Bonner Perspektive – das etwas bequeme, gesunde, abliegende Bonn, von dem aus man, sagen wir mal, die Geschehnisse, Ereignisse und Entwicklungen in den neuen Ländern bequem beurteilen und sogar verurteilen kann.

Jürgen Kocka

„Das große Jahr in der Geschichte von Freiheit und Demokratie"

Eine tiefe Zäsur war es schon, was da 89/90 geschah, die einschneidendste seit dem Zweiten Weltkrieg: ein Umbruch, eine Wende, das Ende einer Epoche in der Geschichte Deutschlands, Europas, ja der nördlichen Hemisphäre. In dreifacher Hinsicht:

1. 1989/90 endete der große Systemkonflikt, der die Welt seit der unmittelbaren Nachkriegszeit geprägt und sich im Kalten Krieg zugespitzt hatte. 1989/90 löste sich die von den Supermächten USA und Sowjetunion bestimmte Weltordnung auf, der Niedergang des sowjetischen Imperiums beschleunigte sich und die Grundzüge einer neuen Ordnung zeichneten sich ab, die aber bis heute keine feste Gestalt gefunden hat – mit der Folge, daß sich Befriedigung über den Zusammenbruch der alten Ordnung zunehmend mit Unsicherheit und Sorge über die Zukunft mischt.

2. In enger Verbindung damit stand der lange vorbereitete, aber nun plötzlich sichtbar werdende und sich in Form eines rasanten Zusammenbruchs überschlagende Niedergang des diktatorischen Staatssozialismus, wie er sich seit 1917 in der Sowjetunion etabliert hatte und wie er nach 1945 durch die sowjetische Hegemonialmacht im östlichen Europa verbreitet und weltweit propagiert worden war. Mit dem Kommunismus brach nicht nur ein diktatorisches Politikmodell zusammen, über dessen Ende man nur befriedigt aufatmen kann. Mit ihm scheiterte auch ein welthistorisches Experiment, das seine Wurzeln in den sozialistischen Bewegungen des 19. Jahrhunderts hatte und im Namen einer großen Utopie nicht nur schreckliche Opfer gefordert, sondern auch leidenschaftliche Hoffnungen geweckt und generationenlang Anstrengungen motiviert hatte, deren Vergeblichkeit nun evident wurde. Die marktwirtschaftlich

organisierten, vergleichsweise offenen Gesellschaften des Westens mit ihren tendenziell liberaldemokratischen Institutionen und wohlfahrtsstaatlichen Regelungen erwiesen sich als stärker. Unter dem Motto der „Zivilgesellschaft" wurden sie zum hoffnungsvoll erstrebten Gegenmodell zur niedergehenden „realsozialistischen" Diktatur. 1989/90 war ein großes Jahr in der Geschichte von Freiheit und Demokratie. Daran ist nicht zu rütteln, auch wenn man heute zunehmend weiß, daß es in der Geschichte nichts umsonst gibt und 1989/90 nicht nur alte Übel beseitigt, sondern auch neue möglich gemacht wurden. Der Sieg über die Diktatur raubte den westlichen Demokratien ihren großen Gegner, damit aber auch paradoxerweise eine Quelle eigener Kraft, Reformfähigkeit und Legitimation.

3. Die Wende in Deutschland war Teil dieses welthistorischen Umbruchs, von ihm sehr viel stärker bedingt als ihn ihrerseits bedingend. Sie bestand, das soll man gedanklich auseinanderhalten, aus zwei Teilen: dem Zusammenbruch der DDR und der „Wiedervereinigung". Diese ging zwar als Beitritt der zerfallenden DDR zur dadurch bestätigten Bundesrepublik vor sich, deren Ordnung damit nach Osten hin ausgedehnt wurde; doch in diesem Prozeß ändert sich auch die aufnehmende Mehrheitsgesellschaft, und das neue Deutschland ist keine bloße Festsetzung der alten Bundesrepublik, die in gewisser Hinsicht 1989/90 ebenfalls endete. Der bevorstehende Umzug von Parlament und Regierung von Bonn nach Berlin hat insofern symbolische Konsequenz.

Es liegt nahe, drei Phasen der Wende in Deutschland zu unterscheiden. Die erste reichte vom Beginn der Demonstrationen im September 1989 bis zum Fall der Berliner Mauer am 9. November, die zweite vom 10. November 1989 bis zur ersten und letzten freien Volkskammerwahl am 18. März 1990; und die dritte vom 19. März bis zum 3. Oktober 1990, als die DDR auch formell zu bestehen aufhörte und die völkerrechtliche Vereinigung gemäß Artikel 23 des fortbestehenden Grundgesetzes der Bundesrepublik Deutschland vollzogen wurde. [. . .]

Die Wende in der DDR war Teil des umfassenden Umbruchs in Ost- und Mitteleuropa, der letztlich auf die sich herausstellende Unterlegenheit des „realsozialistischen" Lagers im westöstlichen Systemkonflikt und auf den Niedergang der Macht der Sowjetunion zurückzuführen ist. Doch weil die DDR einen anderen, stärkeren Staat gleicher Nationalität neben sich hatte, einer von zwei deutschen Staaten war, verlief die Überwindung des Kommunismus in der DDR anders als bei ihren östlichen und südöstlichen Nachbarn. Anders als diese verlor sie im Umbruch ihre selbständige Existenz. Die Überwindung des Kommunismus erfolgte hier in der Form der Vereinigung, die zum Hauptinhalt der zweiten und dritten Phase der DDR-Revolution wurde. Aus der Rückschau glaubt man zu erkennen, daß es dazu keine Alternative gab. Doch die Bedeutung dieser Wende in der Wende ist bis heute umstritten.

Der Umbruch der Verhältnisse in der ehemaligen DDR war mit dem 3. Oktober 1990 keineswegs zu Ende. Die ökonomische und soziale Revolutionierung fing seither erst richtig an, als Folge der forcierten Einpassung Ostdeutschlands in das nach Osten erweiterte Gefüge der Bundesrepublik. In der ehemaligen DDR sind der Umstellungszwang, die Entwurzelung, der Identitätsbruch viel gründlicher und verbreiteter als in den östlichen Nachbarstaaten, eben weil hier die Überwindung des alten Regimes als Wiedervereinigung vor sich geht.

Beide deutsche Staaten waren zutiefst durch die internationale Konstellation geprägt, aus der heraus sie entstanden. Diese hat sich radikal verändert. Schon deshalb kann das neue Gesamtdeutschland keine bloße Fortsetzung der alten Bundesrepublik sein, so sehr es auch in deren Tradition verankert wurde. Die Zukunft ist offen, jedenfalls unvoraussagbar. Die historischen Wendepunkte, die einem am nächsten sind, sind am schwierigsten zu deuten.

Autoren- und Quellenverzeichnis

Alle genannten Werke sind im
Verlag C.H. Beck erschienen.

GÜNTHER ANDERS, Dr., 1902–1992, Philosoph und Schriftsteller, kehrte 1950 aus der Emigration nach Europa zurück und lebte seitdem in Wien.
Werke: Hiroshima ist überall, 1982; Besuch im Hades. Auschwitz und Breslau 1966; Tagebücher und Gedichte, 1985; Der Blick vom Turm. Fabeln, ³1988; Wir Eichmannsöhne. Offener Brief an Klaus Eichmann, ²1988; Lieben gestern. Notizen zur Geschichte des Fühlens, ²1989; Ketzereien, 1991; Die Antiquiertheit des Menschen. Bd. 1: Über die Seele im Zeitalter der zweiten industriellen Revolution. ⁷1992. Bd. 2: Über die Zerstörung des Lebens im Zeitalter der dritten industriellen Revolution. ⁴1995; Die molussische Katakombe, 1992; Die atomare Drohung. Radikale Überlegungen zum atomaren Zeitalter, ⁶1993; Mensch ohne Welt. Schriften zur Kunst und Literatur, ²1993; Philosophische Stenogramme, ²1993; Der Blick vom Mond. Reflexionen über Weltraumflüge, ²1994; Mariechen. Eine Gutenachtgeschichte für Liebende, Philosophen und Angehörige anderer Berufsgruppen, ²1994; Obdachlose Skulptur. Über Rodin, 1994.
Die Mondlandung
Aus: Der Blick vom Mond, S.59f.
„Wir sind Eichmannsöhne"
Aus: Wir Eichmannsöhne, S.55–58.
Vergangenheitsbewältigung im Fernsehen: Der Holocaust-Film
Aus: Besuch im Hades, S. 180ff., 188.

HEINZ LUDWIG ARNOLD, geb. 1940, ist freiberuflicher Publizist und Schriftsteller in Göttingen. Herausgeber der Zeitschrift TEXT + KRITIK, des KLG und des KLfG.
Werke: Allerleilust. Hundert erotische Gedichte (Herausgeber), ²1988; Die deutsche Literatur 1945–1960, Bd.1: „Draußen vor der Tür" 1945–1948, Bd. 2: „Doppelleben" 1949–1952, Bd. 3: Im

Treibhaus 1953–1956, Bd.4: Die Wunderkinder 1957–1960 (Herausgeber), 1995.
Die Gruppe 47: Ein literarischer Neubeginn
Aus: Der Aquädukt 1763–1988. Ein Almanach aus dem Verlag C.H.Beck im 225. Jahr seines Bestehens, 1988, S. 499ff.

THOMAS ASSHEUER ist Feuilletonredakteur der Frankfurter Rundschau; HANS SARKOWICZ ist Kulturredakteur beim Hessischen Rundfunk.
Werke: Rechtsradikale in Deutschland. Die alte und die neue Rechte, [2]1992.
Entnazifizierung im Osten
Aufstieg und Fall der NPD
Die Republikaner
„Antifaschismus" statt Vergangenheitsbewältigung
Aus: Rechtsradikale in Deutschland, S. 109ff.; S. 20–23; S. 41ff.; S. 113–116.

INGEBORG BACHMANN, 1926–1973, Schriftstellerin.
„Das Unerhörte ist alltäglich geworden"
Aus: Die deutsche Literatur 1945–1960, Bd. 3 (Nachweis: Heinz Ludwig Arnold), S. 94f.

KLAUS J. BADE, Dr., geb. 1944, ist Professor für Neueste Geschichte und Direktor des Instituts für Migrationsforschung und Interkulturelle Studien (IMIS) der Universität Osnabrück.
Werke: Deutsche im Ausland – Fremde in Deutschland. Migration in Geschichte und Gegenwart (Herausgeber), [3]1993; Ausländer – Aussiedler – Asyl. Eine Bestandsaufnahme, 1994.
Einheimische und Fremde
Aus: Mit Fremden leben. Eine Kulturgeschichte von der Antike bis zur Gegenwart, hrsg. von Alexander Demandt, 1995, S. 220–224.

URSULA A. J. BECHER, Dr., ist Direktorin des Georg-Eckert-Instituts für Internationale Schulbuchforschung, Braunschweig.
Werke: Geschichte des modernen Lebensstils. Essen – Wohnen – Freizeit – Reisen, 1990.
Hungerjahre

Die Freßwelle
Aus: Geschichte des modernen Lebensstils, S. 96f., 143 f.; S. 97f.

HANS BELTING, Dr., geb. 1935, ist Professor für Kunstgeschichte an der Universität München.
Werke: Bild und Kult. Eine Geschichte des Bildes vor dem Zeitalter der Kunst, [2]1991; Die Deutschen und ihre Kunst. Ein schwieriges Erbe, 1993; Das Ende der Kunstgeschichte. Eine Revision nach zehn Jahren, 1995.
Zweierlei deutsche Kunst
Aus: Die Deutschen und ihre Kunst, S. 57–67.

PETER BENDER, Dr., geb. 1923, ist Publizist.
Die zweite Gründung der DDR: Der Mauerbau
„Wahnsinn!" Die Öffnung der Mauer
Aus: Der 9. November. Fünf Essays zur deutschen Geschichte, hrsg. von Johannes Willms, [2]1995, S. 71f.; S. 66ff.

WOLFGANG BENZ, Dr., geb. 1941, ist Professor und Leiter des Zentrums für Antisemitismusforschung der Technischen Universität Berlin.
Werke: Biographisches Lexikon zur Weimarer Republik (Herausgeber zusammen mit Hermann Graml), 1988; Neuanfang in Bayern 1945–1949. Politik und Gesellschaft in der Nachkriegszeit (Herausgeber), 1988; Das Exil der kleinen Leute. Alltagserfahrungen deutscher Juden in der Emigration (Herausgeber), 1991; Integration ist machbar. Ausländer in Deutschland (Herausgeber), 1993; Die Juden in Deutschland 1933–1945. Leben unter nationalsozialistischer Herrschaft (Herausgeber), [3]1993; Der Holocaust, [2]1996.
Politik der ersten Stunde
Aus: Neuanfang in Bayern 1945–1949, S. 10–15.

BERTOLT BRECHT, 1889–1956, Schriftsteller und Regisseur.
„... daß ein gutes Deutschland blühe"
Aus: Die deutsche Literatur 1945–1960, Bd. 2 (Nachweis: Heinz Ludwig Arnold), S.234.
„Aufbau des Sozialismus" – ohne die Arbeiter? Der 17. Juni
Aus: Historische Augenblicke (Nachweis: Jürgen Moeller), S. 213ff.

HERMANN BROCH, 1886–1951, war Schriftsteller; emigrierte 1938 in die USA.
„Deutschland braucht Reue"
Aus: Historische Augenblicke (Nachweis: Jürgen Moeller), S. 171ff.

FRANZ-JOSEF BRÜGGEMEIER, Dr. phil. und Dr. med., ist Professor für Neuere Geschichte an der Universität Hannover.
Werke: Leben vor Ort. Ruhrbergleute und Ruhrbergbau 1889–1919, ²1984; Besiegte Natur. Geschichte der Umwelt im 19. und 20. Jahrhundert (Herausgeber zusammen mit Thomas Rommelspacher), ²1989.
Im Zeichen des Wiederaufbaus
Aus: Scheidewege der deutschen Geschichte. Von der Reformation bis zur Wende 1517–1989,
hrsg. von Hans-Ulrich Wehler, 1995, S. 227–232.

PAUL CELAN,1920–1970, Dichter.
„Der Tod ist ein Meister aus Deutschland"
Aus: Die deutsche Literatur 1945–1960, Bd.1 (Nachweis: Heinz Ludwig Arnold), S. 462f.

GORDON A. CRAIG, geb. 1913, ist emeritierter Professor für Geisteswissenschaften an der Universität Stanford.
Werke: Über die Deutschen. Ein historisches Porträt, 1984; Das Ende Preußens. Acht Porträts, 1988; Geld und Geist. Zürich im Zeitalter des Liberalismus 1830–1869, 1988; Geschichte Europas 1815–1980. Vom Wiener Kongreß bis zur Gegenwart, ³1989; Deutsche Geschichte 1866–1945. Vom Norddeutschen Bund bis zum Ende des Dritten Reiches, 1993; Die Politik der Unpolitischen. Deutsche Schriftsteller und die Macht 1770–1871, 1993.
Die Ära Ulbricht
Aus: Deutschland. Ein historisches Lesebuch, hrsg. von Rainer Beck, 1990, S. 392–398.
Ost-West-Konflikt und deutsche Frage
Aus: Geschichte Europas 1815–1980, S. 579–582.

JOST DÜLFFER, Dr., geb. 1943, ist Professor für Neuere und Neueste Geschichte an der Universität Köln.

Kalter Krieg und deutsche Außenpolitik
Aus: Lernen aus dem Krieg? (Nachweis: Gottfried Niedhart), S. 76–79.

MARLENE E.
Eine Frauenkarriere
Aus: Zwischen Abwasch und Verlangen (Nachweis: Martina Kessel), S. 131–134.

GÜNTER EICH, 1907–1977, Schriftsteller.
Inventur
Aus: Die deutsche Literatur 1945–1960, Bd. 1 (Nachweis: Heinz Ludwig Arnold), S. 336.

JÖRG FISCH, Dr., geb. 1947, ist Professor für Allgemeine Neuere Geschichte an der Universität Zürich.
Werke: Reparationen nach dem Zweiten Weltkrieg, 1992.
Demontieren oder produzieren? Die Reparationsfrage in Ost und West
Ost-West-Konflikt und Marshallplan
Aus: Reparationen, S. 104–107, 109f.; S. 112f.

ERHARD FORNDRAN, Dr., geb. 1938, ist Professor für Politikwissenschaft an der Universität Magdeburg.
Rüstungswettlauf
Aus: Das Zeitalter der Bombe (Nachweis: Michael Salewski), S. 225ff.

JÜRGEN FUCHS, geb. 1950, Schriftsteller in der DDR, seit 1975 mit Lese- und Publikationsverbot belegt, 1977 nach Protest gegen die Ausbürgerung von Wolf Biermann in Stasi-Untersuchungshaft und dann nach West-Berlin abgeschoben.
Der Stasi-Staat
Aus: Deutsche Entfremdung. Zum Befinden in Ost und West, hrsg. von Wolfgang Hardtwig und Heinrich August Winkler, 1994, S. 56–61.

HEINZ GALINSKI, 1912–1992, Auschwitz–Überlebender, war Vorsitzender des Zentralrats der Juden in Deutschland.

Nach dem Holocaust. Neubeginn jüdischen Lebens in Berlin
Aus: Michael Brenner: Nach dem Holocaust. Juden in Deutschland 1945–1950, 1995, S. 147–150.

HELMUT GOLLWITZER, Dr., 1908–1993, war Professor für evangelische Theologie an der Freien Universität Berlin.
1968 und der deutsche Herbst
Aus: Historische Augenblicke (Nachweis: Jürgen Moeller), S. 247–251.

GÜNTHER GRASS, geb. 1927, Schriftsteller.
Gleisdreieck
Aus: Die deutsche Literatur 1945–1960, Bd. 4 (Nachweis: Heinz Ludwig Arnold), S. 562.

WALTER GRASSKAMP ist Kunstkritiker und Professor für Kunstgeschichte an der Akademie der Bildenden Künste in München.
Werke: Museumsgründer und Museumsstürmer. Zur Sozialgeschichte des Kunstmuseums, 1981; Die unbewältigte Moderne. Kunst und Öffentlichkeit, 1989; Die unästhetische Demokratie. Kunst in der Marktgesellschaft, 1992; Der lange Marsch durch die Illusionen. Über Kunst und Politik, 1995.
The swinging sixties: Jugendkultur der 60er Jahre
Aus: Der lange Marsch durch die Illusionen, S. 11, 13ff., 19f., 22ff., 27ff., 32f.

OTTO GRITSCHNEDER, Dr. iur., geb. 1914, nach Berufsverbot seit 1945 Rechtsanwalt in München, juristischer Fachschriftsteller.
Werke: Anwaltsgeschichten, 1988; Bewährungsfrist für den Terroristen Adolf H. Der Hitler-Putsch und die bayerische Justiz, 1990; Angeklagter Ludwig Thoma. Mosaikbausteine einer Biographie aus unveröffentlichten Akten, 2 1992; „Der Führer hat Sie zum Tode verurteilt...". Hitlers „Röhm-Putsch"-Morde vor Gericht, 1993; „Fachlich geeignet, politisch unzuverlässig . . .". Memoiren, 1996.
9. Mai 1945: „Der wichtigste Tag in meinem Leben"
Aus: „Fachlich geeignet, politisch unzuverlässig . . .", S. 132–137.

DIETER GROH, Dr., geb. 1932, ist Professor für Neuere Geschichte an der Universität Konstanz; PETER BRANDT, Dr., geb. 1948, ist Professor für Neuere Geschichte an der Fernuniversität Hagen.
Werke: „Vaterlandslose Gesellen". Sozialdemokratie und Nation 1860–1990, 1992.
„Einheit der Arbeiterklasse" – Die Gründung der SED
Die SPD auf dem Weg zur Regierungspartei
„Mehr Demokratie wagen": Die Ära Brandt
Wandel durch Annäherung: Die Bonner Ostpolitik
Raketenkrise
Aus: „Vaterlandslose Gesellen", S. 235–238; S. 259ff., 271f., 286; S. 290f.; S. 294ff., 299f.; S. 315ff.

ALFRED GROSSER, Dr., geb. 1925, ist emeritierter Professor für Politikwissenschaft an der Universität Paris und Friedenspreisträger des Deutschen Buchhandels.
Werke: Herausforderungen für die Politik (Herausgeber zusammen mit Holger Bonus, Vittorio Hösle, Hermann Lübbe, Joseph Rovan und Wolfgang Schäuble), 1989.
Hauptstadt Berlin
Aus: Die Hauptstädte der Deutschen. Von der Kaiserpfalz in Aachen zum Regierungssitz in Berlin, hrsg. von Uwe Schultz, 1993, S. 229–234.

ROBERT HAVEMANN, Dr., 1910–1982, bis 1964 Professor für Physikalische Chemie an der Humboldt-Universität zu Berlin, dann aller Ämter enthoben; als Regimekritiker zeitweilig unter Hausarrest.
„Freiheit des Andersdenkenden"
Aus: Historische Augenblicke (Nachweis: Jürgen Moeller), S. 403ff.

STEPHAN HERMLIN, geb. 1915, Schriftsteller.
„Verheißung" Stalin
Aus: Die deutsche Literatur 1945–1960, Bd.2 (Nachweis: Heinz Ludwig Arnold), S. 520f.

DETLEF HORSTER, Dr., geb. 1942, ist Professor für Sozialphilosophie an der Universität Hannover.

... oder Fluch? Stalinismuskritik der 50er Jahre
Aus: Klassiker des Sozialismus, Bd. 2: Von Jaurès bis Marcuse, hrsg. von Walter Euchner, 1991, S. 199 ff.

HARTMUT KAELBLE, Dr., geb. 1946, ist Professor für Wirtschafts- und Sozialgeschichte an der Freien Universität Berlin.
Werke: Auf dem Weg zu einer europäischen Gesellschaft. Eine Sozialgeschichte Westeuropas 1880–1980, 1987; Nachbarn am Rhein. Entfremdung und Annäherung der französischen und deutschen Gesellschaft seit 1880, 1991.
Tarifkonflikte – Tarifpartner
Aus: Nachbarn am Rhein, S. 203 ff.

JAKOB KAISER, 1888–1961, war 1949–1957 Bundesminister für gesamtdeutsche Fragen und stellvertretender Vorsitzender der CDU.
„Kanzlerwahlverein": Die CDU in der Ära Adenauer
Aus: Das gespaltene Land (Nachweis: Christoph Kleßmann), S. 232 f.

URSULA VON KARDORFF, 1911–1988, war bis 1945 Redakteurin der „Deutschen Allgemeinen Zeitung" und seit 1948 der „Süddeutschen Zeitung".
Werke: Berliner Aufzeichnungen 1942–1945. Unter Verwendung der Original-Tagebücher hrsg. und komm. von Peter Hartl, 1992.
Die Befreiung
Aus: Abschied vom 20. Jahrhundert. Ein Lesebuch, hrsg. von Katharina Kaever, 1993, S. 159ff.

MARTINA KESSEL habilitiert sich derzeit im Fach Neuere Geschichte mit einer Arbeit zur Geschichte der Langeweile im 19. Jahrhundert.
Werke: Zwischen Abwasch und Verlangen. Zeiterfahrungen von Frauen im 19. und 20. Jahrhundert (Herausgeberin), 1995.

CHRISTOPH KLEẞMANN, Dr., geb. 1938, ist Professor für Zeitgeschichte an der Universität Potsdam.
Werke: Das gespaltene Land. Leben in Deutschland 1945–1990 – Texte und Dokumente zur Sozialgeschichte (Herausgeber zusammen mit Georg Wagner), 1993.

Kultur auf Trümmern
Republikflucht (Auszug aus dem hektographierten Manuskript „Die ökonomischen Einflüsse auf das Alltagsleben in der SBZ", infratest München 1958)
Der „Schwarze Kanal"
Aus: Das gespaltene Land, S. 43f.
„Vergleichsweise trostlos": Die DDR-Wirtschaft (Auszug aus der Zeitschrift „Der Arbeitgeber" von 1971)
Aus: Das gespaltene Land, S. 134ff.; S. 30f.; S. 376ff.
Eine neue Gesellschaft
Aus: Was ist Gesellschaftsgeschichte? Positionen, Themen, Analysen, hrsg. von Manfred Hettling u.a., 1991, S. 148–153.

JÜRGEN KOCKA, Dr., geb. 1941, ist Professor für die Geschichte der Industriellen Welt an der Freien Universität Berlin.
Das Ende der DDR
„Das große Jahr in der Geschichte von Freiheit und Demokratie"
Aus: Scheidewege der deutschen Geschichte. Von der Reformation bis zur Wende 1517–1989, hrsg. von Hans-Ulrich Wehler, 1995, S. 240–246; S. 238ff., 249f.

KARL-RUDOLF KORTE, Dr., geb. 1958, ist Politikwissenschaftler an der Universität München.
Werke: Über Deutschland schreiben. Schriftsteller sehen ihren Staat, 1992.
Spiegelbilder
Der restaurative Charakter der Epoche
Innere Sicherheit oder Überwachungsstaat?
Aus: Über Deutschland schreiben, S. 60f.; S. 7ff.; S. 16.

CHRISTIAN GRAF VON KROCKOW, Dr., geb. 1927, ist Historiker und Publizist.
Werke: Parteien in der Krise. Das Parteiensystem der Bundesrepublik und der Aufstand des Bürgerwillens (Herausgeber zusammen mit Peter Lösche), 1986.
Die Stunde der Frauen
Aus: Mamma mia. Geschichten über Mütter, hrsg. von Barbara Bronnen, [3]1991, S. 90ff.

GÜNTHER KÜHNE, geb. 1917, war bis 1982 Redakteur der „Bauwelt" und lebt heute als Journalist in Berlin.
Werke: Hans Scharoun – Architekt in Deutschland 1893–1972 (Herausgeber zusammen mit Christine Slodczyk, Norbert Huse und Andreas Tönnesmann), 1992.
Zwei Hauptstadtwettbewerbe
Aus: Hans Scharoun, S. 126ff.

ALBRECHT LEHMANN, Dr., geb. 1939, ist Professor für Volkskunde an der Universität Hamburg.
Werke: Gefangenschaft und Heimkehr. Deutsche Kriegsgefangene in der Sowjetunion, 1986; Im Fremden ungewollt zuhaus. Flüchtlinge und Vertriebene in Westdeutschland 1945–1990, ²1993.
Von Ostpreußen nach Ostholstein
Aus: Im Fremden ungewollt zuhaus, S. 26–30.

KLAUS MAAG, keine Angaben.
„Paradise Lost" – Leben mit Aids
Aus: Der Tod. Ein Lesebuch von den letzten Dingen, hrsg. von Rainer Beck, 1995, S. 266–269.

INGA MARKOVITS, Dr. jur., ist Juraprofessorin an der University of Texas in Austin.
Werke: Die Abwicklung. Ein Tagebuch zum Ende der DDR-Justiz, 1993.
Ein Bürger in der DDR
Aus: Die Abwicklung, S. 69ff.

CHRISTIAN MEIER, Dr., geb. 1929, ist Professor für Alte Geschichte an der Universität München.
Werke: Die politische Kunst der griechischen Tragödie, 1988; Vierzig Jahre nach Auschwitz. Deutsche Geschichtserinnerung heute, ²1990.
Die Gegenwärtigkeit der NS-Vergangenheit
Aus: Vierzig Jahre nach Auschwitz, S.31–34, 121–125.

MICHAEL A. MEYER, geb. 1937, ist Adolph S. Ochs Professor für Jüdische Geschichte am Hebrew Union College, Cincinnati. Er ist internationaler Präsident des Leo Baeck Instituts.
Werke: Von Moses Mendelssohn zu Leopold Zunz. Jüdische Identität in Deutschland 1749–1824, 1994. Deutsch-Jüdische Ge-

schichte in der Neuzeit (Herausgeber zusammen mit Michael Brenner). Bd. 1: Tradition und Aufklärung 1600–1780. 1996. Bd. 2: Emanzipation und Akkulturation. 1780–1871. 1996.
Häftlingsfreikauf
Aus: Das gespaltene Land (Nachweis: Christoph Kleßmann), S. 26f.

JÜRGEN MOELLER, geb. 1930, war Kulturredakteur beim Bayerischen Fernsehen.
Werke: Historische Augenblicke. Deutsche Briefe des XX. Jahrhunderts (Herausgeber), 1988. „Ich hoffe, der Himmel wird Deutschland erhalten". Das 19. Jahrhundert in Briefen (Herausgeber), 1990.

GOTTFRIED NIEDHART, Dr., geb. 1940, ist Professor für Neuere Geschichte an der Universität Mannheim.
Werke: Einführung in die englische Geschichte (Herausgeber zusammen mit Heiner Haan und Karl-Friedrich Krieger), 1982; Geschichte Englands, Bd. 2: Vom 16. bis zum 18.Jahrhundert (zusammen mit Heiner Haan), 1993; Bd.3: Im 19. und 20. Jahrhundert, ²1996; Lernen aus dem Krieg? Deutsche Nachkriegszeiten 1918/1945. Beiträge zur historischen Friedensforschung (Herausgeber zusammen mit Dieter Riesenberger), 1992.
„Gebannt vom eigenen Leid": Die Verdrängung der Vergangenheit
Aus: Lernen aus dem Krieg? S. 15–19, 25–30, 32.

KURT NOWAK, Dr.theol. Dr.phil., geb. 1942, ist Professor für Kirchengeschichte an der Universität Leipzig.
Werke: Geschichte des Christentums in Deutschland. Religion, Politik und Gesellschaft vom Ende der Aufklärung bis zur Mitte des 20. Jahrhunderts, 1995.
Kirche in der Nachkriegszeit
Aus: Geschichte des Christentums in Deutschland, S.300ff., 304ff.

HANS PLESCHINSKI, geb. 1956, lebt als freier Schriftsteller in München.
Werke: Ostsucht. Eine Jugend im deutsch–deutschen Grenzland, 1993.
Grenzübergang

Die Wirtschaftswundergesellschaft
Die andere deutsche Gesellschaft
Aus: Ostsucht, S. 45ff.; S. 21f., 89ff.; S. 11f.

REINER POMMERIN, Dr., geb. 1943, ist Professor für Neuere und Neueste Geschichte an der Technischen Universität Dresden.
Die Berlin-Krise
Aus: Das Zeitalter der Bombe (Nachweis: Michael Salewski), S. 130–133.

GERHARD A. RITTER, Dr., geb. 1929, ist emeritierter Professor für Neuere und Neueste Geschichte an der Universität München.
Werke: Sozialgeschichtliches Arbeitsbuch, 5 Bde. (Herausgeber zusammen mit Jürgen Kocka), 1978–1987; Wahlgeschichtliches Arbeitsbuch. Materialien zur Statistik des Kaiserreichs 1871–1918, 1980; Sozialversicherung in Deutschland und England. Entstehung und Grundzüge im Vergleich, 1983; Wahlen in Deutschland 1946–1991. Ein Handbuch (zusammen mit Merith Niehuss), 1991; Großforschung und Staat in Deutschland. Ein historischer Überblick,1992; Wahlen in Deutschland 1990–1994 (zusammen mit Merith Niehuss), 1994.
Ausweg Atom?
Aus: Großforschung und Staat in Deutschland, S. 61–64.

WILFRIED RÖHRICH, Dr., geb. 1936, ist Professor für Politische Wissenschaft an der Universität Kiel.
Werke: Die Demokratie der Westdeutschen. Geschichte und politisches Klima einer Republik, 1988; Eliten und das Ethos der Demokratie, 1991.
Die „Stunde Null"
„Die Unfähigkeit zu trauern"
Aus: Deutschland. Ein historisches Lesebuch, hrsg. von Rainer Beck, 1990, S. 381–384; S. 390ff.

JAY ROSELLINI, Dr., geb. 1947, ist Professor and Chair of German an der Purdue University in West Lafayette, USA.
Werke: Wolf Biermann, 1992.
„Das geht sein' sozialistischen Gang." Die Biermann-Ausbürgerung
Aus: Wolf Biermann, S. 84–89, 92f.

WOLFGANG SACHS, Dr. rer. soc., geb. 1946, ist wissenschaftlicher Publizist.
„Freie Fahrt für freie Bürger"
Aus: Besiegte Natur (Nachweis: Franz-Joseph Brüggemeier), S. 117–120.

MICHAEL SALEWSKI, Dr., geb. 1938, ist Professor für Mittlere und Neuere Geschichte an der Universität Kiel.
Werke: Deutschland. Eine politische Geschichte. Von den Anfängen bis zur Gegenwart,
Bd. 1: 800–1815, Bd. 2: 1815–1990, 1993; Das Zeitalter der Bombe. Die Geschichte der Atomwaffen von Hiroshima bis heute (Herausgeber), 1995.
Auf dem Weg zur Teilung
Die doppelte Staatsgründung
Eine verpaßte Gelegenheit? Die Stalin-Noten
Grenzen des Wachstums
Aus: Deutschland, Bd. 2, S. 323–326, 328–331; S. 213 f., 217 f., 223 f.; S. 354 f.; S. 403 ff.

ROLF SCHNEIDER, geb. 1932, ist Schriftsteller.
„Blauhemden im bunten Berlin": Weltjugendfestspiele 1951
Aus: Das Fest. Eine Kulturgeschichte von der Antike bis zur Gegenwart, hrsg. von Uwe Schultz, 1988, S. 370 f., 373–378.

GREGOR SCHÖLLGEN, Dr., geb. 1952, ist Professor für Neuere Geschichte an der Universität Erlangen-Nürnberg.
Werke: Ulrich von Hassell 1881–1944. Ein Konservativer in der Opposition, 1990; Die Macht in der Mitte Europas. Stationen deutscher Außenpolitik von Friedrich dem Großen bis zur Gegenwart, 1992; Geschichte der Weltpolitik von Hitler bis Gorbatschow 1941–1991, 1996.
Potsdam
„Zwei plus Vier"
Aus: Geschichte der Weltpolitik, S. 28 ff.; S. 486 ff.
Helsinki
Aus: Die Macht in der Mitte Europas, S. 155 ff.

HAGEN SCHULZE, Dr., geb. 1943, ist Professor für Neuere Deutsche und Europäische Geschichte an der Freien Universität Berlin.

Werke: Staat und Nation in der europäischen Geschichte, ²1995; Kleine deutsche Geschichte, 1996.
„Europa muß geschaffen werden"
Aus: Staat und Nation in der europäischen Geschichte, S. 327–330.

ROLF PETER SIEFERLE, Dr., geb. 1949, ist apl. Professor für Neuere Geschichte an der Universität Mannheim.
Werke: Fortschrittsfeinde? Opposition gegen Technik und Industrie von der Romantik bis zur Gegenwart, 1984; Natur. Ein Lesebuch (Herausgeber), 1991.
Neue Parteien
Aus: Fortschrittsfeinde?, S. 252 f.

ALEXANDER STEPHAN, Dr., geb. 1946, ist Professor für zeitgenössische deutsche Literatur an der University of Florida.
Werke: Max Frisch, 1983; Christa Wolf, ⁴1991.
Störfall. Der Beginn der Krise
Was bleibt?
Aus: Christa Wolf, S. 175 f., 178 f.; S. 198 f.

HANS-GEORG STÜMKE ist Historiker und freier Autor in Hamburg.
Werke: Homosexuelle in Deutschland. Eine politische Geschichte, 1989.
„Die gesunde Familie": Moralvorstellungen der 50er Jahre
Aus: Homosexuelle in Deutschland, S. 139 ff.

HORST JOHANNES TÜMMERS, Dr., geb. 1926, war zuletzt Direktor der Stadtbücherei Köln.
Werke: Der Rhein. Ein europäischer Fluß und seine Geschichte, 1994.
Provisorium Bonn
Erste Krisen
Reaktorruine Kalkar
Aus: Der Rhein, S. 313–317; S. 324 f.; S. 332–335.

UNBEKANNTE VERFASSERIN
Frauenalltag in der Bundesrepublik
Aus: Zwischen Abwasch und Verlangen (Nachweis: Martina Kessel), S. 64 ff.

URSULA W.
Kinder, Küche, Kombinat: Frauen in der DDR
Aus: Zwischen Abwasch und Verlangen (Nachweis: Martina Kessel), S. 128ff.

CHRISTIAN WEBER, keine Angaben.
Der „Schwarze Kanal"
Aus: Das gespaltene Land (Nachweis: Christoph Kleßmann), S. 43f.; aus C.W.: Ich bleibe. Alltag in der DDR, Stuttgart 1989, S. 106–108, © Quell-Verlag, Stuttgart 1989.

VOLKER WEHDEKING, Dr., ist Professor für Literaturwissenschaft an der FHB Stuttgart; GÜNTHER BLAMBERGER, Dr., ist Professor für Literaturwissenschaft an der Universität-GH Kassel.
Werke: Erzählliteratur der frühen Nachkriegszeit (1945–1952), 1990.
„Rote Preußen"? Die DDR nach 1949
Aus: Erzählliteratur der frühen Nachkriegszeit, S. 37f.

ALFRED WENDEHORST, Dr., geb. 1927, ist emeritierter Professor für Landesgeschichte an der Universität Erlangen-Nürnberg.
Werke: Würzburg. Geschichte in Bilddokumenten (Herausgeber), 1981; Erlangen. Geschichte der Stadt in Darstellung und Bilddokumenten (Herausgeber), 1984; Geschichte der Friedrich-Alexander-Universität Erlangen-Nürnberg 1743–1993, 1993.
Neues Leben an den Universitäten
Aus: Geschichte der Universität Erlangen-Nürnberg, S. 224–229.

GERHARD WERLE, Dr. jur., geb. 1952, ist Professor für Rechtswissenschaft an der Humboldt-Universität zu Berlin; THOMAS WANDRES, geb. 1962, ist wissenschaftlicher Mitarbeiter am Lehrstuhl von Professor Werle.
Werke: Auschwitz vor Gericht. Völkermord und bundesdeutsche Strafjustiz, 1995.
Auschwitz vor Gericht
Aus: Auschwitz vor Gericht, S. 41–44.

ALFRED-MAURICE DE ZAYAS, Historiker und Mitarbeiter der UNO in Genf.
„Siegerjustiz"? Die Nürnberger Prozesse

Aus: Macht und Recht. Große Prozesse in der Geschichte, hrsg. von Alexander Demandt, ³1991, S. 249f., 266f.

REINHOLD ZIPPELIUS, Dr. iur., geb. 1928, ist em. Professor für Rechtsphilosophie und Öffentliches Recht an der Universität Erlangen-Nürnberg.
Werke: Geschichte der Staatsideen, ⁹1994; Kleine Deutsche Verfassungsgeschichte. Vom frühen Mittelalter bis zur Gegenwart, ³1996.
Das Bonner Grundgesetz
Die Verfassung des „Arbeiter-und Bauernstaates"
Aus: Kleine Deutsche Verfassungsgeschichte, S. 166–171; S. 149–152.

Abbildungsverzeichnis

Sämtliche Abbildungen: Süddeutscher Verlag, München

Buchanzeigen

Geschichte nach 1945

Gregor Schöllgen
Geschichte der Weltpolitik
von Hitler bis Gorbatschow 1941–1991
1996. 573 Seiten mit 14 Abbildungen. Leinen

Petra Weber
Carlo Schmid
1896–1979
Eine Biographie
1996. 968 Seiten mit 21 Abbildungen. Leinen

Norbert Frei
Vergangenheitspolitik
Die Anfänge der Bundesrepublik und die NS-Vergangenheit
1996. 464 Seiten. Leinen

Michael Brenner
Nach dem Holocaust
Juden in Deutschland 1945–1950
1995. 254 Seiten mit 16 Abbildungen und 1 Karte. Paperback
Beck'sche Reihe Band 1139

Nuto Revelli
Der verschollene Deutsche
Tagebuch einer Spurensuche
Aus dem Italienischen von Friederike Hausmann
1996. 198 Seiten. Gebunden

Lothar Dittmer/Detlef Siegfried (Hrsg.)
Ost-West-Geschichten
Schüler schreiben über Deutschland
1996. Etwa 360 Seiten. Paperback
Beck'sche Reihe Band 1185

Verlag C. H. Beck München